WESTEND

MATHIAS BRÖCKERS

JFK

STAATSSTREICH IN AMERIKA

WESTEND

Mehr über unsere Autoren und Bücher:
www.westendverlag.de

Die Deutsche Nationalbibliothek verzeichnet diese Publikation in
der Deutschen Nationalbibliografie; detaillierte bibliografische Daten
sind im Internet über http://dnb.d-nb.de abrufbar.

ISBN 978-3-86489-043-7
© Westend Verlag GmbH, Frankfurt/Main 2013
Satz: Publikations Atelier, Dreieich
Druck und Bindung: CPI – Clausen & Bosse, Leck
Printed in Germany

Inhalt

Einleitung

Es gibt Tausende von Büchern und Dokumentationen über den Mord an John F. Kennedy – vom Untersuchungsbericht der am 29. November 1963 unter der Leitung des Verfassungsrichters Earl Warren eingesetzten offiziellen Untersuchungskommission, dem Warren-Report (WR) und seinem 26-bändigen Anhang, über den Report der zweiten offiziellen Untersuchung des House Select Committees on Assassination (HSCA) 1978[1] bis zu den unzähligen wissenschaftlichen und journalistischen Werken, die von 1963 bis heute dazu erschienen sind. Warum also ein weiteres Buch über diesen Fall, warum die Mühe, sich dafür durch ein unübersehbares Dickicht von Dokumenten und Akten, von Beweisen und Gegenbeweisen, Thesen und Antithesen zu kämpfen, wenn die historische Wahrheit auch nach 50 Jahren und trotz Millionen von Seiten und Protokollen und der Arbeit von Tausenden Autoren und Historikern sich noch immer verbirgt?

Die Antwort auf diese Frage ist ebenso einfach wie der Fall komplex. Wäre der Mord am 35. Präsidenten der Vereinigten Staaten tatsächlich nur das Werk des verwirrten Einzeltäters Lee Harvey Oswald gewesen, wäre er längst und bis ins letzte Detail geklärt; zumindest so weit, dass jeder mit einem IQ über Zimmertemperatur und gesundem Menschenverstand ausgestattete Beobachter diese Klärung als wahrheitsgemäß und nachvollziehbar akzeptieren müsste. Doch davon kann keine Rede sein, denn schon die zweite offizielle Untersuchung des Mords, der HSCA-Report, äußerte erhebliche Zweifel an dem Untersuchungsergebnis der Warren-Kommission, demzufolge John F. Kennedy das Opfer eines Einzeltäters gewesen sei, und stellte fest, dass eine »Verschwörung« zu diesem Mord geführt habe. Wer aber diese Verschwörer waren, ließ das House Select Committee offen, die Frage, wer wirklich für den Mord an JFK verantwortlich war, blieb ungeklärt – und sie ist es bis heute.

Ein wesentlicher Grund dafür liegt darin, dass Behörden, Geheimdienste und Militär mit dem Verweis auf die nationale Sicherheit jahrzehntelang Dokumente und Akten zurückhielten und zurückhalten, die von Wissenschaftlern und Forschern im Rahmen des Freedom of Information Act (FOIA) angefordert wurden und werden. Für eine solche Geheimhaltungspolitik bestünde keinerlei Grund, ginge es hier nur um die Täterschaft eines »lone nut«, eines einsamen Verwirrten namens Lee Harvey Oswald; andererseits beweist sie aber auch noch nicht das Gegenteil, dass nämlich staatliche Stellen selbst in die Ermordung des Präsidenten verwickelt waren. Doch sie befeuert diesen Verdacht und bildet somit ein Biotop für die zahlreichen Hypothesen, die über das Attentat kursieren – und die dazu geführt haben, dass der Kennedy-Mord als »Mutter aller Verschwörungstheorien« bezeichnet worden ist. Dies ist in zweifacher Hinsicht zutreffend, denn zum einen bildet das vielfältige und komplexe Puzzle dieses Mords so etwas wie einen Rorschachtest, in dem jeder Beobachter genau jene Theorie bestätigt finden kann, die er ohnehin schon gehegt hatte. Und zum anderen versandte die Abteilung für Psychological Warfare der Central Intelligence Agency (CIA) im Januar 1967 ein Memo an alle Dienststellen und ihre verdeckten Mitarbeiter in den großen Medien, in denen sie Anweisungen und Tipps gab, wie mit den wachsenden Zweifeln an der Einzeltäter-These des Warren-Reports umzugehen und »Verschwörungstheorien« zu kontern seien. Mit diesem erst sehr viel später öffentlich bekannt gewordenen Memo der CIA wird der neutrale Ausdruck »Verschwörungstheorie« erstmals zu einem Kampfbegriff der psychologischen Kriegsführung und des öffentlichen Wahrnehmungsmanagements gemünzt – und werden Kritiker der offiziellen Version grundsätzlich als unseriös, staatsfeindlich oder nur kommerziellen Interessen folgend abgestempelt.

Der Grund, warum drei Jahre nach dem Attentat die bis dahin für die Zweifel an der offiziellen Ermittlung der Warren-Kommission in den Medien gebräuchliche und ebenfalls neutrale Begriff »assassination theories« (Attentatstheorien) auf Drängen der CIA durch negativ konnotierte »conspiracy theories« ersetzt wird, ist nicht allein in den zuvor veröffentlichten und viel gelesenen Bücher der ersten Kritiker[2] des Warren-Reports zu suchen, sondern in der Tatsache, dass seit Ende 1966 auch ein Bezirksstaatsanwalt in New Orleans zu diesen Kritikern gehörte und auf eigene Faust in seinem Distrikt ermittelte, in dem Lee Harvey Oswald bis kurz vor dem Attentat gelebt hatte. Dieser Staatsanwalt hieß Jim Garrison. Er war das glatte Gegenteil eines unseriösen oder gar staatsfeindlichen »Verschwörungstheoretikers«, er hatte während des Zweiten Weltkriegs als Pilot und danach ein weiteres Jahrzehnt beim US-Militär gedient, nach dem Jurastudium beim FBI und als Anwalt gearbeitet, war 18 Monate zuvor zum District Attorney von New Orleans gewählt worden und bezeichnete sich selbst als »altmodischen Patrioten«. Als solcher hatte er auch das im Oktober 1964 veröffentlichte Ergebnis des Warren-Reports – Lee Harvey Oswald als Einzeltäter – bedenkenlos akzeptiert, zumal sein ehemaliger Arbeitgeber, das FBI, für sämtliche Ermittlungen des Falls zuständig gewesen war. Doch das änderte sich, als er sich – nach einem Gespräch mit dem Senator von Louisiana, Russell Long, der an diesen Ermittlungen zweifelte – den WR und seine 26 Begleitbände mit den Zeugenaussagen erstmals kommen ließ. Und bei der Lektüre verlor er schnell den Respekt vor dem erhabenen Ruf der Kommissionsmitglieder unter der Leitung des Verfassungsrichters Earl Warren. Die Auslassungen und die selektive Beweisauswahl, so schreibt Garrison in seinen Erinnerungen, »stellten eine

Beleidigung meiner Berufsauffassung als Staatsanwalt dar«.[3] Hätte er zu diesem Zeitpunkt geahnt, was seine Ermittlungen über Lee Harvey Oswald und sein Umfeld im Sommer 1963 zur Folge haben würde, hätte er diese Beleidigung vermutlich hingenommen – so aber trat er ihr entgegen und stach in ein Wespennest, dessen Brut nicht nur seine Ermittlungen, sondern auch seine Karriere ruinieren sollten. Dass seine Ehre 25 Jahre später von Oliver Stone und dessen Film *JFK* zumindest im Kino gerettet werden würde, war noch nicht abzusehen. Fürs erste wurde der konservative Jurist Jim Garrison zum betrügerischen, ehrgeizgetriebenen, wahnsinnigen Verschwörungstheoretiker Nr. 1 – und blieb es auf Jahre hinaus.

Dass das Unterfangen eines Provinzstaatsanwalts, das Verbrechen des Jahrhunderts gegen den Willen der Mächtigen – der Regierung, der Geheimdienste, des Militärs und des FBI – aufzuklären und die Täter zur Rechenschaft zu ziehen, scheitern musste, ist keine Überraschung. Doch war dieser brutale Gegenwind für die Ein-Mann-Armee des aufrechten Patrioten Garrison zumindest zu Beginn seiner Ermittlungen genauso wenig abzusehen wie die Tatsache, dass in sein Heer von »freiwilligen« Helfern und Unterstützern ein Dutzend Agenten und Zuträger der CIA und des FBI eingeschmuggelt worden waren.

Auch diese mittlerweile gut belegte Sabotage und Denunziation der Garrison-Ermittlung von Seiten des Establishments in Washington wäre völlig unnötig gewesen, hätte es sich dabei nur um die Aktion eines überkandidelten Querkopfs gehandelt, der sich anmaßte, die soliden und seriösen Ergebnisse einer hochmögenden staatlichen Untersuchungskommission anzuzweifeln. Und so zeigte auch das Scheitern Garrisons nur einmal mehr, dass es sich bei dem verrückten Einzeltäter Oswald als Kennedy-Mörder gerade nicht um ein solides Ermittlungsergebnis handelte und die seriös besetzte Kommission keine wirkliche Untersuchung durchgeführt hatte, sondern nur etwas zu belegen versuchte, was offensichtlich als unantastbar von vornherein feststand.

Dass Garrison mit seiner Anklage gegen den Geschäftsmann Clay Shaw scheiterte, den er des Kontakts mit der CIA und mit Lee Harvey Oswald verdächtigte, führte freilich nicht dazu, dass dadurch die Ergebnisse der Warren-Kommission an Glaubwürdigkeit gewannen. Vielmehr war spätestens dann eher das Gegenteil der Fall, als Oliver Stones Film 1991 das Augenmerk einer breiten Öffentlichkeit auf die nach wie vor ungeklärten Umstände des Mords an Kennedy lenkte. Mit der Folge, dass nun zahlreiche Bürger und Initiativen endlich Aufklärung und die Freigabe zurückgehaltener Dokumente forderten, was im Kongress zu einem Gesetz über die Veröffentlichung (Assassination Records Collection Act) und 1994 zur Gründung des Assassination Records Review Board (ARRB) führte.[4] In den folgenden Jahren gelang es diesem Ausschuss zur Sichtung der Morddokumente zwar nicht, sämtliche von den Behörden zurückgehaltenen Akten frei zu bekommen und, wie von vielen Aktivisten gewünscht, eine komplette offizielle Neuuntersuchung des Falls zu erreichen. Dennoch machen es die veröffentlichten Unterlagen heute möglich, einer Klärung der Mordumstände sehr viel näher zu kommen, als es Jim Garrison Ende der 60er Jahre und dem HSCA Ende der 70er Jahre vergönnt war.

Auch wenn sich die Frage nach dem »Wer?« der Todesschüsse noch immer nicht definitiv beantworten lässt, können das »Wie?« und das »Warum?« mit hoher Genauigkeit geklärt werden. Es lässt sich beweisen, dass die Warren-Kommission von Beginn an eine Nicht-Untersuchung veranstaltete; es lässt sich beweisen, dass der offizielle Autopsiebericht des ermordeten Präsidenten ein Betrug und die im Nationalarchiv deponierten Bilder gefälscht waren; es lässt sich zeigen, wie der »Täter« Oswald zu dem gemacht wurde, was er wirklich war und was er von sich selbst behauptete, bevor er von Jack Ruby vor laufenden Kameras erschossen wurde – ein »patsy«, ein Sündenbock; es lässt sich zeigen, dass die Schüsse in Dallas, der letzten Station von Kennedys Wahlkampfreise, nur der erfolgreiche von mehreren geplanten Anschlägen waren, mit ähnlich präparierten Sündenböcken. Und es lässt sich in der historischen Rückschau vor allem zeigen, was mit diesem Mord – und den fünf Jahre späteren an Martin Luther King und Robert F. Kennedy – mit Amerika geschah. Und wie die Abkehr von dem, was John F. Kennedy begonnen hatte – der Deeskalation des Kalten Kriegs im Allgemeinen und der Raketenkrise in Kuba und des Konflikts in Vietnam im Besonderen –, zum schlimmsten außenpolitischen Desaster der Vereinigten Staaten führte. Sowie zu einer imperialen Politik rein militärischer Machtausübung, die das Gesicht der USA in der Welt bis heute prägt – und die den Mord an dem Präsidenten, der eine solche Zukunft verhindern wollte, noch immer relevant macht.

Teil 1:

Wie alles begann

Eine kurze Geschichte der CIA

Die Schüsse von Dallas am 22. November 1963 waren nicht nur das tragische Finale der Präsidentschaft John F. Kennedys, sie waren auch eine Premiere. Bis dahin waren verdeckte Operationen zum Zwecke eines »regime change« nur im Ausland durchgeführt worden. Im Iran, Kongo, in Guatemala, Honduras und vielen weiteren Ländern hatte die CIA mithilfe paramilitärischer »Aufständischer« und gedungener Killerkommandos erfolgreich unliebsame Regierungen entfernt und die geschäftlichen und politischen Interessen der USA damit effektiv – und verglichen mit militärischen Interventionen – äußerst kostengünstig durchgesetzt. Da nach den Atombomben in Hiroshima und Nagasaki am Ende des Zweiten Weltkriegs und der folgenden nuklearen Aufrüstung sowohl des westlichen als auch des östlichen Blocks ein »großer« Krieg nicht mehr oder nur noch um den Preis von Millionen Menschenleben auf beiden Seiten geführt werden konnte, waren verdeckte Operationen zum Mittel der Wahl geworden – und die CIA von einem Nachrichtendienst zu einem aktiven, operativen Arm der militärischen Einflussnahme. »Intelligence« – die Sammlung und Auswertung von für die nationale Sicherheit wichtigen Informationen als Hauptaufgabe eines Nachrichtendiensts – wurde zu einer Nebenbeschäftigung der Agentur, die fortan als Tarnung und Cover-up für die eigentlichen CIA-Aktivitäten diente. Aktivitäten, die, wie einer der Väter der CIA, Allen Dulles, später in seinen Memoiren schrieb, notwendig waren, um »alle Aspekte des unsichtbaren Kriegs«, die von sowjetischen Kommunisten orchestriert werden, »zu kontern«.[1]

Das hatte Präsident Harry Truman, der die CIA als Nachfolgerin des Operational Strategic Service (OSS) 1947 ins Leben gerufen hatte, noch anders gesehen: Er wollte eine *Central* Intelligence Agency, die die Informationen der separaten Nachrichtendienste der Armee, der Navy, der Air Force und weiterer Behörden bündeln sollte, um den Präsidenten jederzeit auf dem neuesten Stand zu halten. Dies geschieht bis heute in Form des täglichen »presidential briefing«, bei dem der Direktor oder CIA-Offiziere dem Präsidenten ihre aktuellen Erkenntnisse zur nationalen und internationalen Lage präsentieren. Doch dieses Ritual war nicht der Grund, aus dem Truman zehn Jahre nach dem Ende seiner Amtszeit und vier Wochen nach der Ermordung John F. Kennedys zur Feder griff, um in der *Washington Post* explizit zu warnen:

> »Ich halte es für erforderlich, einen neuen Blick auf den Zweck und die Operationen unserer Central Intelligence Agency zu werfen. … Seit einiger Zeit bin ich beunruhigt darüber, wie sich die CIA von ihren ursprünglichen Aufgaben entfernt hat. Sie ist zu einem operativen und bisweilen politisch ausführenden Arm der Regierung geworden. Das hat zu Schwierigkeiten geführt und könnte unsere Probleme auf einigen brisanten Ebenen verstärkt haben. … Es ist etwas an der Art, wie die CIA fungiert, das einen Schatten über unsere geschichtliche Stellung wirft und von dem ich glaube, dass es korrigiert werden muss.«[2]

Mehr als 15 Jahre nach der Gründung ließ sich allerdings kaum noch etwas daran ändern, dass sich die CIA zu einem Staat im Staate entwickelt hatte, der sich seinen eigentlichen Dienstherren – dem Präsidenten, der Regierung, dem Parlament – nur noch begrenzt verpflichtet sah und zunehmend Politik auf eigene Faust machte. Um diese im Schutz der Geheimhaltung gewachsene unmittelbare Macht – und nicht um die Rolle der CIA als globaler Informationsdienst des Präsidenten – war es den Gründerfiguren, die die Rolle und Ausrichtung des Dienstes geprägt hatten, von Anfang an gegangen. Einer von ihnen, der langjährige Chef der Gegenspionage James Jesus Angleton, gestand 1985, zwei Jahre vor seinem Tod, dem Journalisten Joseph Trento:

»Grundsätzlich waren die Gründerväter des US-Geheimdienstes Lügner. Je besser einer lügen und betrügen konnte, desto eher wurde er befördert. Diese Leute zogen sich gegenseitig an und beförderten sich gegenseitig. Außer ihrer Doppelzüngigkeit war das einzige, was sie gemeinsam hatten, das Streben nach absoluter Macht. Wenn ich auf mein Leben zurückschaue, habe ich Dinge getan, die ich bedauere. Aber ich war ein Teil des Ganzen und liebte es, dazu zu gehören. … Allen Dulles, Richard Helms, Carmel Offie und Frank Wisner waren die Großmeister. Wenn man mit ihnen in einem Zimmer war, war man umgeben von Menschen, die verdientermaßen in der Hölle enden würden. Ich denke, ich werde sie da bald treffen. … Die CIA hat Zehntausende anständiger Menschen getötet. … Wir spielten mit Menschenleben, als ob sie uns gehören würden.«[3]

Wir können Angleton, diesem Großmeister des Tarnens, Täuschens und der Lüge, durchaus abnehmen, dass er als gläubiger Katholik bei seiner letzten »Beichte« die Wahrheit erzählte, zumal der Mann, der jahrzehntelang der Infiltration der CIA und der Nation durch den »Satan« – die Kommunisten – auf der Spur war, seinem Geständnis noch eine weitere äußerst glaubhafte Information hinzufügte: »Wissen Sie, warum ich die Verantwortung über die Gegenspionage bekommen habe? Weil ich zugestimmt hatte, bei Allen Dulles und 60 seiner engsten Freunde keine Lügendetektortests durchzuführen und ihre Hintergründe genauer zu recherchieren. Sie hatten Angst, dass ihre eigenen Geschäfte mit Hitlers Kumpanen herauskommen würden.«

Allen Dulles' Investment- und Anwaltskanzlei Sullivan & Cromwell gehörte zusammen mit den Kollegen der Privatbank Brown Brothers Harriman & Co. (damaliger Direktor: Prescott Bush, der Großvater von George W. Bush) zu den wichtigsten ausländischen Finanziers des »regime change« im Deutschland Anfang der 1930er Jahre und vermehrte dort danach erfolgreich das Vermögen ihrer Anleger. Während Allen Dulles seine Firma 1936 dazu überredet haben soll, wegen Hitlers Vorgehen gegen die Juden die Investitionen in Deutschland herunterzufahren, wurde Prescott Bush 1942 wegen »Handels mit dem Feind« angeklagt und sein Vermögen beschlagnahmt.[4]

Ganz im Sinne ihrer Erfinder war die CIA von Beginn an eine relativ autonome Institution, zumal ihre nach der Auflösung des OSS am 1. Oktober 1945 geschaffenen Interimsvorgänger – die Central Intelligence Group (CIG) und das Office of Policy Coordination (OPC) – außer der Fortführung verdeckter OSS-Operationen mit einer höchst ungewöhnlichen und delikaten Aufgabe betraut waren: mit der stillschweigenden Konversion des Nazigenerals Reinhard Gehlen, des mächtigen Leiters der Abteilung Fremde Heere Ost und somit Chefs der NS-Ostspionage, sowie Hunderter seiner Mitarbeiter und Agenten in die US-Armee. Schon 1944, als die USA noch gemeinsam mit der Sowjetunion gegen die Reste von Hitlers Armeen kämpfte, hatte Allen Dulles, der das OSS-Büro in der Schweiz führte, Kontakte zu ausgewählten Nazis – Militärs und Wissenschaftlern – aufgenommen, »Evakuierungen« in die USA angeboten und mit dem sinistren SS-General fraglos den dicksten aller Fische an Land gezogen. Mit dessen Netzwerk von Informanten, Spionen, Agenten und Saboteuren in allen osteuropäischen Staaten verfügten die USA, kaum dass der Zweite Weltkrieg offiziell zu Ende war, über eine geheime Armee für den kommenden »Weltkrieg«, der als Kalter Krieg in die Geschichte eingehen sollte. Nachdem General Gehlen Ende 1945 in die USA eingeflogen worden war, konnte Frank Wisner als erster Chef des OPC ein gewaltiges Netz von Agenten und operativen Kräften dirigieren. Obwohl das OPC offiziell nur mit Flüchtlingsangelegenheiten betraut war, vor allem mit der Protektion der an Land gezogenen Kriegsverbrecher des Nazi-Establishments, führte Wisner von Beginn an verdeckte Operationen durch. Ohne jede Erlaubnis oder Kontrolle und meist an der Legalität, internationalen Verträgen oder ethisch-moralischen Standards vorbei – aber mit dem Segen von Allen Dulles, der nach der Auflösung des OSS zwar kein offizieller Staatsbediensteter mehr und in seine einflussreiche Wall-Street-Kanzlei zurückgekehrt war, aber hinter den Kulissen und mit dem Apparat des 1918 von Wall-Street-Bankern gegründeten Council on Foreign Relations weiter die Fäden zog: »Dulles hatte entschieden«, schreibt der Journalist und CIA-Historiker Joseph Trento, »die Zukunft des Geheimdienstes nicht dem Präsidenten oder dem Kongress zu überlassen.« Auf eigene Faust hatte er ein klandestines Spionagenetzwerk organisiert und geplant, Präsident Truman vor vollendete Tatsache zu stellen. »Wenn Truman dann entdecken würde, was Dulles und sein Gefolge getan hätten, argumentierte Dulles, hätte Truman keine andere Wahl, als es zu akzeptieren.«[5] Bei der Ausführung dieses Plans machte sich Dulles seine hervorragenden Medienkontakte zunutze, und bald schon war die Botschaft, mit der General Gehlen nach der Kapitulation seine Wichtigkeit und Bedeutung aufgeblasen hatte, in den Ohren und Hirnen der amerikanischen Bevölkerung angekommen: die »Rote Gefahr«. Dass die Sowjetunion nach den Verwüstungen des Krieges und über 20 Millionen Toten faktisch am Boden lag, ebenso wie die Rote Armee, die den weitaus größten Blutzoll aller Kriegsteilnehmer bezahlt hatte, tat dem Erfolg der Propaganda keinen Abbruch. »Der Krieg ist vorbei, Allen« hatte William »Wild Bill« Donovan, der ehemalige Chef des OSS, geantwortet, als Dulles ihn in seinem abhörsicheren Raum im Sitz des Council on Foreign Relations in seine geheimen Pläne einweihte – und geglaubt, sein alter Freund sei verrückt geworden. Doch bald schon stellte sich heraus, dass dieser Wahnsinn nicht nur Methode hatte, sondern auch erfolgreich war: »Mit all seinen Manipulationen gelang Dulles die Schaffung einer Organisation, in der der Krieg gegen die Sowjetunion von Beginn an auf Täuschung und Lügen gegründet war.«[6] Die Panikmache vor der roten Gefahr brachte 1947 nicht nur das Gesetz zur Gründung des National Security Council (NSC) und der CIA durch den Kongress, sondern sorgte auch dafür, dass Dulles' Aktivitäten im

Nachhinein legalisiert wurden – und er mit der NSC-Directive 10/2 noch einen entscheidenden Freibrief erhielt: Auch ohne ein Regierungsamt war es Allen Dulles fortan erlaubt, mit privaten Unternehmen und Stiftungen Geheimdiensteoperationen durchzuführen.

Die Militärs, die General Gehlen verhört hatten, nachdem er sich im Mai 1945 den Amerikanern ergeben hatte, waren anfangs sehr skeptisch, was den Wert der Informationen betraf, die ihnen der überzeugte Nazi auf Mikrofilmen zur Verfügung stellte. Den geheimen Plänen, die Allen Dulles hegte, passten sie jedoch in mehrfacher Hinsicht ins Spiel: Die Übernahme des Agentennetzes in Osteuropa ermöglichte aus dem Stand operative Aktionen, und die Informationen der Abteilung Fremde Heere Ost ließen sich hervorragend zur Unterfütterung der Propaganda einer drohenden Welteroberung durch den Kommunismus nutzen. Der Krieg musste weitergehen, so dachten zwar nicht der Präsident, der Kongress oder gar die amerikanische Bevölkerung, aber Allen Dulles, seine Wall-Street-Klienten und Investoren sowie die Sicherheits- und Rüstungsindustrie, die nach dem Sieg über Nazideutschland starke Umsatzeinbußen befürchten musste. Und mit der nach Dulles' Vorstellungen geschaffenen CIA hatten sie unter dem Deckmantel eines Nachrichtendienstes jetzt das militärische Werkzeug zur Hand, mit dem sich dieser neue unsichtbare Krieg nicht nur schüren und führen ließ, sondern auch einer effektiven Kontrolle durch den Kongress und das Weiße Haus entzogen war. Harry Truman wie auch sein Nachfolger im Präsidentenamt Dwight D. Eisenhower akzeptierten die Existenz einer solchen geheimen Privatarmee, solange für deren verdeckte Operationen das Prinzip der »plausiblen Abstreitbarkeit« gegeben war: Sowohl im Erfolgs- wie auch im Misserfolgsfalle durften die Operationen nicht auf den Präsidenten oder andere Regierungsinstitutionen zurückführbar sein. Doch wie schon Truman war auch Eisenhower der »Schatten« dieser Art klandestiner Interventionspolitik nicht lange geheuer. Nachdem der Herausforderer John F. Kennedy seinen Vizepräsidenten Richard Nixon bei der Wahl 1960 besiegt hatte, nutzte Eisenhower seine Abschiedsrede zu einer eindringlichen Warnung:

»Wir in den Regierungsgremien müssen uns vor unbefugtem Einfluss durch den militärisch-industriellen Komplex schützen. … Wir dürfen es niemals zulassen, dass die Macht dieser Kombination unsere Freiheiten oder unsere demokratischen Prozesse gefährdet. … Nur wachsame und informierte Bürger können ein angemessenes Verhältnis der gigantischen industriellen und militärischen Verteidigungsmaschinerie mit unseren friedlichen Methoden und Zielen erzwingen, so dass Sicherheit und Freiheit zusammen wachsen und gedeihen können.«[7]

Doch nicht nur diese Warnung vor dem unbefugten Einfluss geschäftlicher Interessen auf die Staatsangelegenheiten hatte Eisenhower seinem Nachfolger Kennedy vererbt, sondern auch eine Reihe von bereits angelaufenen verdeckten Operationen, die den neuen Präsidenten bald heimsuchen und ihn am Ende sein Leben kosten sollten. Denn dieser »unsichtbare Krieg«, der nicht mehr mit uniformierten Soldaten, sondern mit »zivilen« Agenten, Söldnern, Kriminellen und Terroristen (»Freiheitskämpfern«) geführt und nicht mehr vom Präsidenten und dem Parlament beauftragt und kontrolliert wurde, inszenierte Regierungswechsel und Staatsstreiche nicht mehr nur in fremden Staaten, sondern auch im eigenen Land.

Ein kurze Geschichte der Mafia

Am 15. Juli 1943 kreiste ein amerikanisches Kampfflugzeug über dem sizilianischen Bergstädtchen Villalba und warf in der Nähe des Anwesens von Calogero Vizzini, genannt Don Calò, einen Fallschirm mit einem Päckchen ab. Einer von Don Calòs Bediensteten brachte es seinem Herrn, der es umgehend öffnete und die Luftfracht zu Tage förderte: ein gelbseidenes Taschentuch mit einem großen aufgemalten »L«. Auch wenn nicht konkret überliefert ist, wie Don Calò, der Anführer der sizilianischen Mafia, auf diese Lieferung reagierte, dürfte er angesichts der Sendung gejubelt haben, denn dieses »L« stand für »Lucky« Luciano, den in den USA im Gefängnis sitzenden Boss der amerikanischen Mafia – und war das Signal für die folgenreichste Mafiaaktivität des Jahrhunderts: die Kooperation mit den fünf Tage zuvor an der Südküste Siziliens gelandeten amerikanischen Streitkräften. Während sich Briten und Kanadier über die Ostseite der Insel durch die Verteidigungslinien der Italiener kämpfen mussten und dabei über 1 000 Mann verloren, hatten die Amerikaner auf der eigentlich schwierigeren und wegen ihrer Berge besser zu verteidigenden Westseite keinerlei Probleme. Ihre mit einer gelben Fahne und schwarzem »L« markierten Jeeps und Panzer hatten derart freie Fahrt, dass der General George S. Patton hinterher feststellte: »Das war der schnellste Blitzkrieg der Geschichte.« Und es war auch die Wiedergeburt der Mafia, gegen die Mussolini seit 1924 sein faschistisches Gewaltmonopol rigoros durchgesetzt hatte. Nachdem der Diktator bei einem Besuch der sizilianischen Gemeinde Piana degli Albanesi die Kooperation mit dem lokalen Mafiaboss abgelehnt und dieser dann dafür gesorgt hatte, dass bei der Ansprache des großen Diktators der gesamte Marktplatz bis auf ein paar Dorftrottel leer blieb, hatte der wutentbrannte Duce den zwischenzeitlich geschassten Polizeigeneral Cesare Mori, der sich schon früher als Mafiajäger hervorgetan hatte, als Präfekten nach Sizilien entsandt. Mori beseitigte mit Einkerkerungen, Verschleppungen, Folter, Morden und einer willfährigen Justiz in zwei Jahren 11 000 Mafiaangehörige. Auch wenn es sich dabei meist nur um das Fußvolk handelte und sich die hochstehenden Mafiosi diesem Zugriff durch Kooperation oder Auswanderung entziehen konnten, lag die kriminelle Organisation der »Familien«, die die Insel wie Feudalherren regiert hatten, seit Ende der 20er Jahre weitgehend darnieder. Das erlösende »L«, das am 15. Juli 1943 bei Don Calò gelandet war, machte dieser Agonie umgehend ein Ende. Bei ihrem widerstandslosen Vormarsch setzten die Amerikaner überall neue Bürgermeister und Landräte ein, und innerhalb von nur sieben Tagen war Westsizilien wieder komplett in Mafiahand. Da sich diese erfolgreiche Eroberungspolitik beim weiteren Vormarsch auf dem Festland fortsetzte, war die »Ehrenwerte Gesellschaft« ab Mitte 1945 in Italien mächtiger als je zuvor.

Doch nicht nur in ihrem Heimatland, auch in den USA war die Cosa Nostra, wie die amerikanische Mafia genannt wurde, zu unerhörtem Einfluss gekommen. Um 1900 hatte sich in jede größeren amerikanischen Stadt eine Bande italienischer Gangster breitgemacht, die sich anfangs vor allem von Schutzgelderpressung nährten und ihre Tätigkeiten bald auf Drogenhandel, Glücksspiel und Prostitution ausdehnten. Auch andere ethnische Minderheiten wie die Iren oder die Juden (»Kosher Nostra«) betätigten sich bandenmäßig in diesen kriminellen Gewerben, wobei sich ihre Aktivitäten aber meist auf die Quartiere ihrer Volksgruppen beschränkten. Dann aber erwies sich 1919 ein neues Gesetz – die Prohibition von Alkohol – als ein Geschenk des Himmels, das aus den bis dahin eher kleinkriminellen lokalen Banden, die jetzt umgehend den Import, die Produktion und die Distribution übernahmen, innerhalb weniger Jahre milliardenschwere internationale Syndikate werden ließ. Da die Nachfrage nach Alkohol durch das Gesetz nicht zurückgegangen war – allein in New York existierten nach Schätzungen der Polizei Ende der 20er Jahre 32 000 Kneipen (illegale »Speakeasys«), doppelt so viele wie vor der Prohibition –, bedurfte es unternehmerischer Operationen, um für das entsprechende Angebot zu sorgen, was sich in Kleingruppen, die sich zudem untereinander um Reviere und wegen ihrer ethnischen Differenzen bekämpften, nicht bewerkstelligen ließ. Drei seit ihrer kriminellen Jugendzeit in den New Yorker Ghettos befreundete Männer – Mejer Suchowljanski (Meyer Lansky), Salavatore Lucania (Charles »Lucky« Luciano) und Benjamin Siegelbaum (Bugsy Siegel) – schufen in den folgenden Jahren dann das, was seitdem das »organisierte Verbrechen« genannt wird: ein mit betriebswirtschaftlichen Managementmethoden geführtes Syndikat, unter dessen Moderation die italienischen, jüdischen und irischen Banden gemeinsam ihren Geschäften nachgingen. Meyer Lansky war der »Aufsichtsratsvorsitzende«, Geldverwalter und visionärem Kopf, Lucky Luciano der »Boss der Bosse« der sizilianischen Mafiafamilien und Bugsy Siegel der gefürchtete und extrem gewalttätige »Exekutivkiller«. Dazu kam nach dem Friedensschluss der sizilianischen und der kalabrischen Mafia Ende der 20er Jahre noch Frank Costello, der als »Premierminister« die Kontakte zu Politikern und Behörden pflegte und nach Lucky Lucianos Verhaftung 1936 zum Boss der Cosa Nostra aufstieg. Luciano – der als Erfinder der bis heute in Zuhälterkreisen beliebten Methode gilt, Prostituierte drogenabhängig zu machen und mit »Stoff« zu bezahlen – war wegen fortgesetzter Zuhälterei zu 30 bis 50 Jahren Gefängnis verurteilt worden. Seinen Spitznamen »Lucky« hatte er sich angeblich zugelegt, nachdem er als 14-Jähriger 244 Dollar in einer Spielhölle gewonnen hatte – ein Vermögen, verglichen mit den ein bis zwei Cent, die er zu dieser Zeit von Schülern, denen er Schläge androhte, als Schutzgeld kassierte. Dass er schon damals seinen Gewinn profitabel zu investieren wusste, zeigt die Tatsache, dass er wenige Jahre später erstmals ins Gefängnis kam: sechs Monate wegen des Handelns mit Morphium und Heroin. Kein Vergleich mit der nahezu lebenslänglichen Strafe, die dem knapp 40-jährigen Luciano 1936 aufgebrummt wurde, doch dank des Kriegseintritts der USA hatte Lucky erneut großes Glück. Wegen möglicher Sabotageakten und Streiks einiger Gewerkschaften im New Yorker Hafen war die US Navy in großer Sorge um die Sicherheit und hatte über deren Anwälte Kontakt zu Meyer Lansky und Frank Costello aufgenommen. Mit dem Ersuchen, die Mafia möge doch bitte bei der Überwachung der Hafensicherheit behilflich sowie durch ihre besondere Kompetenz – der Unterwanderung und brutalen Disziplinierung von Gewerkschaften – der nationalen Sicherheit dienlich sein. Doch allein mit einem Appell an ihren Patriotismus in Zeiten des nationalen Notstands waren die Herren nicht zu bewegen. Als Erstes verlangten sie die Verlegung ihres Bosses der Bosse in ein bequemes Gefängnis in der Nähe von New York, was umgehend genehmigt wurde. Nach einigen Gesprächen Lucianos mit seinen Kollegen und Beamten des Marinegeheimdiensts sorgten dann die Experten des Lansky-Siegel-Luciano-Mobs, die bis dahin im New Yorker Hafen nur in Sachen Alkohol- und Heroinschmuggel zu tun hatten, dort nunmehr auch für Küstenwache, Sicherheit und Ordnung. Und Luciano konnte aus dem Gefängnis, wo er über einen eigenen Koch und weitere Vergünstigungen verfügte, die Geschäfte seiner »Familie« weiterführen. Sein eigentliches Glück aber – die Entlassung und Abschiebung nach Italien nach Kriegsende – verdankte er den Kriegsplänen Winston Churchills, der die Westalliierten darauf gedrängt hatte, die Invasion nicht gleich in der Normandie, sondern langsam von Sizilien aus zu starten. Churchill hoffte darauf, dass sich währenddessen Hitlers und Stalins Armeen im Osten selbst zerfleischen würden. Deshalb nahm das Office of Naval Intelligence (ONI) – der Navy-Geheimdienst – erneut Kontakt zu Luciano auf, um ihn zur Mitarbeit bei den Invasionsplänen zu überzeugen. Damit war das »Luciano-Project«, intern auch »Operation Underworld« genannt, ins Laufen gebracht, das dank des Seidentuchs mit dem aufgemalten »L« wenig später von Erfolg gekrönt wurde. Dass die US-Behörden gegenüber Lucianos Anwälten später abstritten, ihm für seine Unterstützung die Freiheit versprochen zu haben – wie überhaupt die gesamte Zusammenarbeit mit dem Mob jahrzehntelang verheimlicht wurde und erst Mitte der 70er Jahre anhand freigegebener Akten rekonstruiert werden konnte[8] –, wird nicht nur durch Lucianos Freilassung 1946 konterkariert. Die aus der Not geborene Zusammenarbeit mit der Mafia im Zweiten Weltkrieg legte vielmehr den Grundstein für eine Geheimpolitik, die die CIA in den folgenden Jahrzehnten fast überall auf der Welt fortführte – als fatale Liaison des Staats mit der organisierten Kriminalität, der Durchsetzung geschäftlicher Interessen mit Mafiamethoden, die Alfred McCoy in seiner säkularen Studie *Die CIA und das Heroin* in aller Breite dokumentiert hat: »Weltpolitik durch Drogenhandel«.

Kaum war Luciano im Januar 1946 in Italien gelandet, machte er sich daran, das Netzwerk des Heroinhandels, das durch den Krieg zum Erliegen gekommen war, wieder aufzubauen. Zusammen mit 100 Kumpanen, die ebenfalls aus US-Gefängnissen abgeschoben worden waren, und dem sizilianischen Boss Don Calò, den die alliierten Truppen wegen seiner strategischen Leistungen bei der Invasion »General Mafia« nannten. Calogero Vizzini hatte zusammen mit Lucianos altem Leutnant Vito Genovese seit 1944 schon den italienischen Schwarzmarkt mit Lebensmitteln und Militärgütern unter ihre Kontrolle gebracht, was dem alliierten Hauptquartier zwar nicht verborgen geblieben war, aber nolens volens akzeptiert wurde, denn die Mafiosi erfüllten politisch weiter eine wichtige Funktion. Der unterwartete Erfolg der (untereinander zerstrittenen) linken Parteien bei den ersten freien Wahlen im Juni 1946 alarmierte die Militärs, und die Sorge, dass Italien dem Kommunismus anheimfallen könnte, führte zu einer weiteren stillschweigenden Koalition mit dem organisierten Verbrechen. Mit Drohungen und Gewalt gingen die Gangster jetzt gegen linke Parteiveranstaltungen und Gewerkschaften vor. Dieselbe Strategie wurde dann auch kurz darauf bei der »Befreiung« des Hafens in Marseille angewendet, dessen Arbeiterschaft überwiegend in linken Gewerkschaften organisiert war. Hier machten sich Frank Wisners Office of Policy Coordination und die CIA die korsische Mafia zu Diensten, die im Gegenzug dann auf dem wichtigsten Mittelmeerhafen Europas schalten und walten konnte. Luciano hatte in Sizilien verschiedene Fabriken für Textilien, Bonbons und dergleichen eröffnet – geheime Labors, in denen das in Fischerbooten aus dem Libanon kommende türkische Opium zu Heroin verarbeitet wurde, um dann via Marseille in die USA verschifft zu werden, wo die Kohorten von Meyer Lansky für die Verteilung zuständig waren. Weil die Korsen über die besseren Chemiker verfügten, stellten sie ab 1950 das Heroin dann selbst her, und Luciano kümmerte sich um die Geschäftswege, den Schmuggel und das Inkasso. So entstand ein Syndikat, das von 1948 bis zu seiner Zerschlagung 1972 (der Vorlage für den Hollywood-Thriller *The French Connection*) nahezu ungehindert operieren konnte und Milliardenumsätze machte, die Meyer Lansky über die von ihm kontrollierte Schweizer Exchange and Investment Bank waschen und investieren ließ – vor allem in die Glücksspiel- und Tourismusindustrie in Las Vegas und in Havanna (Kuba), wo er sich seit 1946 niedergelassen hatte. Im selben Jahr eröffnete sein alter Partner und »Scharfrichter« Bugsy Siegel in Las Vegas mit dem »Flamingo« den ersten jener Hotelpaläste, die aus dem Wüstennest in Nevada bald das machen sollten, was den Großinvestoren Meyer Lansky und Lucky Luciano vorgeschwebt hatte: ein »Paradies voller Trottel«, die sie legal ausnehmen konnten.[9]

Nach dem Ende der Alkoholprohibition im März 1933, die aus den Banden jüdischer, italienischer und irischer Mobster millionenschwere Untergrundkonzerne gemacht hatte, hatten die Gangster ihr Vermögen in legale Geschäfte wie das in Nevada 1931 legalisierte Glücksspiel- und Prostitutionsgewerbe investiert. Und im Zweiten Weltkrieg hatten sie ihren Patriotismus im Kampf gegen die Nazis bei der Sicherung der heimatlichen Küsten und Häfen gezeigt und bei der Invasion Italiens entscheidende Hilfestellungen geleistet, um sich danach im Kampf gegen die von Allen Dulles ausgerufene »rote Gefahr« erneut als ein äußerst nützlicher Partner zu erweisen. So wurde die »Operation Underworld«, aus der Not mangelnden Sicherheitspersonals geboren, von einer taktischen Allianz zu einem dauerhaften *modus operandi*. Möglich wurde diese Kooperation des Staats mit dem organisierten Verbrechen durch die Autonomie, die das OPC und die CIA für operative Aktionen in Anspruch nehmen konnten, sodass Präsident und Kongress gar nicht oder nur schemenhaft davon erfuhren. Ob Gestapo-Mann oder SS-General, Heroinhändler oder Mafiakiller – an der neuen Front des Kalten Kriegs war für Allen Dulles, Frank Wisner und ihre Untergebenen jeder Rekrut recht, solange er sich nur im Kampf gegen die »rote Gefahr« und für die Interessen der US-Wirtschaft einsetzen ließ und man zudem plausibel abstreiten konnte, mit derlei schwerkriminellen Subjekten irgendetwas zu tun zu haben.

Ein kurze Geschichte der kubanischen Revolution

In der Nacht des 15. Februar 1898 erschütterte eine gewaltige Explosion den ruhigen Hafen von Havanna. Die *USS Maine*, ein Schlachtschiff der US Navy, das dort seit drei Wochen vor Anker lag, zerbarst, ging in Flammen auf, sank auf Grund und riss 266 Seeleute in den Tod. Die Ursache des Unglücks ist bis heute ungeklärt, doch für die von den Pressemagnaten Joseph Pulitzer und William Hearst dominierten US-Medien war die Sache sofort eindeutig: Die in Kuba herrschenden Spanier hatten das Schiff mit einer Mine gesprengt. Schon ein Jahr zuvor hatten die Zeitungen begonnen, blutrünstige Geschichten über die Schreckensherrschaft der Spanier und den Aufstand kubanischer Rebellen zu veröffentlichen, um die auf Neutralität bedachte Regierung des Präsidenten William McKinley zu einer militärischen Intervention zu bringen, doch sowohl der Präsident als auch die über große Zucker-, Tabak- und Minenunternehmen auf Kuba verfügende US-Industrie sahen ihre Interessen bei den spanischen Kolonialherren in guten Händen. Nachdem Hearst seinen Reporter und Zeichner Frederic Remington auf die Insel geschickt hatte, um über den Aufstand der Rebellen und den tobenden Bürgerkrieg zu berichten, und dieser nichts davon vorfand und kabelte: »Hier ist kein Krieg. Ich möchte wieder zurückkehren«, kam von Hearst die berühmt gewordene Antwort: »Bleiben Sie. Sorgen Sie für die Bilder, ich sorge für den Krieg.« Was er dann auch tat und mit fortgesetzten Horrorstorys in seinen Zeitungen die US-Industriellen überzeugte, Druck auf

McKinley auszuüben, der schließlich die *USS Maine* »in friedlicher Mission« nach Havanna schickte, um »amerikanische Bürger zu schützen«. Nach der Explosion des Schiffs, die von den Spaniern – wie auch von späteren US-Untersuchungen – einer internen Entzündung im Kohleraum zugeschrieben wurde, die auf den Munitionsbunker übergriffen habe, gab es indessen kein Halten mehr. Marineminister Theodore Roosevelt befahl den Angriff auf die spanische Flotte vor den Philippinen und leitete selbst den Angriff der US Navy auf Kuba, was nicht nur den Beginn des Spanisch-Amerikanischen Kriegs markierte, sondern auch den ersten Auftritt der bis dahin antikolonialen USA auf der imperialistischen Weltbühne. Mit der Vertreibung der ersten globalen Imperialmacht Spanien von ihren Besitztümern auf den Philippinen, Hawaii und Kuba nahm der Aufstieg der Vereinigten Staaten, die erst wenige Jahrzehnte zuvor ihrerseits das Joch Englands, der zweiten globalen Kolonialmacht, abgeschüttelt hatten, seinen Anfang. Anders als die alten Weltmächte und ihre klassische – auf Sklavenhaltung und, wie im Falle des britischen Empires, auf dem Opiumgeschäft basierende – Kolonialherrschaft setzten die »freiheitlichen« USA allerdings auf »Autonomie« der eroberten Länder und dort ihnen freundlich gesinnte »souveräne« Regierungen. Wobei es sich dabei in aller Regel um eine Pseudosouveränität handelte, die stets militärischen Interventionen unterworfen war, sobald durch »freie Wahlen« US-Geschäftsinteressen berührt waren. So auch in Kuba, wo sich in den folgenden Jahrzehnten diverse Militärmachthaber von amerikanischen Gnaden ablösten, darunter der mit dem Geld von den US-Industriellen Rockefeller, Guggenheim und Morgan 1925 ins Amt gehievte General und Geschäftsmann Gerardo Machado, dessen faschistisches Regime ihm den Namen »tropischer Mussolini« einbrachte, sowie seinen Nachfolger Fulgencio Batista, dessen 1933 in Gang gesetzte Verfassungsreformen anfangs als vorbildlich galten, der sich aber bald als ebenso autokratisch und korrupt wie sein Vorgänger herausstellte. Als Batista angesichts seiner zu scheitern drohenden Wiederwahl mit einem Militärputsch 1952 die Verfassung teilweise außer Kraft setzte, zeigte ein junger Rechtsanwalt, der 26-jährige Dr. Fidel Castro Ruz, diesen Verfassungsbruch vor dem obersten Gerichtshof in Havanna an und rief nach der Abweisung der Klage zum Widerstand gegen das Batista-Regime auf. Nachdem er und 160 Mitstreiter im Juli 1953 erfolglos versucht hatten, eine Kaserne in Santiago de Cuba zu stürmen, wurde er verhaftet und zu 15 Jahren Zuchthaus verurteilt, kam aber 1955 im Rahmen einer Generalamnestie frei. Er ging nach Mexiko ins Exil, ließ sich mit seinen Gefährten im Guerillakrieg ausbilden und startete mit ihnen im Dezember 1956 den bewaffneten Kampf in Kuba, der nach zwei Jahren zum Sturz des Batista-Regimes und zur Flucht des Diktators führte. Obwohl die USA Batista bis zum Ende offiziell die Treue hielten, hatten sie nicht nur mit einem wegen dessen grausamer Massaker an Oppositionellen verhängten Waffenembargo dafür gesorgt, dass Castros zahlenmäßig weit unterlegene Rebellenarmee den Diktator vertreiben konnte. Die CIA hatte Castros Bewegung 1957/58 überdies auch heimlich mit Geld und Waffen beliefert – in der Hoffnung, mit dem aus einer großbürgerlich-liberalen Familie stammenden Castro einen kontrollierbaren Freiheitskämpfer aufzubauen, dessen »revolutionäres« Vorbild und »reformerische« Strategie erfolgreich in weitere Länder Lateinamerikas und der Karibik exportiert werden könnte, wo man unliebsame Regime beseitigen wollte. Der CIA-Söldner und Undercover-Agent Frank Sturgis, der Castro im bewaffneten Kampf unterstützt hatte, fungierte ab Januar 1959 gar kurzzeitig als Minister der ersten Revolutionsregierung, zuständig für Glücksspiel und Casinos, also jener Branche, die der Mob-Boss Meyer Lansky seit 1947 in Kuba etabliert und zu einem Millionengeschäft für die Mafia und die jeweiligen Diktatoren ausgebaut hatte. Daneben diente die nur 90 Meilen von der Küste Floridas entfernte Insel als Zwischenstation für den Schmuggel des von

Lucky Luciano produzierten und von der korsischen Mafia über Marseille verschifften Heroins.

Doch der CIA-Söldner Frank Sturgis – der 1972 als Watergate-Einbrecher verhaftet und verurteilt wurde – hatte als Minister ebenso schnell ausgedient wie die Hoffnungen der CIA, mit Fidel Castro eine willfährige Marionette heranzuzüchten, denn der neue Staatschef machte Ernst mit seiner Revolution: Seine Bodenreform, die den Privatbesitz von Land auf 400 Hektar beschränkte, traf die großen US-Tabak- und Zuckerkonzerne ebenso ins Mark wie die Verstaatlichung oder Schließung der von der Mafia kontrollierten Casino- und Bordellbetriebe. So hatte sich der neue Staatschef nach der Vertreibung des Diktators Batista und der Flucht seiner Anhänger innerhalb kürzester Zeit drei neue mächtige Feinde geschaffen: die US-amerikanische Wirtschaft, die organisierte Kriminalität und nicht zuletzt die CIA. Auch wenn sich der von 1957–1959 in Kuba amtierende US-Botschafter Earl T. Smith schon bei einer Senatsanhörung 1960 darüber beschwerte, dass es »nicht von Vorteil sei, wenn die USA Botschafter in ein Land entsendet und die CIA gleichzeitig die Opposition unterstützt«, stritt die CIA jahrzehntelang ab, Fidel Castros Revolution ursprünglich unterstützt zu haben. Freilich deuten ihre eiligen Pläne für eine Ermordung Castros, die in den folgenden Jahren manisch-kuriose Züge annahmen – u.a. mit explodierenden Zigarren, vergifteten Taucheranzügen oder tödlichen Drogencocktails – an, dass sie diesen Fauxpas mit allen Mitteln schnell aus der Welt zu schaffen suchte. Im März 1960 stellte Präsident Eisenhower der CIA ein Budget von 13 Millionen Dollar zur Beseitigung Fidel Castros zur Verfügung, und CIA-Chef Allen Dulles ließ zur Unterstützung der Operation Kontakte zu den Mafiabossen John Roselli, Sam Giancana und Carlos Marcello herstellen, die wie ihr »Konzernchef« Meyer Lansky dringend an einem Regierungswechsel in Kuba interessiert waren. Den in den USA im November 1960 anstehenden Wahlen sahen die Mobster indessen mit Gelassenheit entgegen.

Von dem aussichtsreichsten Kandidaten, Eisenhowers Vizepräsident Richard Nixon, hatten sie ebensowenig zu befürchten wie von dem mächtigen FBI-Chef J. Edgar Hoover, der nach wie vor abstritt, dass es so etwas wie »organisierte Kriminalität« überhaupt gab und seine Behörde lieber auf »Kommunisten« Jagd machen ließ. Und Nixons demokratischer Gegenkandidat, Senator John F. »Jack« Kennedy, war der Sohn eines alten Bekannten, mit dem sie schon in den 20er Jahren gute Geschäfte gemacht hatten: Joseph »Joe« Kennedy.

Joe Kennedy

Als Patrick Kennedy am 21. April 1849 in Noddle's Island vor Boston landete, war er froh, dem irischen Hungerwinter und den Cholera- und Gelbfieberausbrüchen an Bord lebend entkommen zu sein. Dass er die zwei Cent für die Überfahrt nach Boston nicht mehr besaß, war sein geringstes Problem. Er fand Arbeit als Fassbinder, heiratete und setzte vier Kinder in die Welt, bevor er 1858, einige Monate nach der Geburt seines Sohnes Patrick Joseph, an der Cholera starb. Diesem P.J., wie er genannt wurde, stand ein bemerkenswerter Aufstieg bevor. Er arbeitete zunächst als Packer am Hafen und eröffnete bald mit einem Partner einen Saloon. Als jovialer Charakter, der wenig trank, aber immer ein offenes Ohr für seine Kunden hatte, nutzte er seine Beliebtheit als Sprungbrett für eine politische Karriere und wurde 1885 als Abgeordneter von East Boston in den Senat von Massachusetts gewählt – mit starker Unterstützung der Alkohol-Lobby, die den wachsenden Einfluss der Temperenzler und ihrer Forderung nach einem Alkoholverbot fürchteten. Nach der Eröffnung weiterer Kneipen und eines Spirituosengroßhandels nutzte er seine weitläufigen Kontakte für Investitionen in andere Unternehmen, vergab Kredite an die irische Community und beteiligte sich an einer Bank. Als sein Sohn Joseph Patrick 1888 auf die Welt kam, war P.J. Kennedy schon ein vermögender Mann, zehn Jahre später Bankier und einer der einflussreichsten Politiker Bostons. Und als er 1929 starb, hatte sein Sohn diese Rolle nicht nur übernommen, sondern massiv ausgebaut: Joe

Kennedy war zu diesem Zeitpunkt auf dem besten Weg, zu einem der reichsten Männer und einflussreichsten Politiker der gesamten USA zu werden. Auch wenn Joe später oft zum Besten gab, wie er sich als Angehöriger der armen irisch-katholischen Minderheit gegen die Bostoner »Brahmanen«-Elite – die White Anglo Saxon Protestants – durchschlagen musste, war er in höchst privilegierten Umständen aufgewachsen. Nach dem Studium in Harvard mit allenfalls mittelmäßigen akademischen Leistungen verschaffte ihm sein Vater einen Job als Kontrolleur bei der Bankenaufsicht von Massachusetts. In den knapp zwei Jahren, in denen Joe Kennedy die Buchhaltungen der Banken durchforstete, eignete er sich das Rüstzeug für seinen Aufstieg zum Multimillionär an: Er lernte, wie man an der Börse mit Insiderwissen und Kursmanipulationen Anleger über den Tisch zieht. Als 1913 einer kleinen irischen Bank in Boston eine feindliche Übernahme drohte, stieg er mit von der Familie geliehenen 45 000 Dollar ein und wurde mit 25 der jüngste Bankdirektor der Vereinigten Staaten. Ein Jahr später heiratete er Rose Fitzgerald, die Tochter des ebenso irisch-katholischen wie korrupten Bostoner Bürgermeisters »Honey« Fitzgerald. Der verschaffte dem Schwiegersohn, um ihn vor der Einziehung zur Armee im Ersten Weltkrieg zu bewahren, einen Direktionsjob bei einem »kriegswichtigen« Schiffsbauwerk, das Joe bei Kriegsende zugunsten neuerlichen Finanz- und Börsenhandels prompt verließ. Nachdem er von einem Aufsichtsrat erfahren hatte, dass Henry Ford ein großes Kohlewerk in Kentucky übernehmen wollte, kaufte er mit geliehenem Geld 15 000 dieser Kohleaktien und machte in neun Monaten einen Profit von 675 000 Dollar (in heutiger Kaufkraft etwa 5 Millionen). Seine Brokerfirma unterhielt verschiedene Aktienpools (heute würde man sie Hedgefonds nennen), mit denen er durch gegenseitige Käufe und Verkäufe Aktienkurse nahezu nach Belieben manipulieren konnte – was zwar unethisch, aber nicht illegal war und daher für den vor Ehrgeiz und Aufstiegswillen strotzenden Banker völlig

in Ordnung. Als Präsident Franklin D. Roosevelt 1934 Kopfschüt-
teln und Erstaunen erntete, dass er ausgerechnet Joe Kennedy als
Leiter der zur Regulierung der Finanzmärkte gegründeten Börsenaufsicht Securities and Exchange Commission (SEC) einsetzte,
soll er lachend mit der Weisheit geantwortet haben: »Man braucht
eben einen Dieb, um Diebe zu fangen.« Zu dieser Zeit hatte es der
»Meisterdieb« Joe Kennedy schon in die Top Ten der reichsten
Amerikaner gebracht, wozu neben klugen Investitionen in den
Immobiliensektor und in die aufstrebende Filmindustrie Holly-
woods vor allem das Alkoholgeschäft während der Prohibitionszeit beitrug. Das war zwar ab 1920 illegal, aber für den Spross einer Familie von Kneipiers und Schnapshändlern natürlich
ebenfalls alles andere als unethisch – und zudem hochprofitabel.
Sein Biograph Ronald Kessler schreibt:

»Joe bestellte die Spirituosen bei Brennereien in Übersee und belieferte die Syndikate des organisierten Verbrechens an der Küste. Frank Costello sollte später
sagen, dass Joe auf ihn zugekommen wäre, um ihn um Hilfe beim Schmuggel zu
bitten. Joe hätte den Schnaps an sogenannten Rum-Rows entladen – Übergabe-
punkte, an denen die Polizei bestochen war –, und Costello hätte dann übernommen. Costello war verbunden mit Männern wie Meyer Lansky, Joe Adonis, Louis
›Lepke‹ Buchalter…und Charles ›Lucky‹ Luciano. Sie verteilten den Schnaps, be-
stimmten die Preise und schmierten Polizei und Politiker.«[10]

Offiziell und aktenkundig sind Joe Kennedys Aktivitäten als Al-
koholschmuggler nie geworden, doch sein Vermögen wuchs in
dieser Zeit in rasendem Tempo, obwohl er die Brokerfirma Hay-
den, Stone & Co. 1922 verlassen hatte und keinem augenschein-
lichen Job nachging. Insofern ist dem damaligen »Premierminister« der Mafia, Frank Costello, zu trauen, der die Geschichte
noch zehn Tage vor seinem Tod 1973 seinem Biographen Peter
Maas erzählte: »Frank sagte, dass er Kennedy reich gemacht
habe.« Auch andere involvierte Mafiabosse wie Giuseppe Bonanno alias Joe Bananas haben das bestätigt. Joe Kennedy
selbst verwies, wenn er später darauf angesprochen wurde,
stets auf eine Lizenz zum Import von »medizinischem« Alkohol,

über die er während der Prohibitionszeit verfügt habe – was durchaus der Wahrheit entspricht, seinen fabelhaften Vermögenszuwachs in den 20er Jahren aber keineswegs erklären kann. Bei Aufhebung der Prohibition 1931 war seine Firma Somerset Importers dann freilich die Einzige, die sofort große Mengen Scotch-Whisky liefern konnte, weil Joe seine Lagerhäuser auf dem »Medizin«-Ticket gefüllt hatte. Das Unternehmen wurde in Folge mit einem Monopol für die beliebtesten Whisky-Marken zum größten Scotch-Importeur der USA. Die regionalen Repräsentanten von Somerset etwa in Florida oder in Chicago aber waren nach wie vor alte Kameraden aus dem Mafiamilieu, und als sich Joe Kennedy 1946 entschloss, aus dem Alkoholgeschäft auszusteigen, verkaufte er Somerset an Abner »Longy« Zwillman und Joe Reinfeld, zwei Kumpane von Meyer Lansky und Bosse der Kosher Nostra. Als Grund für den Ausstieg Kennedys aus der Branche, die seinen Vater und vor allem ihn selbst reich gemacht hatte, führt der Biograph Richard J. Whalen die Peinlichkeit an, die der Handel mit Whisky mit sich brachte und den »würdevollen Eindruck« störte, den Kennedy in der Öffentlichkeit hinterlassen wollte.[11] 1946 sollte nämlich sein 29-jähriger Sohn John Fitzgerald, genannt Jack, erstmals für den Kongress kandidieren, als ersten Schritt auf das Ziel Weißes Haus – ein Ziel, dessen Erreichen Vater Joe trotz bester finanzieller Voraussetzungen und hervorragender Beziehungen selbst verpatzt hatte.

Nachdem er Präsident Roosevelt mit viel Geld im Wahlkampf unterstützt und als Leiter der Börsenaufsicht und später der Marinekommission erfolgreich gedient hatte, ernannte der ihn 1938 zum Botschafter in England – und war schon bald darauf entsetzt. Denn Joe kuschelte mit den Nazis und mit Hitler und riet dringend davon ab, Deutschland mit Sanktionen oder gar mit Krieg zu drohen. Die schon virulente Judenverfolgung in Deutschland hielt er für »harmlos«. Nach seiner Abberufung als Botschafter im November 1940 war Joseph Kennedy für eine politische Karriere verbrannt. Sein Ziel, Roosevelt zu beerben und selbst Präsident zu werden, war nicht mehr zu erreichen. Die Söhne mussten ran – und der Vater investierte nicht nur Millionen von Dollar in dieses Unterfangen, sondern bediente sich dafür diskret auch seiner alten Kontakte mit dem Mob. Dieser Einsatz großer Geldmittel und Verbindungen in die Unterwelt wurde vor allem deshalb nötig, weil der vom Vater prädestinierte älteste Sohn, Joseph Kennedy junior, als Pilot der Air Force kurz vor Kriegsende ums Leben gekommen war. Anders als sein jüngerer Bruder John Fitzgerald, der seit der Kindheit von zahlreichen schweren Krankheiten geplagt war und häufig ins Hospital eingeliefert werden musste, entsprach der athletische Joseph junior ganz dem Ideal seines ehrgeizigen Vaters. Doch dem Schicksalsschlag seines frühen Todes kam ein unglücklicher Zufall zuvor, der aus dem eher schwächlichen zweiten Sohn einen Kriegshelden macht. Aufgrund seiner Krankenakte wäre John F. Kennedy für den Kriegsdienst normalerweise untauglich gewesen, doch weil der Dienst in der Armee einen kaum verzichtbaren Karrierebaustein darstellte, gelang es seinem Vater aufgrund seiner Kontakte ins Pentagon, John F. in der US Navy unterzubringen. Als Kommandant eines Schnellboots vom Typ PT-109 im Pazifischen Ozean erlitt er nach der Kollision mit einem japanischen Kreuzer Schiffbruch und rettete trotz einer Verletzung am Rücken einen schwer verletzen Kameraden schwimmend auf eine nahegelegene Insel. Diese Tat brachte ihm nicht nur mehrere militärische Auszeichnungen ein, sondern lieferte nach Kriegsende auch das Material, dem Sprössling Joe Kennedys Publizität für eine politische Karriere zu verschaffen. Eine mit dem Geld des Vaters im *Reader's Digest* lancierte dramatische Geschichte über den Kriegshelden John F. Kennedy wurde 1946 als Sonderheft in hoher Auflage nachgedruckt und spielte bei seinem ersten Wahlkampf um einen Sitz im Repräsentantenhaus eine wichtige Rolle. Noch wichtiger jedoch für den ersten Wahlsieg des weithin unbekannten und erst 29-jährigen Jungpolitikers war die Tatsache, dass der Sitz des angesehenen Vertreters von Massachusetts, James Curley, überhaupt frei geworden war, nachdem ihn Joe Kennedy überredet hatte, Bürgermeister von Boston zu werden und ihm dafür großzügige Geldmittel in Aussicht stellte. Ähnlich trickreich und mit deutlich höherem Finanzeinsatz gelang es Vater Joe dann 1952, seinem Sohn bei der Wahl zum Senator von Massachusetts eine Mehrheit zu verschaffen – ein Darlehen über eine halbe Million Dollar (heutiger Wert ca. 2,8 Mio.), das er der kriselnden *Boston Post* gewährte, sicherte dem Junior eine positive Presse. Wie dieses »normale« Kreditgeschäft wurden auch die anderen Zuwendungen zur Wahlkampfunterstützung, die Joe Kennedy mit Geschick und Charme verteilte, nie offiziell geahndet, obwohl nach dem Gesetz jeder Bewerber nur 20 000 Dollar eigenes Geld für den Wahlkampf einsetzen durfte. Dass Vater Joe auch bei Johns Wiederwahl in den Senat 1956 und in der Präsidentschaftskampagne gegen Richard Nixon 1960 nicht nur sämtliche Strippen zog, sondern zudem sein auf 400 Millionen Dollar geschätztes Vermögen einsetzte, ist ebenso bekannt, wie es nie gerichtlich aktenkundig wurde. Ebenso wenig wurden es die Geldkoffer, die er an seine alten Mafiakontakte aus der Prohibitionszeit verteilt haben soll, um die Wahlergebnisse in ihren Revieren – Nevada und Illinois – zu manipulieren. Sie tauchen zwar in jeder zweiten Kennedy-Biographie auf, brachten es aber nie über den Status eines wohlbegründeten, aber nicht beweisbaren Gerüchts hinaus. Doch ohne Frage ist der Nimbus des Jungpolitikers John F. Kennedy zuerst einmal der eines »rich kids«, das von einem ehrgeizigen und gut vernetzten Vater ins Amt gehievt wird, der sich seiner Rolle sehr wohl bewusst ist. Als ihm ein Bekannter zur ersten Wahl des Sohns in den US-Senat gratuliert, soll er geantwortet haben: »Mit *dem* Geld hätte auch mein Chauffeur die Wahl gewonnen.« Nachdem Sohn Jack zum zweiten Mal in den Senat gewählt worden war, setzte Vater Joe zum Endspurt auf die Zielgerade ins Weiße Haus an. Bei einem Essen mit seinem

Vertrauten, dem New Yorker Kardinal Francis Spellman, berichtete er dem Freund von seinen jüngsten Aktivitäten: »Ich habe gerade ein Pferd für 75 000 Dollar gekauft, und für noch einmal 75 000 Dollar bringe ich Jack auf die Titelseite der *Time*.«[12] Das erste Cover des *Time Magazine* mit dem strahlenden jungen Senator erschien am 2. Dezember 1957 und war der Start einer massiven Medienkampagne, die Joe Kennedy in den folgenden Jahren arrangierte und finanzierte. Er selbst hielt sich mit Äußerungen in der Öffentlichkeit zunehmend zurück. Auch auf seine Eskapaden mit zahlreichen Geliebten, darunter dem Hollywoodstar Gloria Swanson, die in den 20er und 30er Jahren oft die Klatschspalten gefüllt hatten, verzichtete er nun oder hielt sie doch besser geheim. Alles ordnete Old Joe fortan seinem großen Ziel unter, das er für seine drei Söhne ins Auge gefasst hatte und dem *Evening Standard* in einem ungewöhnlich offenen Interview im September 1957 eingestand: Er wollte, dass Jack Präsident werden würde, Bobby Generalstaatsanwalt und Ted Senator. Wie das Ziel der Präsidentschaft am 9. November 1960 erreicht wurde – in dem mit einem Zehntel Prozent Vorsprung knappsten Wahlausgang aller Zeiten –, gestand Joe im Rückblick seinem Freund Ben Bradlee: »Ich habe dafür 13 Millionen Dollar ausgegeben.« Und 4 Millionen davon, so erzählte Harry Truman seiner Tochter Margaret, »um die Nominierung zu kaufen«.[13]

Doch es lag nicht allein am Geld, es lag auch nicht an den Netzwerken Joe Kennedys und seiner vorausschauenden Strategie, dass diese Wahl erstmals vom Fernsehen entschieden und sein gut aussehender, charismatischer Sohn in den TV-Debatten gegen den verschwitzten Richard Nixon schließlich die entscheidenden Stimmen holte – es lag vor allem an der Tatsache, dass sich dieser Sohn, seit er wegen seines gefallenen älteren Bruders vom Vater zum Abgeordneten und ins Senatorenamt gedrängt worden war, zu einem eigenständigen politischen Kopf entwickelt hatte. Dass er die Welt bereist, sich ein Bild gemacht und politische Ansichten entwickelt hatte, die sich deutlich von denen seines Vaters unterschieden, und dass er in der Lage war, diese Ansichten nicht nur eloquent und charmant vorzutragen, sondern auch willens, sie durchzusetzen – als Präsident.

John F. Kennedy

The Dark Side of Camelot ist mit Sicherheit das schlechteste Buch des Pulitzerpreisträgers und Investigativreporters Seymour Hersh, aber ebenso sicher auch dasjenige, das ihm am meisten Geld einbrachte. Eine Million Dollar Vorschuss sollen Hershs Agenten vom Verlag Little Brown dafür herausgeholt haben, und noch einmal weitere 250 000 Dollar und einen Vertrag mit dem TV-Sender ABC, nachdem Hersh bei seinen Recherchen ein höchst brisantes Dokument zugespielt worden war. Es handelte sich um einen von John F. und Robert F. Kennedy, Marilyn Monroe, Janet Des Rosiers (der Assistentin Joe Kennedys) und Aaron Frosch (Monroes Anwalt) am 3. März 1960 im Carlyle Hotel in New York unterzeichneten Vertrag, der die Kennedys zur Zahlung von 600 000 Dollar an die Mutter von Marilyn Monroe, Gladys Baker, verpflichtete – und die Schauspielerin zum Stillschweigen über ihre sexuellen Beziehungen zu JFK und dessen Kontakte mit Unterweltfiguren wie dem Mob-Boss Sam Giancana in ihrer Gegenwart. Man kann sich Seymour Hershs Begeisterung vorstellen, als ihn ein Informant namens Lex Cusack mit diesem Dokument bekannt machte, das er angeblich in den Unterlagen seines Vaters, eines Anwalts, gefunden hatte, denn wie in einer Nussschale waren hier die Zutaten versammelt, die Hersh für sein Buch schon zusammengetragen hatte: die rastlose sexuelle Manie Jack Kennedys, der jedes weibliche Wesen flachlegte, das nicht bis drei auf dem Baum war; die in der Klatschpresse weithin kolportierten Geschichten, dass auch sein

Bruder Bobby, der scheinbar treue Familienvater, dieser Neigung frönte und ebenfalls eine Affäre mit Marilyn Monroe hatte; das Gerücht, dass Bobby Kennedy in den Selbstmord des Filmstars verwickelt war und dessen ungeklärte Umstände vertuschte; die klandestine Kooperation des Kennedy-Clans mit der Mafia bei der Manipulation von Wahlen sowie dessen Methode, mit viel Geld nicht nur politische Ämter zu kaufen, sondern auch Skandale aus der Welt zu schaffen.

Für Hersh, der diesen Geschichten seit einigen Jahren auf der Spur war, kam in diesem Dokument alles zusammen, was er bisher anhand von Interviews und Zeugenaussagen an Fakten und Gerüchten skizziert hatte. »Die Kennedys ... waren die übelsten Menschen«, rief er dem Reporter Robert Anson zu, der ihn für *Vanity Fair* über sein kommendes Buch interviewte, und wedelte mit den explosiven Papieren, die das schwarz auf weiß bestätigten.[14] Doch als kurz darauf, am 25. September 1997, der TV-Moderator Peter Jennings in der ABC-Sendung *20/20* auftrat, explodierte nicht die Kennedy-Legende, sondern die Reputation der Reporterlegende Seymour Hersh, denn es wurde gezeigt, dass es sich bei diesem Dokument um eine Fälschung handelte. Handschriftenexperten hatten Hersh zwar schon zuvor darauf hingewiesen, dass die Unterschriften Kennedys und Monroes äußerst zweifelhaft waren, doch der Reporter hatte sich davon genausowenig beirren lassen wie von der Tatsache, dass ein ausgewiesener Fuchs wie Vater Joe Kennedy niemals so dämlich sein würde, ein derart inkriminierendes und der Erpressung Tür und Tor öffnendes Dokument in die Welt zu setzen. Doch der Wille zum unbedingten Kennedy-Bashing und die Aussicht auf eine Viertelmillion Honorarzuschlag hatten nicht nur Hershs journalistische Skepsis, sondern auch sein Augenlicht weitestgehend ausgeschaltet: Einige Tippfehler auf dem Dokument waren deutlich sichtbar mit Korrekturband ausgebessert worden – einer Technologie, die 1960 noch nicht erfunden war und erst 1970 auf den Markt kam.

Dass sich der Dreh- und Angelpunkt von Hershs Anti-Kennedy-Buch als plumpe Fälschung erwies, spricht zwar nicht unbedingt gegen alle anderen Enthüllungen dieses Werks, in dem Liebhaber von Klatsch- und Bettgeschichten voll auf ihre Kosten kommen, sollte aber deutlich machen, dass dieses Buch insgesamt mit mehr als nur einem *grano salis* genossen werden muss. Denn es lässt sich auf die Aussage reduzieren, dass JFK ein Playboy und Womanizer war, dass er mit dem Geld, den Verbindungen und den schmutzigen Tricks seines Vaters ins Amt gehievt wurde und sich politisch weder von seinem Vorgänger Eisenhower noch von seinem späteren Nachfolger Richard Nixon unterschied. Doch diese simple und einseitige Reduktion entspricht weder den weitaus komplexeren Tatsachen, noch kommt sie der historischen Wahrheit über John F. Kennedy und den Gründen für seine Ermordung in irgendeiner Weise näher. Und so verständlich es sein mag, dass ein anerkanntes Reporterschlachtross wie Seymour Hersh auf die alten Tage endlich einmal richtig absahnen wollte, so bedauerlich ist dieser Abstieg des investigativen politischen Journalismus auf das Niveau des Boulevards und der Yellow Press. Denn relevant ist nicht die Anzahl der Mätressen und Edelnutten, die der Privatsekretär in die Hotelsuiten und Appartements des Präsidenten schleuste, und historisch bedeutsam sind nicht die Badenixen, mit denen sich JFK im Pool des Weißen Hauses in der Mittagspause vergnügte, wenn Jackie mit den Kindern aushäusig war, oder ist auch nicht, dass er mit Frauen wie Judith Exner, einer Gespielin des Mafiabosses Sam Giancana, oder mit der als Stasi-Spionin verdächtigten ostdeutschen Ellen Rometsch im Bett war – wichtig ist, was er vor und nach diesen Pausen tat, welche Entscheidungen er traf und welche Rolle er als Präsident der mächtigsten Nation der Welt spielte. Und in dieser Hinsicht unterschied sich John F. Kennedy nicht nur deutlich von seinem Vorgänger Eisenhower, sondern auch von allen Präsidenten, die nach seinem Tod ins Amt kamen.

»Und deshalb, meine amerikanischen Mitbürger: Fragt nicht, was euer Land für euch tun kann, fragt, was ihr für euer Land tun könnt. Und deshalb, meine Mitbürger in der Welt: Fragt nicht, was Amerika für euch tun kann, fragt, was wir zusammen tun können für die Freiheit der Menschen.«

Seine Wahl hatte Kennedy mit der Parole »New Frontiers!« gewonnen, also mit dem Versprechen, neue Grenzen und Herausforderungen anzugehen. Und seine Antrittsrede war keine der typischen politischen Sonntagsreden, sondern spiegelte die tatsächlich herrschende Aufbruchsstimmung am Ende des Jahres 1960 wider. Bei einer Gallup-Erhebung antworteten zu diesem Zeitpunkt über 70 Prozent der amerikanischen Bürger auf die Frage »Vertrauen Sie immer oder meistens darauf, dass in Washington das Richtige getan wird?« mit »Ja«, am Ende von Kennedys Amtszeit waren es 76 Prozent – und seitdem befindet sich dieses Vertrauensvotum mehr oder weniger im freien Fall. 1993 antworteten nur noch 17 Prozent mit »Ja«, aktuell liegt der Wert bei 19 Prozent.[15] Dass kein amerikanischer Präsident in den letzten 50 Jahren mehr Vertrauen genoss als John F. Kennedy und sich die Amerikaner heute, wenn sie einen ihrer Staatsführer wiederbeleben könnten, mit großer Mehrheit für JFK entscheiden würden, hat nicht nur zu tun mit dem royalen Glanz, den er mit seiner schönen Frau im Weißen Haus dem Volk bescherte. Es ist allen Klatschgeschichten über die »dunkle Seite von Camelot« zum Trotz ein Ergebnis seiner Politik. Diese war bei seinem Antritt als Abgeordneter und danach als Senator naturgemäß und klassisch vom Kalten Krieg und einem rigiden Antikommunismus geprägt, doch schon damals unterschied sich Kennedy in deutlichen Nuancen von der großen Mehrheit seiner republikanischen und demokratischen Kollegen.

Als Kleinkind, Schüler und Collegestudent war John F. Kennedy häufig so schwer erkrankt, dass seine Eltern mehrfach einen Priester kommen ließen, um ihm die Letzte Ölung – das Sterbesakrament der katholischen Kirche – zu verabreichen. Auch in seinem späteren Leben suchten ihn zahlreiche Krankheiten heim, vermutlich bedingt durch den erst sehr spät diagnostizierten *Morbus Addison*, eine Insuffizienz der Nebennierenrinde, die dauerhaft mit Cortison behandelt werden muss. Anders als sein älterer Bruder Joe Kennedy jr. war John dem Zweiten Weltkrieg zwar lebend, aber nur knapp und mit einer schweren Rückenverletzung entkommen, die ihn bis an sein Lebensende schmerzte und häufig in ein Korsett zwang. »Mindestens die Hälfte der Tage, die er auf der Erde verbrachte, waren Tage mit starken physischen Schmerzen«, schrieb Robert F. Kennedy nach dem Tod seines Bruders, »doch während dieser ganzen Zeit hörte ich ihn niemals klagen.«[16] Einige der Biographen des Präsidenten haben dieser ungünstigen Gesundheitskondition seinen steten Hang zu sexuellen Abenteuern zugeschrieben und ihm eine Haltung attestiert, jeden schmerzfreien Tag so zu genießen, als ob es der letzte sei. Auch wenn das zutreffen könnte, scheinen hier, in der häufig erlebten Krankheit und Todesnähe, noch weitere und entscheidendere Elemente für den Charakter Kennedys zu liegen, nämlich für seinen Wandel vom klassischen kalten Krieger zu einem Präsidenten, der in den letzten zwei Jahren seines Lebens rastlos daran arbeitete, diesen Krieg zu beenden.

Wie dieser Wandel zustande kam, dass er erst möglich wurde, nachdem der übermächtige Vater Joe nach einem Schlaganfall Ende 1961 als heimlicher Leiter des »Küchenkabinetts« Kennedys ausfiel und welche Rolle dabei einmal mehr eine schöne Frau spielte, ist eine Geschichte, deren Elemente bis vor wenigen Jahren noch verborgen waren und die deshalb in den vielen Büchern über John F. Kennedy auch noch nicht auftauchten. Aufgrund neuerer Forschungen verschiedener Autoren und Veröffentlichungen von Dokumenten aber lässt sie sich rekonstruieren – und eröffnet nicht nur erstaunliche Ausblicke auf das Leben des 35. Präsidenten der USA, sondern auch ebensolche Einblicke, warum er nach kaum 1 000 Tagen im Amt ermordet wurde.

Der Wandel eines kalten Kriegers

Dass *Why England slept*, seine erste Buchveröffentlichung aus dem Jahr 1940, die Ausarbeitung seiner Abschlussarbeit an der Harvard-Universität, die zu zaghaften Rüstungsanstrengungen Englands gegenüber Nazi-Deutschland monierte, ließ keineswegs schon auf einen solchen Wandel schließen. Im Gegenteil übertrug der junge John. F. Kennedy seine frühen Erkenntnisse nach seinem Einstieg in die Politik nahtlos auf die Strategien der USA gegenüber der Sowjetunion und plädierte in den 50er Jahren als Senator für eine Aufrüstung der US-Streitkräfte. Noch im Wahlkampf um die Präsidentschaft 1960 argumentierte er mit einer »Raketenlücke« gegenüber der Sowjetunion, die durch eigene Rüstungsanstrengungen ausgeglichen werden müsse. Inwieweit er zu diesem Zeitpunkt schon wusste, dass es sich bei dieser »Lücke« um einen Mythos handelte, der vom militärisch-industriellen Komplex und der Armee aus Budgetgründen geschürt wurde, ist unklar. Als er nach seinem Amtsantritt im Februar 1961 von seinem wissenschaftlichen Berater Jerome Wiesner hörte, dass es gar keine Raketenlücke gab und sie bloß behauptet worden war, reagierte er jedenfalls »eher verärgert als erleichtert«.[17] Ähnlich ambivalent stand Kennedy einem weiteren mythischen Topos des Kalten Kriegs gegenüber: der von Eisenhower und seinem Außenminister John Foster Dulles propagierten sogenannten Dominotheorie, nach der jedes von einer kommunistischen Regierung kontrollierte Land in der Folge auch die benachbarten Länder dem Kommunismus »ausliefere«.

Der Sieg der Maoisten in China 1949 und das Überschwappen linker Ideologien nach Korea, Laos und Vietnam schien diese Theorie zu bestätigen und führte – neben der Aufrüstung mit Interkontinentalraketen gegen den »Großfeind« Sowjetunion – in kleineren Ländern zur Strategie der Eindämmung und des Rollbacks durch, je nachdem, US-gesponserte Guerillatruppen oder Aufstandsbekämpfungshilfe. So wenig Zweifel daran bestehen, dass Kennedy auch noch als Präsident diese Politik unterstützte – etwa durch die Vergrößerung der Eingreiftruppen, der Special Forces –, so deutlich hatte er allerdings auch schon zuvor seine eigenen Zweifel an einer Fortsetzung der auf militärischem Eingreifen basierenden klassischen Kolonialpolitik formuliert. Als Abgeordneter hatte ihn eine ausgedehnte Weltreise Anfang der 1950er Jahre in zahlreiche Länder Asiens und Afrikas geführt, in denen die alten Kolonialmächte gegen die nach Unabhängigkeit strebenden Bevölkerungen standen. In einer seiner ersten Reden vor dem Senat 1954 warnte er eindringlich vor der Ansicht, dass der Konflikt Frankreichs mit den revolutionären Truppen Ho Chi Minhs in Vietnam durch eine US-Unterstützung zu gewinnen sei: »Auch mit noch so viel amerikanischer Militärunterstützung in Indochina kann ein Feind nicht besiegt werden, der überall und gleichzeitig nirgendwo ist, ein Feind, der die Sympathie und die verdeckte Unterstützung der Bevölkerung hat.« Worte, die er später als Präsident in ähnlicher Form oft wiederholte, wenn ihn bellizistische Hardliner zur militärischen Intervention in Vietnam drängten. Nachdem er sich 1957 vor dem Senat für die Unabhängigkeit Algeriens und ein Ende der von den USA unterstützten militärischen Aktivitäten Frankreichs in Nordafrika ausgesprochen hatte, brach ein Sturm der Entrüstung über Kennedy los. Nicht nur das Militär im Pentagon und die politischen Gegner im Lager der Republikaner, sondern auch Freunde aus der Demokratischen Partei und die Medien warfen dem Senator »außenpolitische Verantwortungslosigkeit« vor. Ein Vorwurf, den er später als Präsident in ähnlicher Form ebenfalls noch oft zu hören bekam und der auch nach seinem Tod – in der ideologischen Debatte über die Stärken und Schwächen seiner Präsidentschaft – noch häufig zu hören war. Erst in jüngster Zeit haben zwei Autoren – David Talbot und James Douglass[18] – auf Grundlage zahlreicher Interviews mit Beteiligten und anhand erst neuerdings deklassifizierter Dokumente herausgearbeitet, wie unberechtigt dieser Vorwurf außenpolitischer »Schwäche« war, welche durchdachte Doppelstrategie hinter Kennedys Aktivitäten steckte und wie viel Stärke und Standfestigkeit er bewies, seine Ziele durchzusetzen. Diese Entwicklung lässt sich an den drei außenpolitischen Marksteinen seiner Präsidentschaft sehr gut nachvollziehen: seiner Reaktion auf die von der CIA inszenierte Invasion Kubas in der Bahía de Cochinos (Schweinebucht) im Frühjahr 1961, seinem Kompromiss mit dem sowjetischen Präsidenten Chruschtschow in der sich anschließenden Krise durch die Stationierung russischer Nuklearraketen auf Kuba 1962 und dem Abkommen über einen nuklearen Teststopp sowie seinem Befehl zum Abzug des ersten Kontingents von US-Militärberatern aus Vietnam im Sommer 1963. Es waren dies die drei entscheidenden Schritte, die den Wandel John F. Kennedys vom militanten Antikommunismus zu einer ausgleichenden Außenpolitik, vom rigiden Imperialismus zur zivilen Friedensstiftung, von einer Eskalation zu einem Ende des Kalten Kriegs bezeugen. Das waren vermeintlich utopische Ziele, die aber nach seiner sicheren Wiederwahl 1964 durchaus erreichbar gewesen wären. Doch die Feinde, die er sich auf dem Weg dorthin gemacht hatte, ließen das nicht zu. John F. Kennedy musste sterben, nicht weil er ein »schwacher« und »unverantwortlicher« Präsident war, sondern weil er begonnen hatte, Stärke und Verantwortung zu zeigen – gegenüber seinem eigenen Kabinett, gegenüber seinen Joint Chiefs of Staff und gegenüber seinen Geheimdiensten.

Die Schweinebucht – 1961

Dass der hauchdünne Vorsprung, mit dem John F. Kennedy den favorisierten Vizepräsidenten Eisenhowers, Richard Nixon, bei der Präsidentschaftswahl im November 1960 geschlagen hatte, durch den von Vater Joe über seine Unterweltkontakte arrangierten Stimmenkauf zustande kam, ist von vielen Autoren wie zuletzt von Seymour Hersh ebenso akribisch recherchiert worden wie letztlich unbeweisbar geblieben. »Tricky Dick«, der in den schwarzen politischen Künsten und schmutzigen Tricks höchst versierte Richard Nixon, wusste, dass er mit dem alten Joe Kennedy in dieser Beziehung einen ebenbürtigen Gegner gefunden hatte – und hätte seine Niederlage keineswegs so rasch akzeptiert, wenn es einen tragbaren Nachweis für solche Manipulationen gegeben hätte. Im Wahlkampf hatte Nixon die Empfehlung seiner Helfer, die im Pressekorps von Washington durchaus bekannten sexuellen Eskapaden John F. Kennedys publizistisch gegen ihn einzusetzen, strikt abgelehnt. Er war sich seiner Sache sicher genug, um derart schmutzige Wäsche ignorieren zu können. Als erfahrener Politiker, kämpferischer Antikommunist und Vizepräsident glaubte er genügend Munition gegen den weichen, unerfahrenen und »außenpolitisch verantwortungslosen« Emporkömmling im Köcher zu haben. Doch er hatte die Rechnung ohne die Doppelstrategie Kennedys gemacht, der wusste, dass er mit einem Auftritt als Feingeist und Friedenstaube gegen die polternden und kämpferischen Republikaner genausowenig Chancen haben würde wie sein Parteifreund Adlai Stevenson in den beiden Wahlkämpfen gegen Eisenhower zuvor. Es war der erste US-Wahlkampf, bei dem Debatten der beiden Kandidaten im Fernsehen übertragen wurden, und dabei machte der charmante Kennedy nicht nur ein besseres Gesicht als Nixon, er brachte ihn auch auf dessen ureigensten Feld, dem Kampf gegen den Kommunismus, in die Defensive, indem er stärkere Unterstützung für die Exilkubaner forderte, die einen Sturz der Castro-Regierung vorbereiteten. Kennedy wusste, dass niemand anderes als Nixon bereits seit März 1960 mit einem Top-Secret-Programm betraut war, in dessen Rahmen unter anderem über tausend Exilkubaner in Guatemala im Guerillakampf ausgebildet wurden. Und dass Nixon wegen der Geheimhaltungsstufe des Projekts auf seine eigenen forschen Forderungen nicht wahrheitsgemäß antworten konnte, dass er eben daran doch schon längst arbeitete, weshalb er sich, um überhaupt etwas auf Kennedy zu erwidern, eher gegen eine Intervention in Kuba aussprechen musste als dafür. So konnte Kennedy auf einem Feld, das sein Gegenkandidat als sichere Bank angesehen hatte, deutlich punkten, und das nicht nur vor 60 Millionen Fernsehzuschauern, sondern auch bei den Militärs und der CIA, denen sein verlautbarter Aktivismus in Sachen Kuba-Intervention sehr gefiel. Doch als die CIA-Oberen ihm zwei Monate nach seinem Amtsantritt ihren Plan für die Invasion vorlegten, winkte Kennedy ab: Ein Einmarsch in einer Bucht bei Trinidad de Cuba, 270 km südöstlich von Havanna, wo die Invasionstruppe an Land gehen sollte, sei zu leicht abzuwehren und würde einen sofortigen Einsatz der US-Luftwaffe erfordern, um erfolgreich zu sein. Den aber dürfe es auf keinen Fall geben, um keinen Konflikt mit den Sowjets heraufzubeschwören. Einen Monat später legten Allen Dulles und sein Chef für Spezialoperationen, Richard Bissell, einen Alternativplan vor: Die CIA-Brigade der Exilkubaner sollte nun in der abgelegenen Schweinebucht an Land gehen, dort einen Brückenkopf errichten und eine Landebahn für den Luftnachschub anlegen, um einen Guerillakampf in den Bergen beginnen zu können, dem sich die des Castro-Regimes überdrüssige Bevölkerung rasch anschließen würde. Nach einiger Zeit würde dann eine provisorische Regierung der »Freiheitskämpfer« offiziell Hilfe der Vereinigten Staaten anfordern, mit der schließlich die vollständige Einnahme der Insel und die Beseitigung Castros vollzogen werden könnte. Kennedy stimmte zu – unter der Maßgabe, dass es keine offene militärische Unterstützung der USA geben könnte, bevor die Revolte auf der Insel tatsächlich in Gang gekommen war. Wie Castros Guerilleros ein Jahr zuvor sollten die Kubaner selbst und allenfalls mit geräuschloser Unterstützung durch die CIA das Land wieder zurückerobern.

Dulles und Bissell war von Anfang an klar, dass das nicht funktionieren würde, dass ihre Brigade deutlich zu klein war, um gegen Castros Armee erfolgreich zu sein, und dass ihr die »hearts and minds« der Bevölkerung keineswegs so zufliegen würden, wie es zuvor Castros Revolutionären bei der Befreiung von der Batista-Diktatur ergangen war. Zudem war ihr Großprojekt mitnichten geheim geblieben. Sie erfuhren schon vor dem Start von in Kuba platzierten Agenten, dass das Projekt verraten worden war und sowohl Fidel Castro, der Commandante en Jefe, als auch die Sowjets über die Pläne informiert waren. Doch darüber ließen die CIA-Direktoren Kennedy im Unklaren, und noch bei dem letzten Briefing des Präsidenten behaupteten sie, es würde Tage dauern, bis Castro seine Truppen gegen die Invasoren mobilisieren könnte. Tatsächlich standen diese seit Anfang April ebenso in höchster Alarmbereitschaft wie seine kleine Luftwaffe, die nach den CIA-Plänen durch einen Angriff von aus Nicaragua startenden, nicht mit US-Hoheitszeichen versehenen B-26-Bombern ausgeschaltet werden sollte. Dulles und Bissell war vollkommen bewusst, dass ihr Projekt zum Scheitern verurteilt war; ebenso wie das Vorhaben, Fidel Castro parallel zu der Invasion durch einen Mordanschlag zu beseitigen, worüber sie Kennedy ebenfalls nicht informiert hatten. Dass sie sich unter Vorspiegelung falscher Tatsachen dennoch das Einverständnis des Präsidenten einholten und das »Go« zum Start der Operation gaben, folgte weitergehenden Überlegungen: Würden die 1 500 Invasoren nach ihrer Landung in Gefechte mit den Kubanern und in Not geraten, wäre es ein Leichtes, Kennedy zu einem Einsatz der US-Luftwaffe und einer massiven militärischen Intervention zu bewegen. Die CIA-Bosse kalkulierten, dass sie in der Hitze der Schlacht und mit Unterstützung des Chef of Naval Operations und des Joint Chief of Staff, Admiral Arleigh Burke und General Lyman Lemnitzer, den unerfahrenen Präsidenten schon weich klopfen würden. »Es war«, notierte Walt Rostow, ein Sicherheitsberater des Weißen Hauses, »unvorstellbar für sie, dass der Präsident sie (die Operation) einfach fallen lassen würde.« Doch genau dies geschah, nachdem die CIA-trainierten Exilkubaner in der Nacht des 17. April 1961 an der Schweinebucht gelandet und sowohl zu Lande als auch durch die nur zum Teil ausgeschalteten T-33-Jets der kubanischen Armee aus der Luft unter Feuer geraten waren. Am 18. April beschied Kennedy in einer eilig anberaumten hitzigen Nachtsitzung seinen Generälen und Geheimdienstchefs am Ende: »Ich will die Vereinigten Staaten nicht in diese Sache involvieren.« Die alten Haudegen der Navy und der Armee sowie der CIA-Chef Allen Dulles, der es gewohnt war, zusammen mit seinem Bruder John Foster als Außenminister die Politik der USA als Familienbetrieb zu führen, waren ebenso überrascht wie hochgradig empört. Da zeigte doch der gerade ins Amt gekommene Jungspund ein Rückgrat, mit dem sie niemals gerechnet hatten. Als am darauffolgenden Tag die Nachricht eintraf, dass 200 der Brigadisten ums Leben gekommen und 1 200 gefangengenommen worden waren, saß Allen Dulles mit Richard Nixon, der die Operation von Beginn an betreut hatte, beim Abendessen und gestand: »Dies ist der schlimmste Tag in meinem Leben.« Und im Pentagon bezeichnete General Lemnitzer Kennedys Weigerung eines Militäreinsatzes als »… absolut verwerflich, geradezu kriminell«.[19]

Tatsächlich hatte sich der Präsident aber nur an das gehalten, was er bei den verschiedenen Meetings im Vorfeld und bei seiner Genehmigung der Operation immer gesagt hatte: dass es keinen offiziellen Militäreinsatz der USA geben dürfte, um keinen Konflikt mit den Sowjets zu provozieren, die im Gegenzug die kaum zu verteidigende »Insel« Westberlin einnehmen könnten, was zu einem regelrechten Krieg unter Einsatz von Nuklearwaffen führen würde. »Kriminell« hatten sich vielmehr die CIA-Planer und ihre Unterstützer seitens des Militärs verhalten, die eine derartige Eskalation des Kubakonflikts billigend in Kauf nehmen wollten und Kennedy deshalb im Dunkeln darüber ließen, dass die Operation ohne einen massiven Militäreinsatz nicht gelingen konnte. In einem erst 2005 ans Licht gekommenen, 300-seitigen internen CIA-Memo vom November 1960 war das absehbare Scheitern des Invasionsplans ohne militärische Unterstützung sogar schriftlich festgehalten worden: »Unser Plan ... ist nicht durchführbar, außer mit einem gemeinsamen Einsatz von Agency/DOD (CIA/Pentagon).«[20]

So wenig Allen Dulles, seine CIA-Offiziere und die ranghohen Militärs damit gerechnet hatten, dass der unerfahrene Neuling im Weißen Haus in der Hitze des Gefechts bei seiner Haltung bleiben und ihren Wunsch nach einem Militäreinsatz ausschlagen könnte, so wenig hatten sie auch erwartet, dass er die Verantwortung für das Scheitern der Operation übernehmen würde. Doch genau das tat Kennedy in einer öffentlichen Ansprache am 21. April. Ohne seinem Geheimdienst oder den Generälen dafür eine Schuld zuzuweisen, nahm er die Verantwortung auf sich. Privat jedoch war ihm völlig klar, dass CIA und Militärs versucht hatten, ihn über den Tisch zu ziehen, und er hielt mit seiner Wut darüber nicht hinter dem Berg: »Ich muss etwas gegen diese CIA-Bastards unternehmen«, schäumte er und kündigte seinem Berater Arthur Schlesinger an, dass er sich niemals mehr »von professionellen Militär-Ratgebern einschüchtern« lassen werde: »Diesen Hurensöhnen, die da mit ihrem

Obstsalat saßen und nickten und sagten, dass es funktionieren würde.« Eine Woche nach dem Fiasko sagte er seinem Kriegskameraden Paul B. Fay, den er zum stellvertretenden Marinestaatssekretär berufen hatte: »Wir werden uns nicht in unverantwortliche Aktionen hineinstürzen, nur weil eine fanatische Randgruppe in diesem Land den sogenannten Nationalstolz über die nationale Vernunft stellt.« In seinem Zorn kündigte Kennedy seinen Freunden an, »die CIA in tausend Stücke zu schlagen und in die Winde zu zerstreuen«.[21] Allerdings setzte er, auch wenn er nach einer gewissen Karenzzeit die beiden Hauptverantwortlichen für das Schweinebucht-Desaster – Allen Dulles und Richard Bissell – feuerte, diese Ankündigung nicht in die Tat um. Das Zerwürfnis zwischen dem Präsidenten auf der einen Seite und der CIA- und Militärspitze auf der anderen war jedoch seit diesem April 1961 tief und beruhte auf Gegenseitigkeit. Während letztere an der Spitze der Kommandokette einen Schwächling wähnten, der in Zeiten der Not versagt und die Nation gegenüber dem »Feind« blamiert hatte, war Kennedy überzeugt, von unredlichen und kriegslüsternen Offiziellen umgeben zu sein, denen er nicht mehr vertrauen konnte. Nach seinem äußert knappen Wahlsieg hatte er die von Eisenhower installierten Spitzen der Geheimdienste, des Militärs und anderer Entscheidungspositionen im Amt belassen. Doch jetzt entschloss er sich zu einem Revirement dieses Personals, um seine Politik in die eigenen Hände zu nehmen – was den Graben zum politischen Establishment im Pentagon und im State Department weiter vertiefte. Statt der altgedienten Bürokraten, knarzigen kalten Krieger und lamettabehängten Generäle berief Kennedy loyale und fortschrittliche Talente in seine Beraterstäbe und hohen Ämter. So machte er etwa den gerade 33-jährigen Redenschreiber Ted Sorensen zu seinem außenpolitischen Berater und dessen noch drei Jahre jüngeren Assistenten Dick Goodwin zum Chefberater für Lateinamerika und Kuba, dem er die Direktiven für die Reform seiner Politik im südlichen Teilkontinent in einer

Weise mitgab, die durchaus – wie David Talbot schreibt– »auch von Castro oder Che Guevara« hätte stammen können:

»Wir können nicht jeden großmäuligen Diktator umarmen, der uns erzählt, er sei antikommunistisch, und der seiner eigenen Bevölkerung im Nacken sitzt. Und die Regierung der Vereinigten Staaten ist auch nicht der Repräsentant von Privatunternehmen. Wissen Sie, dass in Chile die amerikanischen Kupferunternehmen 80 Prozent des Außenhandels kontrollieren? Dafür stehen wir nicht. Und es gibt keinen Grund, warum sie dafür stehen müssen. Alles, was die Bevölkerung dort will, ist eine Chance für ein anständiges Leben – und wir haben sie denken lassen, dass wir auf der Seite von denen stehen, die sie unterdrücken. Dort unten ist eine Revolution im Gange, und ich will auf der richtigen Seite stehen. Verdammt, wir stehen auf der richtigen Seite. Aber wir müssen sie wissen lassen, dass die Dinge sich verändert haben.«[22]

Mit außenpolitischen Ansichten wie dieser lief John F. Kennedy so ziemlich allem zuwider, was dem militärisch-industriellen Komplex und den kalten Kriegern der CIA, im Pentagon und im Nationalen Sicherheitsrat hoch und heilig war – und entsprechend quittierten sie die von ihm und seinen Beratern im Sommer 1961 geschmiedete Allianz für den Fortschritt, ein Abkommen zur ökonomischen Zusammenarbeit zwischen Nord- und Südamerika, mit dem diese Wende in der Außenpolitik der USA dokumentiert werden sollte. Obwohl Kennedy weiterhin den Aufrüstungsforderungen der Militärs nachkam und es an Anti-Castro-Rhetorik nicht fehlen ließen, bestand für die Hardliner in Washington kaum noch Zweifel daran, dass der neue Mann im Weißen Haus einen grundsätzlichen Politikwechsel anstrebte. Und dass er bereit war, dafür mit harten Bandagen zu kämpfen und Verantwortung zu übernehmen. »Dieser kleine Kennedy«, platzte es aus Allen Dulles heraus, als er nach seiner Entlassung als CIA-Direktor von einem Reporter befragt wurde, »dachte, er sei Gott.«[23] Eine Rolle, die seit Jahrzehnten eigentlich ihm, seinem Bruder, ihren Wall-Street-Klienten und ihren bewaffneten Helfern im Pentagon gehört hatte – und die sie kaum zwei Jahre später zurück erhalten sollten.

Die Kubakrise – 1962

Mit dem Desaster in der Schweinebucht war Kennedy klar geworden, dass er die CIA und ihre von Allen Dulles »Friedenszeit-Operationen« getauften verdeckten paramilitärischen Aktionen nicht unter wirksamer Kontrolle hatte. Aus diesem Grund verfasste er im Juni 1961 drei National Security Action Memoranda (NSAM #55, #56, #57), mit denen die Planungs- und Entscheidungsstrukturen auf höchster Ebene einschneidend verändert und die Autonomie der CIA eingeschränkt werden sollten. Der langjährige Verbindungsoffizier zwischen den Joint Chiefs of Staff und dem Außenministerium, Oberst Fletcher Prouty, der diese vom Präsidenten persönlich gezeichneten Erlasse seinem Chef, General Lemnitzer, überbrachte, bezeichnete sie als die »höchst mächtigen« NSAM, die er je überbracht hatte: »Im Grundsatz besagten sie, dass Jack Kennedy den Chairman (Lemnitzer) für alle militärischen Aktionen in Friedenszeiten genauso in Verantwortung nehmen würde wie im Kriegsfalle. In anderen Worten: Der Präsident sagte damit, dass sämtliche Friedenszeit-Operationen (militärische, paramilitärische, verdeckte) unter strenger Kontrolle oder zumindest genauer Beobachtung der Joint Chiefs zu stehen haben. Was im Lichte der gegenwärtigen Ereignisse auch so interpretiert werden konnte: ›Keine Schweinebucht mehr!‹« Wäre diese Direktive »ausdrücklich befolgt worden und hätte Kennedy lange genug gelebt, um sicherzustellen, dass sie so befolgt wird, wie sie gemeint war,« schreibt Fletcher Prouty dazu weiter, »hätte eine sehr gute Chance bestanden, dass das Engagement der Vereinigten Staaten in Indochina nie über die Ebene militärischer Beratung hinausgegangen wäre.«[24]

Doch dies war nicht der Fall, denn weder wollte sich die CIA in ihren Aktivitäten auf »kleinere Operationen«, wie es in den NSAM hieß, beschneiden lassen, noch wollten die Militärs verdeckte Operationen des Geheimdiensts beaufsichtigen und dafür zur Verantwortung gezogen werden. Formal hatte Kennedy mit diesen Direktiven zwar veranlasst, dass solche Operationen nicht mehr von der CIA alleine geplant und die Top-Militärs als Aufsicht dazwischengeschaltet waren, praktisch aber war damit nicht allzuviel gewonnen. »Natürlich konnten wir die Joint Chiefs of Staff nicht kontrollieren«, sagte einer der engsten Berater des Präsidenten, Arthur Schlesinger jr., dazu. »Kennedys Sorge war nicht, dass Chruschtschow irgendetwas starten würde, sondern dass etwas auf die ›Dr. Strangelove‹-Art schiefgehen könnte.«[25] Er befürchtete also, dass wie in Stanley Kubricks Film also ein rabiater General durchdrehen und den dritten Weltkrieg auslösen könnte – und Generäle, denen das zuzutrauen war, saßen noch reichlich in den Sicherheitsräten und Gremien. Was mehr als deutlich wurde, als sich das »Kuba-Problem« zu einer schweren Krise auswuchs, die die Welt im Oktober 1962 an den Rand eines Nuklearkriegs brachte.

Um das »Kuba-Problem« zu lösen, hatte Kennedy nach der gescheiterten Invasion ein Gremium unter Aufsicht seines Bruders Robert gebildet, das die Castro-Regierung mit Propaganda, Unterwanderung und Sabotage beseitigen sollte. Im Rahmen des »Operation Mongoose« getauften Projekts wurden auch verschiedene Attentatspläne auf führende kubanische Politiker und Fidel Castro selbst entwickelt. Die Leitung wurde dem ehemaligen Werbefachmann und General Ed Landsdale übergeben, der sich mit psychologischen Operationen und Guerillataktiken in Asien und Lateinamerika einen Namen gemacht hatte – und der in der Folge mit skurrilen Aktionsvorschlägen, wie etwa einer pyrotechnisch gestützten Simulation der Wiederkunft Jesu Christi die katholische Bevölkerung Kubas zur Abkehr von Castro zu bewegen, nicht nur die Militärs der Mongoose-Gruppe zum Haareraufen brachte. Landsdale ernannte den CIA-Mann William King Harvey zum Leiter der Task Force W für verdeckte Operationen. Harvey war dem James-Bond-Fan John F. Kennedy nach dessen Amtsantritt vorgestellt worden, als er die CIA-Oberen gefragt hatte, ob es in ihren Reihen einen ähnlichen Mann für alle Fälle wie diesen Filmhelden gäbe. Tatsächlich hatte der knurrige Harvey, der seine Meriten als Frontmann im Kalten Krieg als Chef der CIA-Station in Westberlin erworben hatte, mit der charmanten Filmfigur sehr wenig gemein. Statt der ein bis zwei gerührten Martinis James Bonds trank er eher eine ganze Flasche Whisky – pro Tag – und hatte nach dem Schweinebucht-Debakel wie die meisten seiner alten CIA-Kameraden für den Präsidenten nur Verachtung übrig, mit der er auch nirgends hinter dem Berg hielt. Im Kollegenkreis pflegte er die Brüder »Schwuchteln« zu nennen, und der jüngere Kennedy – sein Chef bei der Operation Mongoose – war für Harvey stets der »little fucker«.[26]

In der Kennedy-Literatur wird die Operation Mongoose oft als Beleg für die Obsession der Brüder dargestellt, Castro ermorden zu lassen, was dann dazu geführt hätte, dass Castro seinerseits die Ermordung JFKs befohlen und in Dallas hätte durchführen lassen. Doch von den vielen Verschwörungstheorien über den Präsidentenmord gehört diese mit Sicherheit zu denen, die mit den historischen Fakten am allerwenigsten in Einklang zu bringen ist: in Bezug weder auf die Interessen und Möglichkeiten Fidel Castros noch auf die Einschätzungen der klassischen kalten Krieger des Militärs oder der CIA-Aktionisten wie William Harvey. Denn für diese waren die Mongoose-Aktivitäten der Kennedy-Brüder eher ein »Krieg der Worte«, der das von ihnen bevorzugte massive Vorgehen gegen Castro bloß blockierte. Ihr Problem war nicht das vermeintlich obsessive Interesse der Kennedys an Castros Ermordung, sondern vielmehr, dass sie bei diesen Bestrebungen von ihnen behindert wurden. Ein von Senator Frank Church geleiteter Ausschuss des US-Senats, das mit der Untersuchung von Mordkomplotten der CIA betraute Church-Komitee, kam denn auch 1976 in Bezug auf die Mordpläne gegen Fidel Castro zu dem Schluss, das keiner dieser Pläne von Präsident Kennedy beauftragt oder abgesegnet worden war – und dass auch die häufigen Behauptungen, sein Bruder sei dafür verantwortlich gewesen, »nicht wahr« seien. Dass sich William Harvey im Frühjahr 1961 der langjährigen CIA-Verbindungen zur Mafia bedient und über seinen Kontaktmann Robert Maheu ein Treffen mit den Bossen Sam Giancana, Santo Trafficante und John Roselli arrangiert hatte, denen für Fidel Castro bestimmte Giftpillen und eine Anzahlung von 10 000 Dollar für den Auftragsmord überreicht wurden, erfuhr Robert F. Kennedy erst ein Jahr später vom FBI-Chef J. Edgar Hoover. Hoover schrieb anschließend, dass der Präsidentenbruder von dieser Nachricht »sichtlich entsetzt« war. Auch Harvey selbst sagte vor dem Church-Komitee aus, dass Kennedy nur über die »Phase 1«, die Sabotage und Unterminierungspläne gegen Kuba, informiert war, nicht aber über die konkreten Versuche, Fidel Castro zu ermorden.[27] So wenig die Operation Mongoose also als Beleg herhalten kann, die Kennedy-Brüder hätten die Ermordung des kubanischen Revolutionsführers aktiv betrieben, so wenig taugt sie auch als Baustein für die in einigen Bücher vertretene Verschwörungstheorie, den Mord an John F. Kennedy Fidel Castro in die Schuhe zu schieben. Und sie taugt auch nicht in der Variante mit den Mafiabossen als Tätern, die Lamar Waldron und Thom Hartmann 2005 in ihrem voluminösen Werk *Ultimate Sacrifice* vorlegten. Demzufolge hätte Robert F. Kennedy jenseits aller offiziellen Geheimpläne einen inoffiziellen Putsch in Kuba eingefädelt, bei dem Castro am 1. Dezember 1963 von einem Insider ermordet werden und danach eine Invasion von Exilkubanern erfolgen sollte. Davon hätte dann die Mafia Wind bekommen und den

Präsidenten in Dallas erschossen, weil sie sicher gewesen wäre, dass dieser Mord nicht verfolgt werden könnte, ohne die provokanten Putschpläne der Regierung aufzudecken und einen Nuklearkrieg mit der Sowjetunion zu riskieren. Eine ausgefuchste Konstruktion – und eine unsinnige dazu. Denn warum sollten die durch Castro ihrer Pfründe in Kuba verlustig gegangenen Mobster am 22. November einen Präsidenten ermorden, dessen supergeheimer Plan – von dem weder CIA noch das Pentagon, noch die engsten Mitarbeiter, sondern nur sie selbst etwas mitbekommen hatten – doch angeblich vorsah, die Insel am 1. Dezember zurückzuerobern? Hätten sich Waldron und Hartmann diese simple Frage gestellt, wäre ihrer auf über 900 Seiten ausgewalzten Plot-Theorie (die ansonsten aber viel gut recherchiertes Material enthält) die Luft sehr schnell entwichen.

In Wahrheit – und mit Fakten belegbar – arbeiteten nämlich nicht die Kennedy-Brüder an geheimen Invasionsplänen, sondern die kalten Krieger in den Hauptquartieren der CIA und des Pentagon – und dies mit einer tatsächlichen Besessenheit, wie die Perfidie eines Geheimplans zeigt, den sie Kennedys Verteidigungsminister Robert McNamara im März 1962 vorlegten. Der vom Generalstab des Pentagon verfasste und vom Chief of Staff, General Lemnitzer, unterzeichnete Plan unter dem Codenamen Operation Northwoods schlug vor, durch inszenierte Terroranschläge unter falscher Flagge einen Vorwand für eine Kuba-Invasion zu schaffen. »Im Namen des Antikommunismus schlugen die Militärs einen geheimen und blutigen Terrorkrieg gegen ihr eigenes Land vor, um die amerikanische Öffentlichkeit für den irrwitzigen Krieg zu gewinnen, den sie gegen Kuba führen wollten«, schreibt James Bamford, der die im Rahmen des Freedom of Information Act erst 1998 freigegeben Dokumente der Operation Northwoods veröffentlichte.[28]

Unter anderem schlugen die Generäle in ihrer detaillierten Ausarbeitung die Inszenierung »kommunistischer« Terroranschläge in Miami und Washington vor, die Versenkung eines amerikanischen Passagierschiffs vor der kubanischen Küste und den Angriff und Abschuss von Zivilflugzeugen durch mit kubanischen Hoheitszeichen bemalte Kampfjets. Zu Letzterem hielten sie fest, dass gefälschte »Opferlisten in amerikanischen Zeitungen für eine hilfreiche Welle nationaler Empörung sorgen würden«, zudem könnte mit der Veröffentlichung »vorbereiteter Dokumente« die Verantwortung Kubas für die Terrorattacken belegt werden.

Als David Talbot den damaligen Verteidigungsminister kurz vor seinem Tod nach diesem Plan fragte, konnte sich McNamara daran nicht mehr konkret erinnern, war sich aber »verdammt sicher«, ihn umgehend vom Tisch gewischt zu haben. Ein Adjutant General Lemnitzers erinnerte sich allerdings »an die erstaunliche Arroganz« McNamaras, der den General »wie einen Schuljungen« behandelt habe. Präsident Kennedy schob Lemnitzer wenige Monate später zum NATO-Kommando nach Europa ab und ernannte den weniger säbelrasselnden Maxwell Taylor zum Leiter des Joint Chiefs of Staff. Die Operation Northwoods verschwand als Top-Secret in der Versenkung, bis sie nach den Anschlägen vom 11. September 2001 wieder zitierfähig wurde, als Zweifel an der offiziellen Darstellung der Ereignisse (»Osama war's!«) gemeinhin mit dem Hinweis gekontert wurden, dass es doch unvorstellbar sei, als Vorwand für einen Krieg die eigenen Bürger zu opfern. Doch wäre es nach dem Willen von CIA und Pentagon gegangen und hätte John F. Kennedy die Operation Northwoods nicht abgelehnt, wäre ein solcher Terror unter falscher Flagge schon 1962 Realität geworden.

Dass die Umsetzung ihrer Pläne äußerst fatale Folgen hätte nach sich ziehen können, war aber selbst den zynischsten Militärs noch nicht bewusst, als sie diese perfide Operation planten. Denn unbemerkt von den USA hatte die Sowjetunion nach dem Schweinebucht-Debakel begonnen, Raketen auf Kuba zu stationieren. Im Juli 1962 fielen den Amerikanern erstmals zahlreiche sowjetische Frachtschiffe auf, die auf Kuba militärisches Material entluden, im August ließ Fidel Castro bei einer Militärparade erstmals die neuen MiG-Kampfjets seiner Luftwaffe vorführen, im September bekamen die USA davon Kenntnis, dass sich unter dem neuen Militärmaterial auf Kuba auch Raketen befanden. Ob es sich dabei um defensive Luftabwehrraketen oder offensive Mittelstreckenraketen handelte, war unklar, bis die Fotos aus einem U-2-Aufklärungsflugzeug am 19. Oktober letztere belegten. Damit begannen zehn Tage, die viele Historiker später als die gefährlichsten der Menschheit bezeichnet haben: Die USA und die Sowjetunion standen am Rande eines Nuklearkriegs.

Da Kennedy im Cabinett Room des Weißen Hauses eine diskrete Abhöranlage installiert hatte – um alles dort Besprochene und Beschlossene zweifelsfrei festzuhalten, falls wie nach der Schweinebucht-Debatte von den Beteiligten anderslautende Äußerungen an die Öffentlichkeit gebracht werden würden –, sind die Diskussionen über die Raketenkrise sehr gut dokumentiert.[29] Und sie zeigen den nunmehr gewandelten kalten Krieger Kennedy umringt von einstigen Gesinnungsgenossen, die ihn allesamt und massiv unter Druck setzen, die Raketenbasen vor der amerikanischen Haustür umgehend zu bombardieren, in Kuba einzumarschieren und die Insel zu besetzen. Außer dem Präsidenten, seinem Bruder und Verteidigungsminister McNamara plädieren sämtliche in der ersten Krisensitzung am Morgen des 19. Oktober anwesenden Minister und Generäle dafür, einschließlich des neuen Joint-Chiefs-Chefs Maxwell Taylor und allen voran der aggressive Air-Force-Chef Curtis LeMay. Dieser verzichtete im Weißen Haus zwar auf seine übliche Gepflogenheit, jedem, der nicht seiner Meinung war, seinen Zigarrenrauch ins Gesicht zu blasen, hielt sich aber ansonsten nicht zurück: »Wir haben keine andere Wahl als eine direkte militärische Aktion, sofort!« Schon einen Tag zuvor war Kennedy mit LeMay aneinandergeraten, als er ihn gefragt hatte, was seiner Meinung nach die Reaktion der Russen auf eine US-Attacke in Kuba wäre, etwa in Berlin. »Sie werden nichts tun«, hatte LeMay geantwortet, was Kennedy gegenüber seinem Berater Kenneth O'Donnell danach so kommentiert hatte: »Diese Blechköpfe haben einen großen Vorteil. Wenn wir auf sie hören und tun, was sie wollen, ist hinterher niemand von uns mehr am Leben, um ihnen zu sagen, dass sie falsch lagen.«[30] Jetzt wiederholte LeMay sein Credo, dass die Russen in Berlin nichts unternehmen würden, denn: »Wenn sie irgendeine Bewegung machen, werden wir kämpfen.« Seit den 50er Jahren hatte LeMay angesichts der zahlenmäßigen Überlegenheit der amerikanischen Interkontinentalraketen immer wieder einen nuklearen Erstschlag gegen die Sowjetunion gefordert und folglich absolut nichts gegen eine Provokation der Russen einzuwenden. Sehr wohl aber gegen Kennedys Vorschlag einer Seeblockade der russischen Militärfrachter und politischer Verhandlungen »Das«, erwiderte LeMay, »ist fast genauso übel wie die Beschwichtigung in München.« Der Historiker Sheldon Stern, der die Kennedy-Tonbänder ausgewertet hat, beschreibt die Schrecksekunde des Schweigens, die nach dieser dreisten Anspielung auf die Konferenz in München 1938 eintrat, bei der die Briten zur Vermeidung eines Kriegs mit Deutschland Hitlers Annexion des Sudetenlands akzeptiert hatten: »Die Joint Chiefs müssen kollektiv den Atem angehalten haben, als sie auf die Antwort des Präsidenten warteten. … Der General hatte zur ultimativen Metapher ihrer Generation für Kurzsichtigkeit und Feigheit gegriffen … und sie dem Präsidenten ins Gesicht geschleudert.« Und damit auch auf einen Schatten der Familiengeschichte Kennedys, Vater Joes Sympathien für das Appeasement mit Hitler-Deutschland, angespielt – ein Schlag unter die Gürtellinie. Doch Kennedy, schreibt Stern weiter, »zeigte eine bemerkenswerte Kaltblütigkeit und weigerte sich, diesen Köder zu schlucken. Er sagte absolut nichts.«[31] Die Generäle versuchten weiter, den Präsidenten von einem sofortigen Militärschlag gegen Kuba zu überzeugen. »Ich denke«, sagte LeMay gegen Ende der Sitzung, »dass eine Blockade und politische Gespräche von vielen unserer Freunde und auch von neutralen (Staaten) als ziemlich schwache Antwort darauf angesehen werden. Und ich bin sicher, dass viele unserer Bürger das ähnlich empfinden. Mit anderen Worten: Sie stecken zur Zeit in einer ziemlich üblen Klemme.« – »Was haben Sie gesagt?«, fragte Kennedy. »Ich habe gesagt, dass Sie in einer ziemlich üblen Klemme stecken«, erwiderte LeMay, worauf Kennedy lachte: »Sie stecken mit mir darin, persönlich.« Er verließ die Sitzung mit dem Hinweis, dass wohl alle verstanden hätten, »wie unbefriedigend die derzeitigen Alternativen sind« – doch für ihn ließen diese unbefriedigenden Möglichkeiten nur eine einzige Wahl zu: nämlich die, den Krieg, den seine Militärs und große Teile seines eigenen Kabinetts forderten, unter allen Umständen zu verhindern. Er wies Verteidigungsminister McNamara an, die Seeblockade zu organisieren und dabei darauf zu achten, dass keiner seiner Admiräle einen Zwischenfall provozieren würde, er gab der CIA die Order, die Überfälle von Sabotagetrupps in Kuba zu stoppen – und er machte sich daran, die letzte Option zu nutzen, von denen weder die Militärs noch die Geheimdienste und sein Kabinett zu dieser Zeit wussten: seinen geheimen »Back Channel« mit dem Partei- und Regierungschef auf der anderen Seite des Eisernen Vorhangs, den Kontakt mit Nikita Chruschtschow. Vermittelt über seinen Bruder und einen in Washington stationierten russischen Journalisten hatte Kennedy kurz zuvor einen Briefwechsel mit dem Kremlchef begonnen, und dieser erst 1993 im Rahmen des Freedom Of Information Act an die Öffentlichkeit gekommene Austausch wirft ein faszinierendes Licht nicht nur auf die aktuelle Krise im Oktober 1962, sondern auch auf die Rolle, die Persönlichkeiten an den Schaltstellen der Macht in entscheidenden Momenten spielen können. Denn auch Chruschtschow fühlte sich umringt von säbelrasselnden Generälen, die von politischen und diplomatischen Problemlösungen wenig und von massiven militärischen Aktionen umso mehr hielten. So sahen sich beide Staatsmänner genötigt, diskret hinter dem Rü-

cken ihrer Beraterstäbe direkte Verhandlungen miteinander aufzunehmen. Zu welcher Katastrophe es ohne diese beiden um
Frieden bemühten Führer im Herbst 1962 hätte kommen können, wurde erst 40 Jahre später bei einer historischen Konferenz
in Havanna wirklich klar, als die teilnehmenden ehemaligen
Mitglieder der Kennedy-Regierung erfuhren, dass damals nicht
nur 12000 russische Truppen auf Kuba stationiert waren, wie
die CIA angenommen hatte, sondern insgesamt 40000 – und
diese nicht nur mit Mittelstreckenraketen, sondern auch mit nuklearen Sprengköpfen ausgerüstet waren. »Robert McNamara
fiel fast vom Stuhl«, schreibt Arthur Schlesinger über diese Konferenz, »als der damalige Chef des Kontingents der Roten Armee
auf Kuba das plötzlich enthüllte. ... Damit hätten wir niemals
gerechnet.«[32]

Umso segensreicher war der Kompromiss, den Kennedy mit
Chruschtschow dann über ihren geheimen Kanal und vorbei an
ihren schießwütigen Cowboys und Rotarmisten aushandelten:
Die USA würden ihre auf Russland gerichteten Jupiter-Raketen
in der Türkei abziehen, die Russen ihre Raketen auf Kuba, und
beide Seiten verpflichteten sich, nach diesem Abzug auf alle In-
vasionsversuche zu verzichten. Was im Nachhinein als meister-
hafte diplomatische Intervention erscheint, stand in diesen
Tagen auf Messers Schneide, denn bis auf seine engsten Vertrauten – seinen Bruder Robert und Berater Ted Sorensen – stand
Kennedy bei seiner Entscheidung völlig allein. Auch die wichtigsten Kongress- und Senatsmitglieder, die er einige Tage später
zum Gespräch lud, plädierten unisono für einen sofortigen Angriff auf Kuba. Und die hartnäckigsten Falken ließen sich auch
von dem eindeutigen Votum des Commander-in-Chief nicht abhalten. So versetzte Curtis LeMays rechte Hand, General Thomas Power, das Strategic Air Command in die höchste Alarm-
stufe – »DEFCON 2«, einen Schritt vom Nuklearkrieg entfernt –
und gab diesen Funkspruch unverschlüsselt durch, auf dass
Moskau ihn auch sicher mitbekomme. Und der CIA-Mann Wil-

liam Harvey setzte trotz des Verbots von weiteren Nadelstichen gegen Kuba drei Boote mit Exilkubanern in Marsch, die Sabotageakte begehen sollten. Als Robert F. Kennedy von einem Vertrauensmann der CIA-Station in Miami (Codename: JM/WAVE), der Steuerungszentrale der Operation Mongoose, darüber informiert wurde, dass einer seiner Untergebenen auf eigene Faust den dritten Weltkrieg riskierte, rastete er aus – und sorgte noch am selben Tag beim CIA-Chef John McCone für die Abberufung Harveys, der dann von Vizedirektor Richard Helms aber nicht entlassen, sondern zur CIA-Station in Rom abgeschoben wurde.

Für Leute wie Curtis LeMay, William Harvey, Allen Dulles und die anderen Hardliner des Militärs und der CIA hatte der Präsident nun schon zum zweiten Mal »versagt« und nach der Schweinebucht einmal mehr eine perfekte Gelegenheit versäumt, das Kuba-Problem zu lösen. Dass Chruschtschow das Signal zum Abzug der Raketen gegeben hatte, empfand General LeMay »als größte Niederlage unserer Geschichte«, und seine Kollegen sahen es ähnlich. Daniel Ellsberg, der später durch die Veröffentlichung der Pentagon-Papiere berühmt werden sollte und zu dieser Zeit als Analyst im Verteidigungsministerium arbeitete, beschrieb die Lage dort: »Es herrschte eine virtuelle Coup-Atmosphäre in Pentagon-Kreisen ..., eine Stimmung von Hass und Wut. Die Atmosphäre war vergiftet.«[33] Auch den militanten Kommunistenfressern bei der CIA war klar, dass Kennedys diplomatische Lösung eine Wende im Kalten Krieg bedeutete. Nicht mehr sie waren es, die die Außenpolitik mit verdeckten Operationen nach Gusto gestalten konnten, sondern ein John F. Kennedy, der hinter ihrem Rücken und vorbei am Willen des mächtigen Militärs das Heft selbst in die Hand nahm, ein Präsident, der nicht länger als Marionette militärisch-industrieller Strippenzieher fungieren wollte, sondern als autonomer Staatsmann agierte.

Nachdem die Krise nach 13 nervenaufreibenden Tagen und schlaflosen Nächten am 28. Oktober beendet war und Robert Kennedy nach einem langen Gespräch mit seinem Bruder das

Weiße Haus verlassen wollte, sagte der Präsident in Anspielung auf Abraham Lincoln, der in einem Theater erschossen wurde: »Heute abend sollte ich ins Theater gehen.« Und Bobby antwortete: »Wenn du gehst, komme ich mit.«[34] Weil sich die »virtuelle Coup-Atmosphäre« im Pentagon zu einem realen Staatsstreich auswachsen sollte, mussten sie tatsächlich schon bald beide gehen ...

Vietnam – 1963

Nicht nur John F. Kennedy schlugen nach dem Ende der Kubakrise Wut und Verachtung seitens seiner Militärs und Geheimdienste entgegen, auch Nikita Chruschtschow sah sich schweren
Anfeindungen ausgesetzt. Seine Militärberater, schreibt er in
seinen Erinnerungen, »sahen mich an, als sei ich verrückt geworden, oder, was noch schlimmer war, ein Verräter«. Der Vorwurf des Verrats traf auch den amerikanischen Präsidenten vor
allem von Seiten der kubanischen Exilanten, die mit Kennedys
Nicht-Invasions-Garantie ihren Kampf gegen Castro ein für alle
Mal sabotiert sahen. Doch angesichts des erst in jüngster Zeit bekannt gewordenen Nukleararsenals, das die UdSSR heimlich auf
Kuba installiert hatte, kann Kennedys besonnenes, staatsmänni-
sches Handeln gar nicht hoch genug eingeschätzt werden,
ebenso wie das seines sowjetischen Pendants, dessen Nachbe-
trachtung der Situation ebenso gut von Kennedy hätte stammen
können: »Wie hätte mir in den letzten Stunden meines Lebens
das Wissen gut tun können, dass unsere große Nation und die
Vereinigten Staaten komplett ruiniert waren, aber die nationale
Ehre der Sowjetunion weiterhin intakt?«[35] Die Superpatrioten
auf beiden Seiten, unter deren phraseologischem Deckmantel
der »nationalen Ehre« nichts als Aufrüstung und Krieg steckte, in
die Schranken verwiesen zu haben war das große Verdienst Kennedys und Chruschtschows. Doch dass beide in den folgenden
Monaten in dieser Richtung unbeirrt weiter arbeiteten, um aus
dem Tauwetter des Kalten Kriegs zu einem wirklichen Frühling

und Sommer zu kommen, wollten ihre militaristischen Gegenspieler nicht länger dulden. Kaum ein Jahr nach der Ermordung Kennedys wurde Chruschtschow von den Hardlinern des Politbüros entmachtet. Auf Ersteren folgte Lyndon B. Johnson, auf Letzteren Leonid Breschnew – zwei Figuren, die den Militärs und der hinter ihnen stehenden Industrie bescherten, was sie wollten: einen großen Krieg.

Mit ihrer Annäherung während der Raketenkrise – was sich in den folgenden Monaten in Gesprächen über einen beiderseitigen Stopp nuklearer Tests fortsetzte – hatten Kennedy und Chruschtschow nicht nur ihre militärischen Apparatschiks aufgebracht. Der direkte Draht der beiden Staatsführer hatte auch bei Fidel Castro zu Missstimmungen geführt, weil Chruschtschow den kubanischen Revolutionsführer nicht über seine Absprachen informiert hatte. Castro verweigerte deshalb die eigentlich vereinbarten Vor-Ort-Inspektionen des Raketenabzugs durch die Vereinten Nationen, was Kennedys Gegnern erneut ein Druckmittel verschaffte, die Beschwichtigungspolitik des Präsidenten zu attackieren. Doch Kennedy zeigte sich auch hier wieder als kluger Schachspieler, der die Kunst der Doppelstrategie beherrschte: Einerseits ließ er bei den moderaten Exilkubanern keinen Zweifel daran, dass ihm nach wie vor an einem »freien Kuba« gelegen war und der zur Vermeidung eines nuklearen Weltkriegs eingegangene Kompromiss nicht das Ende seiner entsprechenden Anstrengungen bedeuten sollte; andererseits begann er, die Unstimmigkeiten zwischen Fidel Castro und den Sowjets auszunutzen und seinerseits einen diskreten »Back Channel« zu Castro aufzubauen, um einen tragbaren Modus vivendi auszuloten. Der Anwalt James B. Donovan, der als Emissär Robert F. Kennedys in Kuba die Freilassung der gefangenen 1 200 Schweinebucht-Kämpfer verhandelt und (gegen eine Zahlung von 60 Millionen Dollar) erreicht hatte, brachte im Januar 1963 die Nachricht, dass Castro an einer Entwicklung der Beziehungen und diplomatischen Verhandlungen interessiert sei. Als er nach seiner Rückkehr zunächst der CIA Bericht erstattete, wurde er beschieden, dass solche Verhandlungen grundsätzlich erst möglich seien, wenn sich Kuba zuvor aus dem kommunistischen Block verabschieden würde. Als Kennedy von der Nachricht erfuhr, setzte er diese Doktrin umgehend außer Kraft. »Der Präsident ist nicht damit einverstanden, dass wir einen Bruch der chinesisch/sowjetischen Bindungen zu einem unverhandelbaren Punkt machen. Er möchte Castro keine Bedingungen stellen, die dieser offensichtlich nicht erfüllen kann«, hielt sein Berater McGeorge Bundy in einem Memo fest – und fügte hinzu, dass diese Entscheidung diskret zu behandeln sei.[36] Doch die CIA bekam natürlich Wind davon, denn Donovan, der von Robert F. Kennedy erneut nach Kuba entsandt worden war, wurde auch bei seiner folgenden Rückkehr von der Agency befragt und gab über Castros »konzilianten« Ton und sein Interesse an einer Annäherung wahrheitsgemäß Auskunft. Neben den nach der Kubakrise ohnehin schon schwer aufgebrachten Militärs – zusätzlich in Rage gebracht durch das geplante Verbot oberirdischer Atomwaffenversuche, das Kennedy in diesen Wochen mit Chruschtschow verhandelte – waren jetzt auch die oberen Ränge der CIA aufs Höchste alarmiert. Der Mann, der ihre Schweinebucht-Operation versaut hatte, der eine Invasion nach der Raketenstationierung verhindert und deshalb die Operation Mongoose gestoppt hatte, dieser Mann war jetzt drauf und dran, das absolut Unerhörte zu tun: mit dem benachbarten Feind, einem finsteren Kommunisten, mit Fidel Castro persönlich, in Verhandlungen zu treten.

Kennedys inoffizieller »Back Channel« mit Castro war vermittelt worden über Lisa Howard, eine sehr attraktive Journalistin des TV-Senders ABC, die sich zuvor auch als Schauspielerin versucht und nun als erste Frau in der männerdominierten Branche des Nachrichtenjournalismus eine eigenen Sendung – *The News Hour with Lisa Howard* – bekommen hatte. Mit dem ersten Interview eines amerikanischen Journalisten mit dem

neu gewählten sowjetischen Ministerpräsidenten Chruschtschow war ihr ein echter Scoop gelungen. Diesen wollte sie,
nachdem ihr im April 1963 die Drehgenehmigung für eine Dokumentation über die Lage in Kuba erteilt worden war, mit Fidel Castro wiederholen, was ihr nach der Ankunft in Havanna
auch gelang: durch ihre Hartnäckigkeit, mit der sie sich von
den ersten Absagen nicht beeindrucken ließ, und unter Einsatz
ihrer »natürlichen Vorzüge«, denen auch der Revolutionsführer nicht widerstehen konnte, nachdem dieser sie nach Mitternacht zu einem Vorgespräch aus ihrem Zimmer im Hotel Rivi-
era in den Nachtclub des Hotels bestellt hatte und Lisa Howard
in einem tief dekolletierten Cocktailkleid erschienen war. Das
Gespräch dauerte bis 5 Uhr in der Frühe und endete mit einem
Win-Win: Lisa Howard bekam die Zusage für ein 45-Minuten-
Gespräch mit Castro vor laufenden Kameras und der bärtige
Comandante für ein intimes Tête-à-Tête mit der blonden
Schönheit. Nach ihrer Rückkehr in die USA erstattete sie dem
Präsidenten einen Bericht, der nicht nur dessen Neugier und
Klatschhunger stillte, sondern auch politisch relevant war.
Denn außer pikanten Details darüber, dass Castro das Liebes-
geschäft »effizient« verrichtet und dazu »nicht die Stiefel aus-
gezogen habe«, unterstrich auch Lisa Howard, was schon der
Emissär James Donovan berichtet hatte, nämlich die ernsthafte
Dialogbereitschaft Castros und sein Interesse an gegenseitiger
Verständigung.[37] Und so hartnäckig, wie sie als Journalistin um
das Interview mit dem kubanischen Staatschef gekämpft hatte,
so hartnäckig setzte sie sich in den folgenden Monaten für einen Friedensdialog mit dem kommunistischen Nachbarn ein –
mit Artikeln und TV-Beiträgen über Kuba und bei Partys in ihrer luxuriösen Wohnung, auf denen sie den kubanischen
UN-Botschafter Carlos Lechuga mit dem Diplomaten William
Attwood zusammenbrachte, den Kennedy mit nunmehr halb
offiziellen, aber immer noch äußerst diskret zu führenden Verhandlungen mit Castro betraut hatte.

Die Notwendigkeit eines diskreten Kommunikationskanals war Kennedy spätestens am 19. März 1963 klar geworden, als die CIA-gesponserte kubanische Exilgruppe Alpha 66 eine Pressekonferenz in Washington veranstaltete und verkündete, eine sowjetische »Festung« und ein Schiff in Kuba gestürmt und dabei schwere Zerstörungen und ein Dutzend Tote hinterlassen zu haben. Alpha 66 war eines der Kommandos, die von der großen CIA-Station JM/WAVE in Florida gesteuert wurden. Sie hatte schon bei der »Schweinebucht«-Operation eine zentrale Rolle gespielt und wollte sich durch Kennedys Vereinbarungen mit Chruschtschow von ihren Invasionsplänen nicht abbringen lassen. Die Absicht hinter den Sabotageaktionen war klar. Antonio Veciana, der Führer von Alpha 66, gestand später den Ermittlern des HSCA, dass es darum ging, »Kennedy öffentlich in Verlegenheit zu bringen und ihn dazu zu zwingen, gegen Castro vorzugehen«. Seine Anweisungen erhielt Veciana von einem CIA-Mann, der unter dem Namen Maurice Bishop firmierte und ihm »immer wieder sagte, dass Kennedy zu einer Entscheidung gezwungen werden müsse und dass der einzige Weg darin bestehe, ihn an die Wand zu drücken«.[38] Wie der HSCA-Ermittler Gaeton Fonzi 1976 aufzeigte, verbarg sich hinter »Maurice Bishop« der CIA-Agent David Atlee Phillips, der uns als eine Schlüsselfigur bei der Ermordung John F. Kennedys später ebenso noch begegnen wird wie sein enger Mitarbeiter David Sánchez Morales, der als Chief of Operations der JM/WAVE-Station die Überfälle der Exilkubaner koordinierte.[39]

Nach heftigen diplomatischen Protesten der Sowjets gegen die fortgesetzten Attacken gegen Kuba und russische Schiffe begann das Justizministerium Ende März 1963, gegen die exilkubanischen Milizen in Miami und anderen Städten vorzugehen. So wurde die Küstenwache vor Florida verstärkt und auf den Bahamas wurden mit britischer Hilfe eine Reihe von Schiffen beschlagnahmt, die zu Überfällen genutzt werden sollten. Die Beschlagnahme von Waffen, die Verhaftungen oder Hausarreste einiger kubanischer Rebellenführer und die Kürzung der Regierungsmittel der Exilgruppen führte dann Anfang April zum Rücktritt von José Miró Cardona, Präsident des Cuban Revolutionary Council (CRC), der die Anti-Castro-Truppen in Miami koordiniert hatte – und zu einer Welle der Wut und des Hasses auf Kennedy unter den Exilanten. Für sie wie auch für ihre Führer und Finanziers auf Seiten der CIA war die Sache klar: Die Regierung hatte die Anstrengungen zu einem gewaltsamen Umsturz der kommunistischen Regierung aufgegeben und war gleichzeitig bestrebt, mit Verhandlungen über diskrete Kanäle zu einer Annäherung und friedlichen Koexistenz mit Kuba zu kommen. Fidel Castro, der diese Schritte Kennedys zu einer Zähmung der rabiaten Exilbrigaden sehr wohl registrierte, machte gegenüber dem Unterhändler James Donovan zu diesem Zeitpunkt erneut klar, dass seine Vorstellung »einer idealen Regierung nicht sowjetisch orientiert« sei, und fragte ihn nach Wegen zu einer Wiederaufnahme diplomatischer Beziehungen mit den USA. Worauf Donovan zurückfragte: »Wissen Sie, wie Stachelschweine Liebe machen?« – »Nein«, sagte Castro. – Daraufhin Donovan: »Die Antwort ist: sehr vorsichtig.«[40] Doch weder der CIA noch dem Militär oder den frustrierten Exilkubanern waren diese vorsichtigen Annäherungen verborgen geblieben, auch wenn Kennedy einmal mehr mit einer Doppelstrategie versuchte, ihre Empörung zu dämpfen und über seinen Bruder einige der moderateren kubanischen Brigadeführer weiterhin unterstützen ließ – nicht mehr mit Waffen, sondern mit Wohnungen, Jobs und familiärer Förderung. Doch auch die radikalen Anti-Castro-Kämpfer hatten »private« Unterstützer gefunden und setzten weiter auf die Unterminierung der Friedenspolitik Kennedys durch gewaltsame Attacken in kubanischen Gewässern und an Land. Die Gelder für diese Überfälle kamen aus rechtsradikalen Kreise wie der John Birch Society, von dem rabiaten Antikommunisten und Multimillionär William Pawley und von Mobstern wie Santo Trafficante, die ihre Casinos und Bordelle auf Kuba zurückerobern wollten. Ein angeblich aus Castros Gefängnissen geschmuggelter Brief zweier russischer Überläufer mit Beweisen dafür, dass das russische Raketenarsenal auf Kuba gar nicht demontiert und Kennedy von Chruschtschow getäuscht worden sei, hatte diese Kreise im Juni 1963 zu einem Überfall animiert, bei dem diese beiden Gefangenen befreit und der US-Presse vorgeführt werden sollten. Doch auch dieser Versuch, die Politik des Präsidenten zu desavouieren, ging schief: Die von einer Yacht William Pawleys startenden Schnellboote tauchten nie wieder auf, weil sie vermutlich überladen waren, der Brief stellte sich als Fälschung heraus, und die russischen Überläufer gab es nicht. Dennoch machten solche unautorisierten, privaten Angriffe auf Kuba dem Präsidenten mehr als deutlich, dass das exilkubanische Pulverfass in seinem Land keineswegs entschärft und eine sinistre Koalition aus rechtsradikalen und mafiosen Geldgebern, Schweinebucht-Veteranen, Geheimdienstleuten und Militärs drauf und dran war, seinen Nichtangriffspakt zu sabotieren und zu Fall zu bringen.

Doch der heimische Stress mit den ebenso militanten wie frustrierten Kubabefreiern war nur ein Nebenschauplatz verglichen mit den Problemen, die sich seit dem Frühjahr 1963 auf der anderen Seite der Erdkugel, in Indochina, zusammengebraut hatten. Bei seiner Weltreise 1951 hatte sich der junge Abgeordnete Kennedy auch längere Zeit in Vietnam aufgehalten und war nach Gesprächen mit Vertretern der französischen Kolonialmacht und einheimischen Politikern mit einer wichtigen Lektion nach Hause gekommen: dass es unmöglich ist, einen Kolonialkrieg in Vietnam zu gewinnen. Auch wenn der Kommandant der französischen Armee in Saigon sich vollkommen überzeugt gegeben hatte, dass seine 25 000 Mann unmöglich gegen die Viet Minh verlieren könnten, hielt sich Kennedy eher an die Vorhersagen von Edmund Gullion, einem Mitarbeiter des US-Konsulats, der ihm gesagt hatte: »In zwanzig Jahren wird es keine Kolonien mehr geben. Wir kommen hier nirgendwo weiter. Die Franzosen haben verloren. Und wenn wir hier reingehen, werden wir ebenfalls verlieren, und zwar aus demselben Grund. Es gibt in Paris keinen Willen oder Unterstützung für diese Art von Krieg. Die Heimatfront ist verloren. Und dasselbe würde uns auch geschehen.«[41] Zwölf Jahre später, als Präsident, sollte Kennedy diese Einsicht in ähnlichen Worten gegenüber seinen Generälen, die auf einen Einmarsch in Vietnam und Laos pochten, oft wiederholen – und er sollte damit auf ähnlichen Widerstand stoßen wie mit seinen Forderungen nach einer Deeskalation in Kuba, gegenüber den sowjetischen Raketenstationierungen und im Zusammenhang mit dem mit Chruschtschow vereinbarten Teststopp von Nuklearwaffen. Und so wie er nach der Schweinebucht 1961 mit seinen National Security Action Memoranda (NSAM) deutlich gemacht hatte, dass es ihm Ernst damit war, die verdeckten Operationen der CIA unter seine Kontrolle zu bekommen, so machte er jetzt mit einer »presidential order« seinen Militärs deutlich, dass es ihm Ernst war mit einer Deeskalation des Vietnamkonflikts. Mit dem am 11. Oktober 1963 erlassenen NSAM #263 befahl der Präsident den Abzug der ersten Hälfte der 2 000 US-Militärberater aus Vietnam bis zum Jahresende und der zweiten Hälfte des Kontingents bis 1965.

Der als kalter Krieger ins Amt gekommene John F. Kennedy hatte innerhalb von 900 Tagen einen Wandel zum Friedenspolitiker vollzogen, der so radikal weder von seinen Freunden noch gar von seinen Feinden erwartet worden war. Er hatte sich über alte Doktrinen und Dogmen hinweggesetzt, er hatte mit der Politik seiner Vorgänger gebrochen, er hatte die Widerstände auf diesem Weg beseitigt und die unvermeidlichen Niederlagen aufrecht ertragen und in Stärken umgemünzt, er war in kurzer Zeit zum mit Abstand beliebtesten US-Präsidenten seit Franklin Roosevelt geworden – nicht weil er, wie Roosevelt, einen großen Krieg gewonnen, sondern weil er einen solchen verhindert hatte.

Und er war dabei, die durch fortgesetzte Aufrüstung und Konfrontation weiter schwelenden Gefahren solcher Kriege durch Verhandlungen mit dem »Erzfeind«, der Sowjetunion, in eine friedliche Koexistenz zu verwandeln. Das Memorandum 263 machte klar, dass Kennedy diese Politik fortsetzen würde. Unbeirrt von seinen Gegnern im Militär, in der CIA und der von Krieg und Konfrontation profitierenden Industrie – getragen allein von der inneren Überzeugung, auf einem politisch und moralisch richtigen Weg zu sein, sowie von der überwältigenden Sympathie, die ihm aus der gesamten Bevölkerung entgegenschlug, nicht nur in den Vereinigten Staaten, sondern in der ganzen Welt. Einige Historiker und Autoren haben in der Vergangenheit versucht, Kennedys Südostasienpolitik als eine der Eskalation und ihn als den eigentlichen Auslöser und Verursacher des Vietnamkriegs darzustellen, doch können solche Behauptungen spätestens nach John Newmans akribischer Dokumentation *JFK and Vietnam* von 1992 nur noch als perfide Geschichtsklitterung gelten.

Dass es für Kennedys Feinde höchste Zeit wurde zu handeln, wurde ihnen spätestens im Juni 1963 klar. Da hielt der Präsident an der American University in Washington eine Rede, in der er den Wandel seiner Politik und seine Absicht, den Kalten Krieg ein für alle Mal zu beenden, so deutlich zum Ausdruck brachte, dass seinen militaristischen Gegnern die Kinnlade nicht nur herunterklappte, sondern bis in den Keller fiel. Und wie man die drei zitierten NSAM als Sargnägel für die Präsidentschaft und das Leben John F. Kennedys bezeichnen könnte, kann diese Ansprache, die als »Friedensrede« in die Geschichte eingegangen ist, als sein Todesurteil gelten.

Bevor wir anhand von Auszügen aus dieser wichtigsten Rede John F. Kennedys zeigen, dass die Metapher »Todesurteil« aus Sicht seiner Feinde keineswegs zu dick aufgetragen ist, gilt es aber noch einen Blick darauf zu werfen, wie es zu diesem erstaunlichen Wandel seiner Grundüberzeugungen kam, wie er, der von seinem ehrgeizigen, millionenschweren Vater auf den Thron gehievte junge »König«, eine eigenständige Politik der Versöhnung und des Friedens entwickelte. Und wie so oft im Leben großer Männer spielte dabei eine Frau eine wichtige Rolle.

»Die Göttin hinter dem Thron«

»Ich habe nur geheiratet, weil ich 37 war und die Leute sonst gedacht hätten, ich sei schwul«, hatte er zu einem engen Berater gesagt, der sich wegen der sexuellen Eskapaden seines Chefs Sorgen um die Ehe der Kennedys machte. Zu Recht, denn Jacqueline Lee Bouvier, die 1953 Jackie Kennedy geworden war, ertrug die Schürzenjägerei ihres Mannes zumindest in den ersten Jahren nicht mit der stoischen Kälte ihrer Schwiegermutter Rose, die Joe Kennedys permanente Untreue akzeptiert hatte, solange nicht darüber gesprochen wurde und die Familie zusammenblieb.

Für die hyperkatholische Rose hatte Sex einzig und allein der Fortpflanzung zu dienen, und ihr Gefühlshaushalt belief sich auf das Temperaturniveau eines Eisschranks. Mit ihren acht Kindern kommunizierte die Patriarchin des Kennedy-Clans vorzugsweise über Zettel, die sie an ihre Zimmertüren heftete, und die Tage in der Kennedyschen Sommerresidenz in Hyannis Port verbrachte sie am liebsten in ihrem eigenen Strandhäuschen, während ihr Nachwuchs von Kindermädchen betreut wurde. Vater Joe hingegen überraschte den 14-jährigen aus dem Internat nach Hyannis Port gekommenen John damit, dass er Pornohefte auf dessen Bett deponiert hatte und seinem Sohn in der Folge frühzeitig klar machte, dass Eheleben und Sexleben nicht unbedingt etwas miteinander zu tun haben müssen.

Dass er diese Botschaft des Vaters übernommen hatte, wusste Jackie schon vor ihrer Ehe, ihre Mutter und einige Freundinnen hatten sie vor dem Hallodritum des jungen Senators ausführlich gewarnt, doch die Anziehung des Geldes und der Macht sowie der unwiderstehliche Charme Kennedys waren stärker als diese Warnungen. »Ich denke nicht, dass Männer ihren Frauen treu sein können«, sagte sie später dazu, und einem Interviewer, der sie nach ihren »Theorien für eine erfolgreiche Ehe« befragte, antwortete sie grimmig: »Ich habe befürchtet, dass Sie danach fragen würden, aber ich kann nicht sagen, dass ich bisher so etwas hatte.« Kurz vor Kennedys Nominierung zum Präsidentschaftskandidaten aber war es vorbei mit ihrer Toleranz, und sie wollte sich trennen. »Sie war so weit, sich von Jack scheiden zu lassen«, so der Journalist Igor Cassini, der Bruder ihres Hausschneiders Oleg Cassini, »und Joe bot ihr eine Million Dollar, um zu bleiben, bis Jack es ins Weiße Haus geschafft hätte. Dann fand sie Geschmack daran, die First Lady zu sein. Aber sie wusste von all diesen Treulosigkeiten.«[42] Und sie entwickelte ihnen gegenüber in der Folge eine ähnlich steinerne Gelassenheit wie ihre Schwiegermutter und hielt die Fassade des strahlenden »Königspaars« glänzend aufrecht. Als beim letzten großen »Dinner Dance« im Weißen Haus im März 1963 der Präsident auf einmal in den oberen Stockwerken verschwunden war – und mit ihm ein weiblicher Gast –, fragte Adlai Stevenson, Jacks sanfter Kontrahent in der Demokratischen Partei, seine Tischnachbarin Jackie, wie sie das denn aushalte. »Es ist mir egal, wie viele Mädchen er hat, solange er weiß, dass es falsch ist, und ich denke, das tut er jetzt«, antwortete sie.[43]

Die Frau, mit der Kennedy an diesem Abend kurz verschwunden war und die die Party aufgebracht verließ, nachdem ihr Begleiter sie in den oberen Etagen aufgespürt hatte, hieß Mary Pinchot Meyer und war allerdings keines der üblichen »Mädchen«, mit denen sich Kennedy zu vergnügen pflegte. Sie entstammte der blaublütigen Ostküstenfamilie Pinchot, hatte Kennedy schon 1935 auf einem College-Ball kennengelernt, war 1955 mit ihrem Mann Cord Meyer und ihren drei Kindern die Nachbarin von Jack und Jackie auf dem Hickory Hill in Georgetown gewesen und zählte mit ihrer Schwester Tony, die mit dem Chefredakteur der *Washington Post*, Ben Bradlee, verheiratet war, zu den besten Freunden des Präsidentenpaars. 1945 hatten Kennedy und sie sich in San Francisco wieder getroffen, von wo sie beide als Journalisten über die Gründungskonferenz der UNO berichteten – Mary schon in Begleitung ihres frisch angetrauten Mannes, der gerade in der Zeitschrift *Glamour* neben John F. Kennedy porträtiert worden war, in einem Artikel über den jungen amerikanischen Führungsnachwuchs: »Young men who care«. Cord Meyer hatte in Yale studiert, war wie Kennedy aus dem Krieg als verwundeter und dekorierter »Held« zurückgekehrt – ein japanischer Granatsplitter hatte sein linkes Auge zerstört – und 1947 mit nur 26 Jahren zum Vorsitzenden der United World Federalists (UWF) gewählt worden. Diese unter anderem von Albert Einstein geförderte Vereinigung setzt sich angesichts des Schreckens des Weltkriegs für eine Überwindung des Nationalismus und eine föderale Weltgemeinschaft ein, die Kriege zukünftig unmöglich machen würde. Hochgeschätzt als brillanter Autor und Redner galt Cord Meyer als einer der »rising stars« am Himmel der amerikanischen Nachkriegspolitik und zusammen mit seiner ausnehmend hübschen Frau Mary, die für die Presseagentur UPI arbeitete, als das Traumpaar einer friedensbewegten demokratischen Zukunft. Doch die Hoffnungen des charismatischen UWF-Chefs auf einen dauerhaften Weltfrieden schwanden recht schnell. Das atomare Wettrüsten mit der UdSSR, die Berlin-Blockade, der Koreakrieg und die Tatsache, dass die Ziele der UWF dem normalen Amerikaner immer weniger zu vermitteln waren, nagten schwer an Meyers ursprünglichem Enthusiasmus. Seinen literarisch-publizistischen Ambitionen als Broterwerb für die Familie mit mittlerweile drei Kindern nachzugehen schien ihm aussichtslos, und so nahm er 1951 das Angebot von Allen Dulles an, in die CIA einzutreten. Sein

Wunsch, dort seinen intellektuellen Neigungen weiter nachgehen zu können, erfüllte sich in der Agency zwar, jedoch nicht so, wie es sich der junge Friedenspolitiker Meyer vorgestellt hatte – und völlig anders, als seine Frau Mary es sich wünschte. Bei seinem schnellen Aufstieg zum Chef der Abteilung Internationale Organisationen entwickelte sich Meyer nicht nur zu einem immer harscheren Antikommunisten und Kalten Krieger, sondern leitete als führender Kopf auch eine der perfidesten Operationen der CIA, die Operation Mockingbird, die die geheime Unterwanderung und Manipulation der heimischen und internationalen Medien zum Ziel hatte. Laut Alex Constantine, einem investigativen Journalisten, der diese Operation recherchiert hat, standen Mitte der 50er Jahre insgesamt fast 3 000 Journalisten auf der Payroll der CIA. Carl Bernstein, einer der *Washington-Post*-Journalisten, die die Watergate-Affäre aufdeckten, kam bei einer Recherche 1977 auf insgesamt 400 Kollegen in Führungspositionen der Medien, die direkt oder indirekt der CIA verpflichtet waren.[44]

Meyer stieg als Vordenker der Operation Mockingbird und als Chef der psychologischen Kriegsführung der CIA ebenso schnell zur Position eines Direktors auf, wie er sich von seiner Frau entfremdete. Im Jahr 1956, als es auch bei ihren Nachbarn auf dem Hickory Hill, bei den Kennedys, schwer kriselte, erklärte Mary ihre Ehe definitiv für beendet, 1958 wurde das Paar offiziell geschieden.

Es mutet wie eine ironische und tragische Wendung der Geschichte dieses Paars an, was in den folgenden Jahren geschah: Während Cord zum Meistermanipulator und obersten Spin-Doktor der CIA aufstieg, ließ Mary, die ein Studio hinter dem Haus ihrer Schwester bezogen hatte, die Konventionen des Lebens in den besseren Kreisen Washingtons hinter sich und entwickelte einen freigeistigen, bohemienhaften Lebensstil. Sie studierte Malerei, bewegte sich in Künstlerkreisen und unterzog sich einer Selbsterfahrungstherapie nach den Methoden von

Wilhelm Reich. Während Cord Meyer den Trübsinn seiner globalen psychologischen Kriegsführung zunehmend im Whisky ertränkte und wie viele seiner CIA-Kollegen zum Alkoholiker wurde, experimentierte Mary mit bewusstseinserweiternden Substanzen wie Marihuana und LSD. Das Lysergsäurediethylamid (LSD) war zu dieser Zeit noch legal und wurde von Ärzten in der Psychotherapie weltweit eingesetzt – zur Verstärkung innerer Einsichten ihrer Klienten und für den Blick über den Tellerrand des alltäglichen Normalbewusstseins hinaus. Wie der Hollywoodstar Cary Grant, der nach fast 100 Sitzungen sagte: »Ich mag eigentlich keine Drogen, aber LSD hat mir sehr gut getan. Ich finde, alle Politiker sollten LSD nehmen«, hatten auch andere Prominente die positive Wirkung der LSD-Erfahrung auf ihr Seelenleben bekannt gemacht – und Mary Meyer hatte in ihrem Studio mit ihren Freundinnen ebenfalls Sitzungen durchgeführt. Während die CIA zur selben Zeit in ihrem nur diabolisch zu nennenden Forschungsprogramm MK ULTRA zur Bewusstseinskontrolle unwissenden Personen LSD und andere bewusstseinsverändernde Substanzen verabreichte, um ihre Eignung als »Wahrheitsdroge« oder als Kampfstoff zur chemischen Kriegsführung und Gehirnwäsche zu testen, gingen die Ex-CIA-Gattin Mary Meyer und ihre ebenfalls mit einflussreichen Persönlichkeiten in Washington liierten Freundinnen auf gezielte Reisen in ihre Innenwelten. Und kamen mit der Erkenntnis zurück, dass auch ihre Männer unbedingt eine solche Erfahrung machen müssten – zum Wohle ihrer privaten Beziehungen wie auch ihres öffentlichen Einflusses und der Politik.

Im April 1962 fuhr Mary deshalb zur Harvard-Universität nach Boston, um sich bei Timothy Leary wissenschaftlichen Rat zu holen, wie man solche psychedelischen Sitzungen am besten leitet. Professor Leary und sein Kollege Richard Alpert hatten zwei Jahre zuvor mit ihrem Harvard Psylocibin Project begonnen, das LSD-ähnliche Psilocybin – den Wirkstoff der in Südamerika als Sakrament verwendeten magischen Pilze – und seine Wirkung auf die Selbsterfahrung zu untersuchen. In seiner Autobiographie beschreibt Leary den Besuch, den Mary ihm abstattete:

»Ich saß an meinem Schreibtisch, und als ich aufschaute, stand dort, eine reizende Hüfte an den Türrahmen gelehnt, eine Frau, die mich mit frechem Blick musterte. Sie schien Ende dreißig zu sein und sah gut aus. Auffallende Augenbrauen, durchdringender Blick aus grünen Augen, ein fein geschnittenes Gesicht. Amüsiert, arrogant, aristokratisch. ›Dr. Leary‹, begrüßte sie mich kühl, ›ich habe mit Ihnen zu reden.‹ Sie kam ein paar Schritte auf mich zu und reichte mir die Hand. ›Ich bin Mary Pinchot. Ich möchte lernen, wie man eine LSD-Sitzung führt.‹

›Darauf sind wir hier spezialisiert. Würden Sie mir bitte sagen, was Sie sich vorgestellt haben?‹

›Ich habe einen Freund, einen sehr wichtigen Mann. Er ist beeindruckt von dem, was ich ihm über meine eigenen Erfahrungen erzählt habe, wie auch davon, was ihm andere darüber berichtet haben. Er möchte es selbst versuchen, und so bin ich hier, um zu lernen, wie man's macht.‹

›Warum bringen Sie Ihren wichtigen Freund nicht gleich für ein paar Tage mit, damit er sich das Projekt mal ansehen kann? Wenn dann alles passt, werden wir eine Sitzung mit ihm machen.‹

›Das kommt leider nicht in Frage. Mein Freund ist eine Person des öffentlichen Lebens. Das ist einfach unmöglich.‹

›Leute, die mit Macht umgehen, sind oft nicht die besten Versuchsobjekte.‹

›Schauen Sie‹, meinte Mary Pinchot, ›ich habe Allen Ginsberg im Radio und im Fernsehen sagen hören, dass, wenn Chruschtschow und Kennedy zusammen LSD nehmen würden, sie die Konflikte dieser Welt beenden würden. Ist es nicht so, dass wir die mächtigen Männer antörnen sollen?‹

›Das meint Allen, aber ich war da nie einverstanden. Chruschtschow soll seine eigene Frau antörnen, im Komfort und der Sicherheit seines eigenen Schlafzimmers im Kreml. Das gleiche gilt für Kennedy.‹«[45]

Dass sie eigentlich Meyer hieß und ihr Exmann ein Direktor der CIA war, erwähnte Mary Pinchot gegenüber Leary ebensowenig wie die Tatsache, dass es sich bei ihrem wichtigen Freund um niemand anderen als John F. Kennedy handelte. Leary lud sie ein, mit zu ihm nach Hause zum Abendessen zu kommen, wo ihnen der britische Forscher Michael Hollingshead einen kleinen Vortrag über die »Probleme der inneren Navigation« bei einer LSD-Reise hielt, bis Mary ihn unterbrach:

»»Ihr armen Kerle‹, murmelte sie, ›ihr habt ja keine Ahnung, wo ihr da hineingeraten seid. Ihr versteht wohl gar nicht, was die in Washington mit Drogen machen? … Die Typen, die die Dinge in der Hand haben – ich meine die, die die Dinge in Washington *wirklich* kontrollieren –, interessieren sich sehr für Psychologie und ganz besonders für Drogen. Es sind harte Burschen, Timothy. Sie wollen die Drogen für Kriegszwecke einsetzen, um zu spionieren, zur Gehirnwäsche, zur Kontrolle.‹

›Ja‹, sagte ich, ›davon haben wir gehört.‹

›Doch gibt es auch Leute wie mich, die diese Dinge für den Frieden und nicht für den Krieg einsetzen wollen.‹ …

Ich fragte sie nochmals: ›Wer sind diese Freunde von dir, die Drogen für den Frieden brauchen wollen?‹

›Es sind Frauen‹, sagte sie lachend. ›Wie jede andere Hauptstadt der Welt wird Washington von Männern regiert. Diese nach Macht strebenden Männer können nur von Frauen verändert werden. Und du wirst uns dabei helfen.‹

Am nächsten Tag fuhr ich Mary zum Flughafen, nachdem ich sie mit Büchern und Artikeln über unsere Forschung eingedeckt hatte.

›Ich glaube nicht, dass du schon so weit bist, dass du mit den Sitzungen anfangen kannst‹, erklärte ich ihr.

›Das weiß ich. Ich werde bald zurückkommen, um weiter zu üben. Und vergiss bitte nicht, die einzige Hoffnung für die Welt sind intelligente Frauen.‹‹‹[46]

Im Frühjahr und Sommer 1962 kam es zu weiteren Besuchen Marys bei Leary. Der wurde im Jahr darauf von der Harvard-Universität wegen seiner subversiven Forschungen entlassen, weshalb er sie nun auf einem schlossähnlichen Anwesen in Millbrook bei New York fortsetzen musste, das die Millionenerbin Peggy Hitchcock ihm und seiner Gruppe zur Verfügung gestellt hatte. Mary Pinchot nannte bei ihren Besuchen keine Namen, sie sagte bloß: »Wir sind acht intelligente Frauen, die die mächtigsten Männer Washingtons antörnen.« Und weil sie keine Namen nannte, hat Timothy Leary auch nie behauptet, dass es sich bei einem dieser »mächtigen Männer« um John F. Kennedy handelte. Gleichwohl sind diese Passagen aus seiner Autobiographie *Flashbacks* von vielen Kritikern angezweifelt worden. Einige verstiegen sich gar zu der Behauptung, Leary hätte sie nur erfunden, um seinem 1983 erschienenen Buch mehr Publizität zu verschaffen. So lassen etwa James DiEugenio und Lisa Pease nicht nur an Leary, sondern auch an dem exzellent recherchierten Buch über Mary Meyer von Peter Janney – einem Kindheitsfreund ihres bei einem Autounfall 1956 ums Leben gekommenen Sohnes Michael – kein gutes Haar.[47]

Doch Timothy Leary hatte keinen Grund, diese Geschichte zu erfinden, um sein Buch zu promoten, denn sein Leben und seine Reputation als berüchtigter LSD-Guru waren abenteuerlich genug, um für Publicity zu sorgen. Als ich im Mai 1987 die Gelegenheit hatte, ihn bei einem Besuch in Berlin über sein Leben und seine im Jahr zuvor auch auf Deutsch erschienene Autobiographie zu interviewen[48], erwähnte er dieses Ereignis mit keinem Wort – auch nicht bei seinem Vortrag im Audimax der Technischen Universität. Als wir am Tag danach noch eine gemeinsame Stadtrundfahrt machten, dabei auch auf einer der Aussichtsplattformen über die Mauer hinweg nach Ostberlin schauten und danach über den Kalten Krieg sprachen, fragte ich ihn explizit, ob man aus der Passage über Mary Pinchot in seinem Buch schließen könne, dass John F. Kennedy mit ihr LSD-Erfahrungen gemacht hätte. Und Leary antwortete, dass er das nicht wisse, dass er keine Beweise dafür hätte, dass es aber gut möglich sei. Nichts anderes teilte er einige Jahre später auch dem Autor Leo Damore mit, der darüber ein ausführliches Gespräch mit ihm führte, aus dem Peter Janney in seinem Buch zitiert. Insofern kann gesagt werden, dass sich Leary in dieser Angelegenheit stets so ausgedrückt hat, wie es sich für einen Wissenschaftler in der Tradition des großen Psychologen William James, als der er sich auch nach seiner Entlassung von Harvard verstand, gehört: nämlich eine Vermutung, für die es deutliche Hinweise, aber keine harten Beweise gibt, als eben solche stehen zu lassen und sie weder als Tatsache zu bezeichnen noch sie einfach zu verwerfen. Und zu Letzterem hatte er erst recht keinen Anlass, nachdem ihn Mary Pinchot am 1. Dezember 1963, eine Woche nach der Ermordung Kennedys, anrief und ihm schluchzend und kaum zu verstehen sagte: »Sie konnten ihn nicht länger im Zaum halten. Er veränderte sich zu schnell.«

Auch wenn es keinen harten Beweis dafür gibt, dass mit »er« John F. Kennedy gemeint war und dass die schnelle Veränderung, die er in seiner kurzen Amtszeit durchlief, von einer den Blick über den Tellerrand gewährenden LSD-Erfahrung befördert wurde, können an seiner engen Beziehung zu Mary Meyer ebensowenig Zweifel bestehen wie an der Tatsache, dass die von LSD ausgelösten Wahrnehmungsveränderungen zu erstaunlichen Inspirationen führen. Dies ist nicht nur von zahlreichen Künstlern, Literaten und Musikern belegt, sondern auch von Wissenschaftlern wie Francis Crick, der bekannte, dass er der Struktur der Doppelhelix des DNA-Moleküls mit LSD auf die Spur kam, oder von dem Apple-Gründer Steve Jobs, der diese Erfahrungen als eine der wichtigsten seines Lebens bezeichnete. Das Verbot von LSD Ende der 60er Jahre und dessen durch zahlreiche Medienberichte über »Horrortrips« beförderte schlechte Reputation mögen es heute als unwahrscheinlich erscheinen lassen, dass sich ein Präsident der USA je auf so etwas eingelassen hat, doch wer die vor dem Verbot und der Horrorpropaganda erschienenen Berichte von Ärzten und Therapeuten zur Kenntnis nimmt, kann sehr schnell ein anderes Bild gewinnen. Richtig dosiert, in angemessener Umgebung und unter sachkundiger Leitung ist eine LSD-Reise in die Welten des eigenen Bewusstseins in aller Regel keineswegs ein Horrortrip, sondern – wie es Hunderte von Forschungsberichten und Protokollen belegen – eine höchst beglückende und inspirierende Angelegenheit, die viele Klienten zu vertieften Einsichten in ihr Selbst und die Welt geführt haben. Dass John F. Kennedy unter Führung von Mary Pinchot, seiner Geliebten und Vertrauten, eine solche Erfahrung gemacht hat, ist deshalb keine abwegige Spekulation, um ihm außer seinem notorischen »womanizing« nun auch noch Rauschgiftkonsum vorwerfen zu können, sondern stellt ihn vielmehr in die Reihe der Pioniere, die den Treibstoff von »love and peace« schon entdeckten, bevor die Generation der Hippies sich diese Substanz und die Parole zu eigen machten.

Dass Kennedy in der Tat zu einem frühen Vertreter dieser »love and peace«-Generation mutierte, werden wir im folgenden Kapitel anhand einer Rede aus dem Juni 1963 nachweisen, zuvor aber soll noch aufgezeigt werden, wie Mary Meyer zur »Göttin hinter dem Thron« wurde – als welche sie der Autor Leo Damore bezeichnet hat – und wie sie wegen dieser Rolle kaum ein Jahr nach dem »König« und unter ebenso ungeklärten Umständen ums Leben kam.

Die beiden hatten sich schon als Teenager 1936 auf einem College-Ball kennengelernt (damals war Mary mit dem »Beau« aus ihrer Klasse, William Attwood, gekommen, der von Kennedy 1963 als Emissär zu diskreten Verhandlungen mit Fidel Castro entsandt wurde) und waren Mitte der 50er Jahre, wie bereits erwähnt, Nachbarn auf dem Hickory Hill in Georgetown. Die notorische Schürzenjägerei des auf attraktive Frauen fixierten Senators war Mary dabei nicht verborgen geblieben, und dieser hatte natürlich auch auf seine schöne Nachbarin ein Auge geworfen. Doch Mary hatte kein Interesse, zu einem der Häschen in Kennedys Playmate-Sammlung zu werden, wies seine Annäherungsversuche zurück und gewann so seinen Respekt. »Jack war verzweifelt über seine Ehe mit Jackie«, erzählte eine Vertraute Leo Damore, »er wollte da im schlimmsten Falle raus, wusste aber, dass dies politischer Selbstmord wäre. Er besuchte Mary, weil er mit ihr reden konnte. Er vertraute ihr. Sie war eine der wenigen Frauen, die er wirklich respektierte, vielleicht die Einzige. Ihre Unabhängigkeit hat ihn immer beeindruckt – sie brauchte und wollte nichts von ihm.«[49] Wann genau aus dieser vertrauten Freundschaft ein intimes Verhältnis wurde, ist nicht sicher. Marys damaliger Freund, der Maler Ken Noland, vermutete, dass es im Sommer 1959 war, als Mary für zwei Wochen ein Ferienhaus in Provincetown, nur eine Stunde entfernt vom Kennedy-Anwesen in Hyannis Port, angemietet hatte. Laut Jim Truitt, dem Mann ihrer besten Freundin Anne Truitt und zu dieser Zeit Vizechef der *Washington Post*, der 1976 in einem Interview als Erster etwas über diese Liebesaffäre erzählte, begann ihre intime Beziehung hingegen erst im Januar 1962, nachdem Kennedy schon ins Weiße Haus eingezogen war.

Dass diese Beziehung mehr war als eine seiner üblichen Affären, wird aus vielen Äußerungen von Freunden und Bekannten deutlich, die zum Teil erst Jahrzehnte später bereit waren, darüber zu sprechen. »Jack liebte Mary Meyer. Er war wirklich hingerissen von ihr, schwer hingerissen. Und mir gegenüber«, so ein guter Freund Kennedys, Charles Bartlett, in einem Interview mit Peter Janney 2008, »sagte er sehr offen, dass er sie einfach großartig fand.«[50] Gegen Ende des Jahres 1962, so erzählte der Anwalt des Weißen Hauses, Myer Feldman, der Autorin Nina Burleigh 1998, war Mary Meyer so häufig dort anwesend, dass sie »fast schon ein Teil der Einrichtung« gewesen sei. Im Unterschied zu anderen Besuchern hätte der Präsident sie nicht gebeten, den Raum zu verlassen, wenn es um dienstliche Angelegenheiten ging. »Sie war so häufig in der Nähe des Präsidenten und seine Wertschätzung für sie so offensichtlich, dass Feldman sie als guten Kanal für das Ohr des Präsidenten betrachtete, wenn Kennedy nicht erreichbar war, um Staatsangelegenheiten mit ihm zu besprechen.«[51] Und Kenny O'Donnell, der persönliche Assistent und engste Mitarbeiter Kennedys, der sich nie über diese Beziehung geäußert hatte, sprach kurz vor seinem Tod 1977 mit Leo Damore darüber und machte deutlich, dass Mary sich gegenüber dem Präsidenten ziemlich offen und konfrontativ äußerte, als es zum Beispiel im April 1962 um die Frage des nuklearen Teststopps ging: »Sie forderte ihn offen heraus, etwas anderes zu tun und nicht in die Falle zu gehen und sich auf einen ›pissing contest‹ mit den Russen einzulassen.« So gab Damore 1992 die Äußerungen O'Donnells wieder.[52] Während ihr Exmann Cord Meyer mit seinen CIA-Freunden James Angleton und

Allen Dulles, den Mary einmal als »Machiavelli – nur schlimmer« bezeichnet hatte, weiter mit allen Mitteln und verdeckten Operationen an der Konfrontation des Kalten Kriegs bastelte, war Mary ihrer persönlichen Mission eines globalen Friedens so nahe gekommen wie nur möglich: am Ohr des mächtigsten Mannes der Welt. Und diesem war ihr Rat offenbar überaus wichtig, denn – so gab Damore eine Äußerung O'Donnells wieder – wenn sie einmal telefonisch nicht erreichbar war, lief er »fieberhaft« im Oval Office hin und her.

Als diese enge Beziehung durch Jim Truitts Interview in dem Boulevardblatt *National Enquirer* 1976 erstmals bekannt wurde, schlug die Nachricht in Washington ein wie eine Bombe. Truitt enthüllte darin außer der Lovestory auch noch ein politisch höchst brisantes Detail: die mögliche Verwicklung der CIA in den Mord und die Spurenbeseitigung, nachdem Mary Meyer im Oktober 1964 bei einem Spaziergang am Potomac-Ufer in der Nähe ihres Hauses durch zwei Kopfschüsse getötet worden war. Verhaftet und angeklagt worden war nach dem Mord ein in der Nähe aufgegriffener Afroamerikaner, Ray Crump, den ein weiterer Spaziergänger als den Mann identifiziert haben wollte, der sich nach den Schüssen über das am Boden liegende Opfer gebeugt habe. Es lagen jedoch weder Beweise für einen Raub noch für sexuellen Missbrauch oder ein anderes Motiv vor, es konnte auch keine Tatwaffe ausfindig gemacht werden, daher wurde der Verdächtige nach einem langen und aufsehenerregenden Verfahren im Juli 1965 freigesprochen. Da andere Spuren und mögliche Verdächtige nicht ermittelt worden waren, wurde der Fall als unaufgeklärt zu den Akten gelegt. Auch die zwölf Jahre später durch Jim Truitt bekannt gewordene Tatsache ihrer Liaison mit dem Präsidenten und die darauf folgenden Artikel einiger Journalisten trugen nicht zu einer Aufklärung bei. Erst mit den in den 90er Jahren begonnenen Recherchen des Autors Leo Damore, die nach dessen mysteriösem Selbstmord 1996 von Peter Janney fortgesetzt wurden, ist etwas mehr Licht auf diese rätselhafte Ermordung der Kennedy-Vertrauten Mary Meyer geworfen worden – und die dabei zum Vorschein gekommenen Dunkelmänner waren nicht schwarz und Mitglieder des afroamerikanischen Prekariats, sondern weiß und Angehörige der CIA-Elite.

Ein Lastwagenmechaniker, Henry Wiggins, der zu einem am Parkrand abgestellten defekten Lkw bestellt worden war, war anfangs der einzige Zeuge gewesen, als die Polizei am Tatort eintraf. Er hatte nach den Schüssen über die Mauer des Parks geschaut und einen Mann gesehen – mit einer beigen Reißverschlussjacke, schwarzer Hose und einer Golfkappe –, der sich über den Körper der Ermordeten gebeugt und dann, als er aufschaute, ihn direkt angesehen habe. Allerdings – was Wiggins wunderte – nicht ängstlich oder erschrocken; er steckte dann etwas in seine Tasche und ging davon. Laut Wiggins' Zeugenaussage vor Gericht sah der Mann nicht aus, als ob er zuvor in einen Kampf oder eine Anstrengung verwickelt gewesen sei, Blut oder sonstige Spuren hatte er auf seiner Kleidung nicht gesehen. Und die Größe und das Gewicht des Mannes, die er geschätzt hatte – etwa 173 cm und 182 Pfund –, trafen auf den deutlich schmächtigeren Angeklagten Crump nicht zu.

Doch am Morgen nach dem Mord meldete sich ein zweiter Zeuge bei der Polizei, der sich als Leutnant William L. Mitchell aus dem Pentagon vorstellte und angab, einen Mann in beiger Jacke und schwarzer Hose gesehen zu haben, der am Pfad den Kanal entlang hinter einer blonden Frau hergelaufen sei. Mit diesem zweiten Zeugen sahen sich die Ankläger auf der sicheren Seite, doch beide waren zu weit vom Tatort entfernt, um den Angeklagten genauer identifizieren zu können, und dank seiner couragierten Anwältin Dovey Roundtree, auch wegen fehlender weiterer Indizien und weil es überhaupt kein Motiv gab, sprach die Jury Ray Crump frei.

Der Zeuge Mitchell war damals schon der Anwältin suspekt vorgekommen, weil sie mehrfach versucht hatte, ihn vor dem

Verfahren zu erreichen, und keiner ihrer Anrufe beantwortet wurde. Warum das so war, fand erst Leo Damore heraus, als er sich ein Vierteljahrhundert später auf die Spur dieses Zeugen machte. Es gab 1964 überhaupt keinen Leutnant William L. Mitchell im Pentagon oder beim US-Militär, und unter der Privatadresse, die der ominöse Mitchell angegeben hatte, hatte zwar ein Mieter dieses Namens gewohnt, doch das betreffende Appartement fungierte, wie Damore 1992 herausfand, als »CIA safehouse« – eine Deckadresse des Geheimdiensts. Daraufhin wandte sich Damore an Oberst L. Fletcher Prouty, der während Kennedys Amtszeit als Verbindungsoffizier des Pentagon zur CIA für das Netzwerk von verdeckten Agenten zuständig gewesen war, das rund um die Erde paramilitärische Operationen durchführte. Nachdem ihm 1964 die Verwicklungen dieses geheimen Netzwerks in Kennedys Ermordung aufgefallen waren, hatte Prouty den Dienst quittiert und in der Folge zwei Bücher über die geheime Geschichte des Kalten Kriegs geschrieben, die zu Standardwerken wurden.[53] In Oliver Stones Film *JFK* ist Prouty das Vorbild für die Figur »X«, die von Donald Sutherland gespielt wird.

Was Leo Damore 1992 von dem Insider Fletcher Prouty erfuhr, ist nicht genau bekannt. Seine Suche nach dem merkwürdigen Zeugen des Mords an Mary Meyer schien in einer Sackgasse zu stecken. In einem letzten verzweifelten Versuch verfasste Damore Ende 1992 einen Brief mit seinen gesammelten Informationen – und schickte ihn an die CIA-Deckadresse Mitchells. Auch der Inhalt dieses Briefs ist nicht bekannt, er muss jedoch brisant und motivierend genug gewesen sein, um eine Reaktion zu provozieren. Denn am Abend des 30. März 1993 klingelte Damores Telefon, und der Anrufer stellte sich als »William Mitchell« vor. Die beiden telefonierten vier Stunden miteinander. Am kommenden Morgen rief Damore bei seinem Anwalt und guten Freund James H. Smith an – ehedem auch ein enger Vertrauter Robert F. Kennedys – und erstattete diesem über das Telefonat mit »Mitchell« und seine sonstigen in letzter Zeit gewonnenen Erkenntnisse Bericht. Die sechs Seiten von Smiths Notizen über Damores Bericht hat Peter Janney seinem Buch als Appendix angefügt. Danach war der Mord an Mary Meyer eine »CIA-Operation«, an der »Mitchell« beteiligt war und für die man Ray Crump, der dort am Kanal häufig fischte und sich heimlich mit seiner Geliebten traf, als Sündenbock inszeniert hatte. »Mitchell«, so Damore zu seinem Anwalt, sei ein früherer FBI-Mann, der für die CIA im Inland Aufträge durchgeführt habe. Mary Meyer sei schon längere Zeit von einem »Beobachtungsteam« beschattet worden. Nachdem sie am 24. September ein Exemplar des Warren-Reports erhalten hatte, sei sie angesichts des Ausmaßes der Vertuschung »an die Decke gegangen« und habe ihren Exmann damit konfrontiert, der darüber sofort seinen engen Freund und Nachbarn, den CIA-Gegenspionage-Chef James Angleton, informiert habe. Ob Mary danach auch noch eine direkte Auseinandersetzung mit Angleton gehabt habe – dessen Frau zu ihren Freundinnen zählte –, sei unklar. »Doch es ist nahezu sicher«, schreibt Peter Janney in seiner Zusammenfassung, »dass den beiden Männern, die Mary so gut kannten, klar war, dass sie nicht zu der Art von Menschen gehörte, die darüber Stillschweigen bewahren.«[54]

Obwohl Leo Damore gegenüber seinem Anwalt und einige Tage später gegenüber seinem Assistenten Mark O'Blazney euphorisch und sicher war, »den Fall gelöst zu haben«, ist sein Buch, für das er jahrelang hartnäckig recherchiert hatte, nie erschienen. Er musste sich einen schweren Hirntumor diagnostizieren lassen und nahm sich zwei Jahre nach diesem Telefonat das Leben, nachdem er 1995 die Besprechung des autobiographischen Buchs *A Good Life* von Ben Bradlee – dem ehemaligen Chef der *Washington Post*, Kennedy-Freund und Schwager von Mary Meyer – in der *New York Times* gelesen hatte.

In diesem Buch berichtet Bradlee, dass er am Abend des Mordtages mit seiner Frau Marys Haus aufsuchte, um dort nach dem

Rechten zu sehen und nach ihrem Tagebuch zu suchen. Da bemerkten sie plötzlich Geräusche am Haustürschloss, und nach dem Öffnen der Tür standen sie unverhofft James Angleton und dessen Frau Cicely gegenüber, Ersterer mit weißen Handschuhen und einem Dietrich. Diese Suche nach dem Tagebuch hatte auch schon James Truitt in einem ersten Artikel 1976 erwähnt, denn Mary hatte dessen Frau Anne anvertraut, dass sie ein Tagebuch führe, und sie gebeten, es an sich zu nehmen, falls ihr etwas zustoßen würde. Die Truitts weilten jedoch zum Zeitpunkt des Mords in Japan – und in Anne Truitts Version der Ereignisse kommt der Einbruchsversuch des Meisterspions nicht vor. Danach hat sie, als sie von dem Mord erfuhr, bei den Bradlees angerufen, bei denen die Angletons gerade zu Gast gewesen seien, um sich über den Mord an der gemeinsamen Freundin auszutauschen, worauf dann alle vier gemeinsam zu Marys Haus gegangen seien – nachdem sie Angleton gebeten habe, das Tagebuch sicherzustellen. Nachdem nichts gefunden wurde, machte sich das Durchsuchungskommando am nächsten Morgen, dieses Mal unter Beteiligung von Cord Meyer, erneut auf die Suche und fand ein »Sketchbook« Marys, das aber im Wesentlichen nur Zeichnungen enthielt und das Angleton an sich nahm. Er gab es 1976 Marys Schwester Tony zurück, die es im Beisein von Anne Truitt verbrannte.

So weit die offizielle Charade um das wahrscheinlich wichtigste Schriftstück der Journalistin Mary Meyer[55], die Peter Janney in seinem Buch ausführlich schildert, wobei es bei der Anwesenheit von so vielen Schlapphüten und ihren Gattinnen kaum verwundern kann, dass es sich dabei nicht um die Wahrheit handelte – denn das »Sketchbook« war nicht Mary Meyers eigentliches Tagebuch. Dieses ist bis heute nicht an die Öffentlichkeit gekommen.

Allerdings glaubte Leo Damore, es nach Jahrzehnten endlich aufgespürt zu haben – doch weder sein Anwalt Jimmy Smith noch sein Assistent, denen er begeistert davon berichtete, noch seine Witwe konnten es nach Damores Tod irgendwo finden. Laut Damore war es – wenig verwunderlich – im Besitz James Angletons, der nach der erfolglosen Suche am Mordabend noch einmal allein in das Haus gegangen sei, angeblich um »nach den Katzen zu sehen«. Nach seiner unrühmlichen Entlassung soll der einst gefürchtetste Abteilungsleiter der CIA eine Kopie des Tagesbuchs 1980 dem rechtskonservativen Journalisten Bernie Yoh gezeigt und ihm eine Kopie gegeben haben – im Austausch für einen Artikel, mit dem Yoh einen *Newsweek*-Beitrag kontern sollte, der über Angletons üble Machenschaften und Gesetzesbrüche berichtet hatte.[56]

Doch auch Peter Janney, der nach Damores Tod und basierend auf einem Teil seiner Vorarbeiten, die Recherchen akribisch fortsetzte, ist es bis heute nicht gelungen, dieses Tagebuchs habhaft zu werden. Nach dem erneuten Lesen von Ben Bradlees *A Good Life* jedoch wachte er in einer Nacht im Jahr 2006 schweißgebadet und erschrocken auf, denn dort hatte Mary Meyers Schwager etwas geschrieben, was er bei ihrem Mordprozess verschwiegen hatte: dass er schon »kurz nach dem Mittagessen« von dem Mord erfahren habe, telefonisch, von seinem guten Freund Wistar Janney – einem hohen CIA-Beamten und Vater von Peter Janney. Doch »kurz nach dem Mittagessen« war die am Towpad am Ohio-Kanal liegende Frauenleiche, bei der die um 12:20 Uhr eingetroffene Polizei keine Papiere gefunden hatte, noch lange nicht identifiziert. Offiziell stand die Identität der Ermordeten erst kurz nach 18:00 Uhr fest, als ihre Schwester und deren Mann ins Leichenschauhaus gekommen waren. Auch Cord Meyer, der sich bei einer CIA-Konferenz in New York befand, hatte in seinen Erinnerungen 1980 angegeben, durch seinen »alten Freund Wistar Janney« von dem Mord an seiner Exfrau erfahren zu haben. Peter Janney war zu dieser Zeit schon auf dem College und nicht mehr zu Hause, sein jüngerer Bruder und seine Mutter aber waren sich sicher, erst am Abend davon gehört zu haben. Das

Telefon habe geläutet, der Vater habe es abgenommen und kurz darauf »Oh nein, oh nein!« gerufen – und ihnen dann mitgeteilt, das sei die Polizei gewesen, und Mary Meyer sei ermordet worden. »Wie konnte mein Vater was auch immer über den Tod von Mary Mayer an diesem Tag gewusst haben außer, natürlich, dass er selbst darin verwickelt war?«, schreibt Peter Janney[57] – und ist überzeugt, dass die alten CIA-Freunde James Angleton, sein Vater Wistar Janney und indirekt Cord Meyer diesen Mord auf dem Gewissen haben.

Gründe dafür gab es aus Sicht der CIA genug, denn Angleton – ein Meister illegaler Abhörmethoden – hatte sich nicht gescheut, das Studio und auch das Schlafzimmer der Frau zu verwanzen, deren Söhne seine Patenkinder waren und die eine Freundin seiner eigenen Frau war. Angleton wusste also nicht nur von ihrer Beziehung zum Präsidenten, der sie auch mehrfach in ihrem Studio in Georgetown besuchte, von Marys friedensbewegtem politischen Engagement, von ihren Experimenten mit psychoaktiven Substanzen – dem Journalisten Heymann erzählte Angleton, sie hätten zusammen »eine milde Dosis LSD« genommen und danach »Liebe gemacht«[58] –, er hatte auch ihre entsetzte Reaktion auf die Vertuschungen des Warren-Reports über seine Wanzen vermutlich schon mitbekommen, bevor ihn sein Freund Cord Meyer darüber informierte.

Hier ist die Bemerkung von Robert D. Morrow interessant, einem CIA-Vertragsagenten, der tief in die Aktivitäten der exilkubanischen Gruppen verstrickt war und später in seinem Buch *Firsthand Knowledge* schrieb, dass er nach der Veröffentlichung des Warren-Reports von seinem CIA-Chef Marshall Diggs nach Washington gerufen worden sei, der ihm gesagt habe:

»Da ist so eine prominente Dame in Washington, die zu viel weiß über die CIA, über unsere kubanischen Aktivitäten und im Besonderen über die Ermordung des Präsidenten. … Sie hat eine Insider-Verbindung nach Langley und, ganz wichtig, zu Bobby (Kennedy). Glücklicherweise ist ein enger Freund von mir einer ihrer besten Freunde. … Und um auf den Punkt zu kommen: (Mary) Meyer sagte meinem Freund, dass sie genau wüsste, dass die mit der Agency (CIA) verbundenen Exilkubaner und die Mafia für die Ermordung von John F. Kennedy verantwortlich sind.«[59]

Morrow wurde aufgefordert, Mario Kohly, den Sprecher der Cuban Liberators, einer einflussreichen exilkubanischen Gruppe, darüber zu informieren, was er einige Tage später auch tat und zur Antwort bekam: »Sage Diggs, ich werde mich darum kümmern.«[60] Als er eine Woche später von dem Mord an Mary Meyer erfuhr, stürzte dies den Agenten Morrow in heftige Verzweiflung, und wenig später quittierte er seinen Job bei der CIA. Laut John Williams, einem emeritierten Professor an der Universität Wisconsin, der mit dem 1998 verstorbenen Robert Morrow zahlreiche Interviews führte, war dieser aber nach weiteren Recherchen überzeugt, dass nicht seine Nachricht an den Exilkubaner ausschlaggebend für den Mord an Mary Meyer war, sondern der Freund seines CIA-Chefs: »Ich denke nicht, dass Kohly es getan hat, ich denke, Angleton hat es getan.«[61]

Auch wenn einige Kennedy-Forscher Morrows Aussagen für unglaubwürdig und den Zusammenhang des Mords an Mary Meyer mit der Ermordung des Präsidenten für verschwörungstheoretisch inspiriert halten – so etwa Nina Burleigh in ihrer Meyer-Biographie *A Very Private Woman* –, sprechen die hier dargelegten Verbindungen und Belege doch sehr deutlich dafür, dass es sich bei diesem Mord nicht um eine Reihe unglücklicher Zufälle handelte. Er geschah am hellichten Tag, wurde allem Anschein nach nicht im Affekt, sondern professionell ausgeführt und führte aufgrund der Zeugenaussage eines suspekten CIA-Zeugen zur Anklage eines afroamerikanischen Arbeitslosen, der in der Nähe des Tatorts aufgegriffen und dann wider Erwarten freigesprochen wurde. Das Mordopfer war nicht eine zufällige blonde Spaziergängerin, die von einem »Neger« sexuell bedrängt und erschossen wurde, sondern als Geliebte und Vertraute des elf Monate zuvor ermordeten John F. Kennedys eine absolute »Insiderin« des Weißen Hauses, eine Frau, die viel – zu viel? – wusste über die Vorgeschichte und die Umstände des Präsidentenmords, die vor Wut »durch die Decke« gegangen war, als sie die Weißwaschung dieses Mords im Warren-Report gelesen hatte – und die in ihrem selbstständigen, rebellischen Freigeist nicht gedachte, darüber zu schweigen.

Teil 2:

Die Schüsse von Dallas

Zum Abschuss freigegeben

Im Frühjahr 1963 hatte John F. Kennedy in den Augen seiner zunehmend erbitterten Gegner in der CIA, im Pentagon und in der exilkubanischen Gemeinde ein beeindruckendes Sündenregister angesammelt. Er hatte zugelassen, dass die Schweinebucht-Invasion im Debakel endete. Er hatte die Kubakrise hinter dem Rücken seiner Militärs und Nachrichtendienste durch einen geheimen Notenwechsel mit Chruschtschow gelöst. Er hatte ähnlich diskret begonnen, mit Fidel Castro, dem revolutionären Feind vor der eigenen Küste, zu einer Verständigung zu kommen, und so die Rückeroberungspläne der militanten Kommunistenjäger und der rechtsgerichteten Exilkubaner in seinem Land endgültig sabotiert. Er hatte einige der säbelrasselnden Vertreter im Generalstab durch moderatere Generäle ersetzt, die Hauptverantwortlichen für das Schweinebucht-Abenteuer – Allen Dulles und Richard Bisell – entlassen, die Durchführung verdeckter Operationen unter stärkere Kontrollen gestellt, eine Kürzung des CIA-Budgets verfügt und den Top-Agenten William Harvey abberufen, der auch nach dem Stopp der Operation Mongoose unbeirrt weiter militante Aktionen gegen Kuba durchführen ließ. Er hatte zudem die rassistischen Weißen in den Südstaaten gegen sich aufgebracht, als er mit Hilfe der Nationalgarde die Einschreibung von James Meredith, des ersten schwarzen Studenten, an der Universität Mississippi durchsetzte und den rechtsradikalen General Edwin Walker, der die Proteste dagegen anführte, in Haft nehmen ließ.

Und auch in einer ganz anderen Weltgegend, in Südostasien, hatte sich Kennedy für seine Gegner als Schwächling und Kommunistenfreund erwiesen. Er hatte mit Chruschtschow eine Vereinbarung über die Neutralität von Laos getroffen sowie den ständigen Forderungen der CIA und der Militärs widerstanden, Kampftruppen nach Vietnam zu schicken. Stattdessen hatte er die dortigen amerikanischen Aktivitäten auf die Anwesenheit von Militärberatern beschränkt und seinen Generälen – zu deren Entsetzen – aufgetragen, einen langfristigen Plan für den kompletten Rückzug aus Vietnam vorzulegen. Als Verteidigungsminister McNamara dies Paul Harkins, dem kommandierenden General des Militärberatungskommandos, bei einem Treffen in Saigon im Mai 1962 mitteilte, fiel dem – so beschreibt McNamaras Berater George Allen die Szene – »das Kinn fast auf die Tischplatte«.[1]

Kennedys Entscheidung zum Abzug aus Vietnam ist später von zahlreichen Historikern ignoriert oder sogar in Frage gestellt worden, die die Eskalation des Kriegs durch seinen Nachfolger Lyndon B. Johnson als konsequente Fortsetzung der von JFK begonnen Politik beschrieben haben. Erst seit Mitte der 90er Jahre, durch die vom ARRB publizierten Dokumente und die Veröffentlichung der Kennedy-Tapes, wurde Klarheit darüber geschaffen, dass Kennedys Abzugspläne eindeutig und definitiv waren.[2]

Das in etwa war die Situation, in der sich John F. Kennedy befand, als er am 10. Juni 1963 vor der American University in Washington seine aufsehenerregendste und neben der zwei Wochen später gehaltenen »Ich bin ein Berliner«-Ansprache vor dem Schöneberger Rathaus bekannteste Rede hielt.[3] Wir wollen daraus im Folgenden ausführlich zitieren, weil hier der Wandel des Präsidenten vom realpolitischen Rhetoriker der Konfrontationslogik zum Visionär der Menschlichkeit und des globalen Friedens überaus deutlich wird. Was Kennedy unter dem strahlend blauen Himmel dieses Tags verkündete und forderte, war nichts anderes als eine völlige Transformation zur Zivilisierung, ein Ende des Kalten Krieges:

> »Ich habe diesen Zeitpunkt und diesen Ort gewählt, um ein Thema zu erörtern, über das zu oft Unwissenheit herrscht und bei dem die Wahrheit zu selten gesehen wird – und doch ist es eines der wichtigsten Themen auf Erden: der Weltfrieden.
>
> Welche Art von Frieden meine ich? Nach welcher Art von Frieden streben wir? Nicht nach einer Pax Americana, die der Welt durch amerikanische Kriegswaffen aufgezwungen wird. Nicht nach dem Frieden des Grabes oder der Sicherheit des Sklaven. Ich spreche hier von dem echten Frieden – jenem Frieden, der das Leben auf Erden lebenswert macht, jenem Frieden, der Menschen und Nationen befähigt, zu wachsen und zu hoffen und ein besseres Leben für ihre Kinder aufzubauen, nicht nur ein Friede für Amerikaner, sondern ein Friede für alle Menschen. Nicht nur Frieden in unserer Generation, sondern Frieden für alle Zeiten.«

Schon in seinen einleitenden Worten machte Kennedy klar, dass es ihm hier um etwas anderes ging als um die üblichen Friedensbekundungen, die Politiker permanent von sich geben, um nicht als Unmenschen dazustehen. Es ging ihm um etwas Großes, Globales, Ganzes – um einen Frieden nicht nur vor der eigenen Haustür, sondern für die gesamte Welt.

> »Ich spreche vom Frieden, weil der Krieg ein neues Gesicht bekommen hat. Ein totaler Krieg ist sinnlos in einem Zeitalter, in dem Großmächte umfassende und verhältnismäßig unverwundbare Atomstreitkräfte unterhalten können und sich weigern zu kapitulieren, ohne vorher auf diese Streitkräfte zurückgegriffen zu haben. Er ist sinnlos in einem Zeitalter, in dem eine einzige Atomwaffe fast das Zehnfache an Sprengkraft aller Bomben aufweist, die von den gesamten alliierten Luftstreitkräften während des Zweiten Weltkrieges abgeworfen wurden. Und er ist sinnlos in einem Zeitalter, in dem die bei einem Atomkrieg freigesetzten tödlichen Giftstoffe von Wind und Wasser, Boden und Saaten bis in die entferntesten Winkel des Erdballs getragen und sich selbst auf die noch ungeborenen Generationen auswirken würden.«

Damit brachte er auf den Punkt, was sich nach der Atomeuphorie der 50er Jahre, als für den Notfall eines Nuklearangriffs die Aktentasche über dem Kopf und das Ducken unter den Schreibtisch empfohlen wurde (»duck and cover«), so langsam herumsprach: die nicht nur kurzfristige, sondern langfristige und großflächige Zerstörung organischen Lebens, die Atomwaffen mit sich bringen, und die Notwendigkeit, eine solche lebensfeindliche Katastrophe zu verhindern.

»Es ist heute, wenn der Friede gewahrt werden soll, unerlässlich, jedes Jahr Milliarden von Dollar für Waffen auszuwerfen, die lediglich zu dem Zweck geschaffen werden, sicherzustellen, dass wir sie niemals einzusetzen brauchen. Aber zweifellos ist die Anlage solcher unnützer Arsenale, die nur der Vernichtung und niemals dem Aufbau dienen können, nicht der einzige, geschweige denn der wirksamste Weg zur Gewährleistung des Friedens.«

Eine deutliche Absage an die Haltung, dass das Wettrüsten alternativlos ist und ein Gleichgewicht des Schreckens und der Aggression der einzig mögliche Weg, den Frieden zu bewahren. Der einstige kalte Krieger John F. Kennedy, der in seiner politischen Karriere durchaus und nicht selten für eine Aufrüstung des Waffenarsenals plädiert hat, machte klar, dass er sich von dieser Haltung verabschiedet hatte.

»Ich spreche daher vom Frieden als dem zwangsläufig vernünftigen Ziel vernünftiger Menschen. Ich bin mir bewusst, dass das Streben nach Frieden nicht so dramatisch ist wie das Streben nach Krieg – und oft treffen die Worte desjenigen, der nach Frieden strebt, auf taube Ohren. Und doch gibt es keine dringlichere Aufgabe für uns. Manche sagen, es sei zwecklos, von Weltfrieden, internationalem Recht oder internationaler Abrüstung zu sprechen – und alles sei nutzlos, solange die Führer der Sowjetunion keine aufgeschlossenere Haltung einnehmen. Ich hoffe, sie werden dies tun. Ich glaube, wir können ihnen dabei helfen. Aber ich glaube auch, dass wir unsere eigene Haltung überprüfen müssen – als Einzelperson und als Nation –, denn unsere Einstellung ist genauso wichtig wie die ihre.«

Der Historiker Arthur Schlesinger beschrieb diese letzte Bemerkung später als einen »geeigneten Satz, die gesamte amerikanischen Sicht des Kalten Kriegs zu revolutionieren«.[4] In der Tat wurde hier kein dumpfes Feindbild mehr propagiert, sondern der Projektionscharakter solchen Schwarz-Weiß-Denkens deutlich gemacht, das nur überwunden werden kann durch den Blick auf die eigene Haltung, durch kollektive und individuelle Selbsterkenntnis.

»Lassen Sie uns zunächst unsere Haltung gegenüber dem Frieden selbst überprüfen. Zu viele von uns halten ihn für unmöglich. Zu viele von uns halten ihn für nicht zu verwirklichen. Aber das ist ein gefährlicher, defätistischer Glaube. Er führt zu der Schlussfolgerung, dass der Krieg unvermeidlich ist, dass die Menschheit zum Untergang verurteilt ist, dass wir uns in der Gewalt von Kräften befinden, die wir nicht kontrollieren können.

Wir brauchen diese Ansicht nicht zu akzeptieren. Unsere Probleme sind von Menschen geschaffen, deshalb können sie auch von Menschen gelöst werden. Die Größe, die der menschliche Geist erreichen kann, bestimmt der Mensch selbst. Kein schicksalhaftes Problem der Menschheit liegt außerhalb der Reichweite des Menschen. Die menschliche Vernunft und der menschliche Geist haben oftmals das scheinbar Unlösbare gelöst – und wir glauben, dass sie dies erneut tun können.«

Im klassischen aufklärerischen Sinne Kants appellierte Kennedy an den Mut, sich seines eigenen Verstandes zu bedienen und die selbstverschuldete Unmündigkeit hinter sich zu lassen. Doch er blieb nicht bei einem sonntagsrednerischen Appell an die Kraft des Geistes, sondern wandte sich sogleich der Praxis, der Realpolitik zu:

»Ich spreche jetzt nicht von der absoluten, nicht mehr fassbaren Idee des Weltfriedens und des guten Willens, von der einige Phantasten und Fanatiker immer noch träumen. Ich leugne nicht den Wert von Hoffnungen und Träumen, aber wir würden lediglich der Entmutigung und Ungläubigkeit Tür und Tor öffnen, wenn wir das zu unserem einzigen und unmittelbaren Ziel machen würden. Wir sollten uns statt dessen auf einen praktischeren, erreichbareren Frieden konzentrieren, der nicht auf einer plötzlichen Revolution der menschlichen Natur, sondern auf einer allmählichen Evolution der menschlichen Institutionen basiert – auf einer Reihe von konkreten Maßnahmen und wirksamen Übereinkünften, die im Interesse aller Betroffenen liegen.

Für diesen Frieden gibt es keinen einfachen Schlüssel, keine großartige oder magische Formel, die sich eine oder zwei Mächte aneignen könnten. Der echte Friede muss das Produkt vieler Nationen sein, die Summe vieler Maßnahmen. Er muss dynamisch, darf nicht statisch sein, er muss flexibel sein, um den großen Aufgaben einer jeden Generation zu entsprechen. Denn der Friede ist ein Prozess – ein Weg, Probleme zu lösen.«

Hier sprach kein Phantast von einer unerreichbaren Vision, sondern ein Realist von der Möglichkeit, einen neuen Weg zu gehen, eine neue Entwicklung einzuleiten, einen dynamischen und kooperativen Prozess zu beginnen – und sich von den alten, eingetretenen Pfaden zu verabschieden. Dies wird besonders im Folgenden deutlich, als Kennedy gegenüber dem in den 50er Jahren in Amerika stilisierten Horrorgespenst des Kommunismus und seiner imaginären Inkarnation, der Sowjetunion, geradezu unerhörte Töne anschlug:

»Lassen Sie uns zweitens unsere Haltung gegenüber der Sowjetunion überprüfen. … Keine Regierung und kein Gesellschaftssystem sind so schlecht, dass man das unter ihm lebende Volk als bar jeder Tugend ansehen kann. Wir Amerikaner empfinden den Kommunismus als Verneinung der persönlichen Freiheit und Würde im tiefsten abstoßend. Dennoch können wir das russische Volk wegen vieler seiner Leistungen – sei es in der Wissenschaft und Raumfahrt, in der wirtschaftlichen und industriellen Entwicklung, in der Kultur und in seiner mutigen Haltung – rühmen. Unter den vielen Zügen, die den Völkern unserer beiden Länder gemeinsam sind, ist keiner ausgeprägter als unsere beiderseitige Abscheu vor dem Krieg. Unter den großen Weltmächten haben wir – und dies ist beinahe einzigartig – niemals gegeneinander im Krieg gestanden. Wohl kein anderes Volk in der Geschichte hat mehr gelitten als das russische Volk im Verlauf des Zweiten Weltkrieges. Mindestens zwanzig Millionen gaben ihr Leben.«

Kennedy würdigte nicht nur den Blutzoll, den die UdSSR und die Rote Armee für den Sieg im Weltkrieg erbracht hatten, sondern schilderte darüber hinaus diesen Erzfeind nicht als ein menschfressendes Monster, sondern als eine Kulturnation. Er kritisierte zwar das kommunistische System, doch betonte vor allem die Gemeinsamkeiten. Und kam dann auf die große Gefahr, die beiden Ländern durch eine Fortsetzung des Kalten Kriegs und des Wettrüstens drohte:

»Sollte heute – wie auch immer – ein totaler Krieg ausbrechen, dann würden unsere beiden Länder die Hauptziele darstellen. Es ist eine Ironie, aber auch eine harte Tatsache, dass die beiden stärksten Mächte zugleich auch die beiden Länder sind, die in der größten Gefahr einer Zerstörung schweben. Alles, was wir aufgebaut haben, alles, wofür wir gearbeitet haben, würde vernichtet werden.

Und selbst im Kalten Kriege – der für so viele Länder, unter ihnen die engsten Verbündeten der Vereinigten Staaten, Lasten und Gefahren bringt – tragen unsere beiden Länder die schwersten Lasten. Denn wir werfen beide für gigantische Waffen riesige Beträge aus – Beträge, die besser für den Kampf gegen Unwissenheit, Armut und Krankheit aufgewandt werden sollten. Wir sind beide in einem unheilvollen und gefährlichen Kreislauf gefangen, in dem Argwohn auf der einen Seite Argwohn auf der anderen auslöst und in dem neue Waffen zu wieder neuen Abwehrwaffen führen.

Kurz gesagt: Beide, die Vereinigten Staaten und ihre Verbündeten sowie die Sowjetunion und ihre Verbündeten, haben ein gemeinsames tiefes Interesse an einem gerechten und wirklichen Frieden und einer Einstellung des Wettrüstens. Abkommen, die zu diesem Ziel führen, sind im Interesse der Sowjets wie auch im unsrigen. …

Wir wollen also gegenüber unseren Differenzen nicht die Augen verschließen – aber wir wollen auch unsere Aufmerksamkeit auf die gemeinsamen Interessen und auf die Mittel richten, durch die diese Differenzen beseitigt werden können. Wenn wir unsere Differenzen auch noch nicht ganz aus der Welt schaffen können, so können wir doch zumindest dazu beitragen, dass die Welt trotz Meinungsverschiedenheiten sicher bleibt. Denn letztlich bildet die Tatsache, dass wir alle Bewohner dieses Planeten sind, doch das uns im tiefsten gemeinsame Band. Wir alle atmen die gleiche Luft, uns allen liegt die Zukunft unserer Kinder am Herzen, und wir sind alle sterblich.«

Was hier sichtbar wird, ist eine *unio mystica*, eine allumfassende, ganzheitliche Sicht auf den Planeten und das Leben – das »tiefste gemeinsame Band«, das alle Menschen verbindet. Und von dieser weltumarmenden Einsicht kam der Präsident sofort wieder aufs Praktische, auf das »rote Telefon«, das er einrichten, sowie das Verbot oberirdischer Atomwaffentests, über das er mit dem »Feind« verhandeln wollte:

»Ein Schritt in dieser Richtung ist die vorgeschlagene Vereinbarung für einen direkten Draht zwischen Moskau und Washington, durch den auf beiden Seiten die gefährlichsten Verzögerungen, Missverständnisse und Fehldeutungen der Maßnahmen des anderen vermieden werden sollen, wie sie in einer Zeit der Krise leicht auftreten können. Wir haben ferner in Genf über andere erste Maßnahmen der Rüstungskontrolle gesprochen, die die Intensität des Wettrüstens bremsen und die Risiken eines durch Zufall ausgelösten Krieges verringern sollen. Unser wichtigstes langfristiges Interesse in Genf ist jedoch eine allgemeine und vollständige Abrüstung, die in Phasen stattfinden und gleichlaufende politische Entwicklungen beim Aufbau der neuen Institutionen des Friedens zulassen soll, die an die Stelle der Rüstungen treten. ...

Ich benutze daher diese Gelegenheit, um zwei wichtige Entscheidungen in dieser Hinsicht bekanntzugeben. Erstens: Ministerpräsident Chruschtschow, Premierminister MacMillan und ich sind übereingekommen, dass in Kürze Erörterungen auf hoher Ebene in Moskau beginnen werden mit dem Ziel eines baldigen Abkommens über einen umfassenden Vertrag über die Einstellung der Kernwaffenversuche. Zweitens: Um unseren guten Willen und unsere feierliche Überzeugung in dieser Angelegenheit zu demonstrieren, erkläre ich hiermit, dass die Vereinigten Staaten nicht beabsichtigen, Kernwaffenversuche in der Atmosphäre durchzuführen, solange andere Staaten dies nicht tun ...

Lassen Sie uns, meine amerikanischen Mitbürger, schließlich unsere Haltung gegenüber dem Frieden und der Freiheit hier im eigenen Lande überprüfen. Der Wert und der Geist unserer eigenen Gesellschaft müssen unsere Anstrengungen im Ausland rechtfertigen und sie unterstützen. ... Aber wo immer wir sind, müssen wir alle in unserem täglichen Leben dem jahrhundertealten Glauben gerecht werden, dass Frieden und Freiheit Hand in Hand gehen. In zu vielen unserer Städte ist der Friede heutzutage nicht gesichert, weil die Freiheit unvollkommen ist.«

Einmal mehr wies Kennedy nicht mit dem Zeigefinger auf einen externen Sündenbock, sondern stellte die Überprüfung der eigenen Haltung, die Notwendigkeit der Selbsterkenntnis und der Selbstkritik in den Mittelpunkt. Und verwies auf die zumal im rassistischen Süden seines Landes noch immer dominierende Unfreiheit der nicht-weißen Bevölkerung:

»So wie wir uns um den Schutz unserer nationalen Interessen bemühen, so wollen wir auch die menschlichen Interessen schützen. Die Beseitigung des Krieges und der Waffen liegt eindeutig im Interesse des einen wie des anderen. Kein Vertrag, so sehr er auch zum Vorteile aller sein mag und so genau er auch formuliert sein mag, kann absolute Sicherheit gegen die Gefahren der Täuschung und der Umgebung bieten. Aber er kann – wenn er in seiner Durchführung nur wirksam genug ist und nur weitgehend genug im Interesse seiner Unterzeichner liegt – weitaus mehr Sicherheit bieten und weniger Risiken bergen als ein unvermindertes, unkontrolliertes und unberechenbares Wettrüsten.«

Es ist dies, da sind sich nahezu alle Historiker einig, eine der radikalsten Reden, die ein amerikanischer Präsident jemals gehalten hat. In fast schon poetischem Ton markiert sie Kennedys radikale Abkehr von der bestehenden Politik der Konfrontation und des Krieges und die Hinwendung zu einem neuen Zeitalter der Kooperation und des Friedens. Sie lässt die Stigmatisierung und Dämonisierung des »Bösen« und damit die typische Rhetorik des Kalten Kriegs weit hinter sich und schwingt sich zu einer empathischen Humanisierung des vermeintlichen Feindes, des russischen Volkes auf. Sie beschwört das Gemeinsame und Versöhnende, statt mit der Betonung von Angst und Schrecken die Spaltung voranzutreiben, und sie appelliert in psychologischer Tiefe an beide Seiten, ihre innere Haltung und Eigenwahrnehmung einem Prozess der Selbsterforschung zu unterziehen.

Animiert zu dieser radikalen und bahnbrechenden Rede wurde Kennedy von dem bekannten amerikanischen Journalisten und Friedensaktivisten Norman Cousins, der zwei Monate zuvor von einer Reise aus Rom und Moskau zurückgekehrt war, wo er mit Papst Johannes XXIII. und mit Chruschtschow Gespräche geführt hatte. Von Kennedy überbrachte er dem Sowjetführer dabei die Botschaft, »dass kein Mann in der amerikanischen Politik dringender an einer Beseitigung der Feindschaften des Kalten Kriegs interessiert sei als er«[5] – und vom Papst eine Vorabkopie seiner Enzyklika *Pacem in terris,* in der das Oberhaupt der Katholiken für einen globalen Frieden warb, der »nicht auf einem Gleichgewicht der Waffen, sondern auf gegenseitigem Vertrauen beruht«. Von beiden durch den inoffiziellen Botschafter Cousins überbrachten Botschaften zeigte sich Chruschtschow sehr beeindruckt. Schon im Jahr zuvor, als der Papst während der Raketenkrise auf Kuba an beide Seiten appelliert hatte, zu einem friedlichen Kompromiss zu kommen, hatte er dafür gesorgt, dass dieser päpstliche Kommentar in der *Prawda* abgedruckt worden war.

Und dasselbe geschah nun mit der Rede Kennedys: Sie wurde in voller Länge in der sowjetischen Parteizeitung abgedruckt. Chruschtschow bezeichnete die Rede »als die großartigste eines amerikanischen Präsidenten seit Roosevelt«, und die Regierung ermöglichte dem ansonsten durch Störsender unterdrückten Radiosender Voice of America, sie in russischer Sprache unge- kürzt in der gesamten Sowjetunion auszustrahlen. In einem Glückwunschtelegramm an Kennedy zum Unabhängigkeitstag am 4. Juli betonten Chruschtschow und sein Stellvertreter Leo- nid Breschnew ihre Überzeugung, dass die Regierungen der bei- den Länder ihre Spannungen beseitigen und im gegenseitigen Austausch »zu einem allgemeinen Frieden« kommen könnten.

Für die Nachgeborenen, die unter dem Vorzeichen des friedli- chen Endes des Kalten Kriegs nach dem Fall der Berliner Mauer 1989 aufgewachsen sind, mag es schwer nachvollziehbar sein, wie unerhört diese Töne sowohl von amerikanischer als auch von sowjetischer Seite zu dieser Zeit waren, als die Mauer in Ber- lin gerade erst errichtet worden war, als sich die Panzer von Rus- sen und Amerikanern am Checkpoint Charlie direkt gegenüber- standen und die ganze Welt erst jüngst haarscharf an einem nuklearen Desaster vorbeigekommen war. Doch nach der Lö- sung der Kubakrise durch die Privatdiplomatie der Führer der beiden Großmächte und nach dieser beeindruckenden Rede des US-Präsidenten, so beschreibt es James Douglass, »begannen Kennedy und Chruschtschow in einen Wettstreit um den Welt- frieden zu treten«.[6]

Zu Norman Cousins hatte Kennedy gesagt: »Die Hardliner in der Sowjetunion und den Vereinigten Staaten stützen sich ge- genseitig, indem der eine die Haltung des anderen benutzt, um seine eigene Haltung zu verteidigen.«[7] Und tatsächlich hatte Chruschtschow mit einem konsternierten Verteidigungsrat zu kämpfen, als er diesem eine deutliche Reduktion der sowjeti- schen Truppen auf »eine kleine, hochqualifizierte Armee« vor- schlug, die Forderung des Oberkommandierenden des War- schauer Pakts, Marschall Andrei Gretschko, nach der Ausrüstung mit taktischen Atomwaffen mit der Bemerkung: »Dafür habe ich kein Geld« zurückwies und stattdessen anregte, Rüstungsfabri- ken von der Raketenproduktion auf die Herstellung von Schiffen für die sowjetischen Binnenschifffahrt zu konvertieren.[8] Mit diesem Umstrukturierungsplan, der eine starke Kürzung des Verteidigungsbudgets mit sich gebracht hätte, setzte sich Chruschtschow ebenso in Opposition zum militärisch-industriellen Komplex seines Landes wie Kennedy mit der Forderung nach einem Ende des Wettrüstens in den Vereinigten Staaten.

Einen Monat vor seiner Rede an der American University hatte er mit einem National Security Action Memorandum (NSAM 239) den Generalstab und seine Sicherheitsberater beauftragt, neben Vorschlägen für die fast zum Stillstand gekommenen Verhandlungen eines nuklearen Teststopp-Abkommens Vorschläge für »eine allgemeine und vollständige Abrüstung« (*general and complete disarmament)* zu unterbreiten. Bis zu der zwei Monate später stattfindenden nächsten Sitzung der Abrüstungsverhandlungen in Genf sollte die Zeit »dringend zu einer erneuten Überprüfung der Möglichkeiten von signifikanten Maßnahmen neben dieser allgemeinen und vollständigen Abrüstung genutzt werden«. Kennedy, so Marcus Raskin, einer der Militäranalysten seines Stabs, »wollte einen Plan, wie wir aus diesem Wettrüsten rauskommen. Das hätte eine Kürzung von 30 Prozent der Waffen sein können. Um dann von diesem Schritt zum nächsten zu kommen. So wollte er das.«[9]

Nur wenige Wochen nach seiner »Friedensrede« wurden das lange und zäh verhandelte Abkommen zwischen den USA und der Sowjetunion über einen Stopp oberirdischer nuklearer Tests abgeschlossen. Doch konnten weder der Präsident noch der Generalsekretär ihre darüber hinausgehenden Pläne der Abrüstung und friedlichen Koexistenz umsetzen – ihre Tage waren gezählt. John F. Kennedy blieb noch vier Monate am Leben. Und Nikita Chruschtschow wurde im Oktober 1964 von seinen Generälen abserviert und durch den Hardliner Breschnew ersetzt.

So beeindruckend und folgenreich Kennedys mutige und radikale Rede vor der American University auch für die internationalen Verhandlungen und das Ansehen der Vereinigten Staaten und ihres Präsidenten in aller Welt war – seine anschließende Reise nach Europa wurde zu einem wahren Triumphzug mit dem Höhepunkt der von einer Million Westberlinern umjubelten »Ich bin ein Berliner«-Rede am 26. Juni 1963 –, so wenig schienen zumindest anfänglich die Amerikaner von diesem Friedensaufruf enthusiasmiert zu sein. Die Republikaner denunzierten die Rede als »lasch« und »furchtbaren Fehler«, und von den in den folgenden Tagen 1677 Briefen an den Präsidenten waren zwar nur 30 negative, im selben Zeitraum trafen aber 52000 Brief im Weißen Haus ein, die auf ein neues Gesetz über Frachtraten reagierten, was Kennedy zu der unwirschen Bemerkung veranlasste, die »Leute im Kongress« seien »verrückt, wenn sie ihre Post ernst nehmen«.[10]

Sehr ernst genommen wurde Kennedys Rede freilich da, wo man sich von dem Vorhaben einer »allgemeinen vollständigen Abrüstung« seiner Geschäftsgrundlage beraubt sah und von der Forderung einer Aussöhnung und friedlichen Koexistenz mit der Sowjetunion ins Mark getroffen fühlte: im militärisch-industriellen Komplex, bei der CIA und ihren exilkubanischen Paramilitärs. Wenn den Generälen und CIA-Oberen schon bei der Ankündigung des Verteidigungsministers McNamara, statt Kampftruppen nach Vietnam zu entsenden dort sogar die »Militärberater« abzuziehen, »die Kinnlade bis auf den Tisch gefallen war«, dann muss sie ihnen während Kennedys visionärem Ausblick auf eine entmilitarisierte Welt noch viel tiefer gefallen sein. Denn ihnen war klar, dass es sich hier nicht um die beliebige Schönwetterrede eines hergelaufenen Politikers handelte.

Dem Mann war es ernst. Der wollte die Welt verändern. Das war zu viel. Das konnten sie nicht zulassen. Und so war der 35. Präsident der USA zum Abschuss freigegeben.

Der Chicago-Plot

Abraham Bolden war der erste Afroamerikaner, der zum Dienst im United States Secret Service (USSS) im Weißen Haus berufen wurde, in die »Leibwache« zum Schutz des US-Präsidenten. Kennedy hatte den vielfach ausgezeichneten 28-jährigen Soldaten 1961 persönlich für diesen Dienst ausgesucht, gegen den Rat einiger Mitarbeiter und des Secret-Service-Leiters, die einen Farbigen in ihrer Garde als Provokation empfanden.

Viele der Secret-Service-Agenten waren ehemalige Polizisten oder Soldaten aus den Südstaaten, kräftige und hart trinkende Cowboy-Typen, die Kennedy wegen seiner Bürgerrechtspolitik insgeheim als »nigger lover« und Verräter verachteten. Dass der Präsident die Gouverneure von Mississippi und Alabama und die demonstrierenden Massen von rassistischen Anhängern des Ku-Klux-Klan und der John Birch Society mit Gewalt und unter Einsatz des Bundesmilitärs gezwungen hatte, die Einschreibung afroamerikanischer Studenten an ihren Universitäten zuzulassen, hatte ihn im Süden des Landes zum Staatsfeind Nr. 1 gemacht. Angeführt wurden die Demonstrationen von dem rechtsradikalen General Edwin Walker, den Kennedy entlassen hatte, weil er rassistisches Propagandamaterial an seine Truppe verteilt hatte – und dem wir im Folgenden noch begegnen werden. Auf Flugblättern hetzten die suprematistischen Weißen in Mississippi gegen den Präsidenten: »Kennedy ist dabei, Amerika zu zerstören, denn er ist ein kranker, kranker Kommunist.« Und sie protestierten gegen dessen »Bildungspolitik mit dem Bajonett«.

Diese Haltung war nicht nur in den abgelegenen Südstaaten verbreitet, sondern auch im Zentrum der Macht in Washington, wie Abraham Bolden schnell erfahren sollte. Der Präsident behandelte seine Leibwache nicht wie Möbelstücke, die man einfach ignoriert, sondern ging freundlich mit ihnen um – auch und besonders mit Abe Bolden, den er öfter ansprach und sich dabei nach seinem Befinden oder seiner Familie erkundigte. Er stellte ihn allen seinen Kabinettsmitgliedern vor: »Das ist Mr. Bolden. Ich habe ihn eingestellt, um die Geschichte zu verändern und für seine Leute die Tür zu öffnen.«[11] Ganz anders als Kennedy aber verhielten sich seine Kollegen, mit denen Bolden einmal zusammensaß, als sein direkter Vorgesetzter Harvey Henderson ihn ansprach: »Ich sage dir jetzt etwas, und ich will nicht, dass du es jemals vergisst. Du bist ein Nigger. Du bist als Nigger geboren und wirst als Nigger sterben. Du wirst nie mehr sein als ein Nigger. Also verhalte dich wie einer.«[12] Ansprachen wie diese waren nun wirklich nicht nach Boldens Geschmack, und als auch seine Beschwerden über die Laxheit und die Trinkerei der Agenten nicht gehört wurden – sowie über die Sprüche, dass sie im Falle von Schüssen auf den Präsidenten ihren Körper nicht als Schutzschild einsetzen würden, wie es die Dienstvorschrift verlangte –, bat er nach drei Monaten um seine Rückversetzung nach Chicago.

Im dortigen Secret-Service-Büro traf am 30. Oktober 1963 ein Anruf des FBI ein, der Bolden und seine Kollegen alarmierte: Bei dem für den 2. November in Chicago avisierten Besuch Präsident Kennedys sei ein Anschlag auf ihn geplant. Der Informant des FBI teilte dem Büro dazu weitere Details mit: Ein vierköpfiges Team von Scharfschützen vermutlich kubanischer Abstammung wolle vom Dach eines Hochhauses auf Kennedy feuern, wenn sein vom Flughafen zum Stadion fahrender Autokorso in einer Haarnadelkurve in die Jackson Street einbiegen würde. Zwei weitere Anrufe bei der Chicagoer Polizei schienen diese Warnungen zu bestätigen. Ein Pensionsbesitzer meldete, dass er ein Zimmer an vier Männer vermietet hätte, in dem Gewehre mit Zielfernrohren und ein Plan mit der Strecke des Autokorsos Kennedys liegen würden. Und ein Informant, der sich am Telefon nur mit »Lee« vorstellte, berichtete, dass ein gewisser Thomas Arthur Vallee, der mehrere Waffen besitze, gedroht habe, den Präsidenten bei seinem Besuch in Chicago zu erschießen. Vallee wurde schnell identifiziert, als ehemaliges Mitglied der Marines, Einzelgänger, Waffensammler und Sympathisant der rechtsradikalen John Birch Society. Er hatte bei einer Explosion im Koreakrieg ein Hirntrauma erlitten, war 1952 mit der Diagnose einer paranoiden Schizophrenie ehrenhaft entlassen, 1955 aber wieder in den Dienst aufgenommen und nach nur sechs Monaten erneut entlassen worden. Vallees Wohnung und sein Auto mit dem New Yorker Kennzeichen 31-10RF wurden umgehend unter Beobachtung gestellt. Auch die Pension der verdächtigen möglichen Scharfschützen wurde observiert, wobei sich das Observationsteam aber so dilettantisch verhielt, dass es auffiel und zwei der Männer in einem Auto flüchten konnten; die anderen beiden wurden verhaftet, wobei bei ihnen aber keine Waffen gefunden wurden, weshalb sie nach einem nächtlichen Verhör wieder freigelassen wurden. Weil der Chef des Secret Service, James Rowley, die merkwürdige Anweisung gegeben hatte, dass über diese Fahndung und Ermittlung keine schriftlichen Aufzeichnungen angefertigt werden sollten, liegen weder die Namen der Verhafteten noch die Protokolle dieser Verhöre vor.

Auch die Überwachung und Festnahme Thomas Vallees wurde erst Mitte der 70er Jahre bekannt, als der Investigativreporter Edwin Black dessen Geschichte recherchiert hatte und sie vom HSCA in Zusammenhang mit der Ermordung Kennedys untersucht wurde. Vallee war einem Mitglied der Chicagoer Polizei, Lieutenant Berkley Moyland, schon einige Wochen vor dem Kennedy-Besuch aufgefallen, der Wirt seines Frühstückscafés hatte ihn auf einen merkwürdigen Stammgast aufmerksam gemacht, der ständig hasserfüllt über den Präsidenten reden und

Drohungen ausstoßen würde. Moyland hatte ihn eines Morgens abgepasst und ihn zur Rede gestellt. Weil er den Eindruck gewann, es bei Vallee mit einer unstabilen Persönlichkeit zu tun zu haben, der vermutlich Waffen besaß und eine potentielle Gefahr darstellte, meldete er den Vorfall dem Secret Service. Aber kurz darauf erhielt er den Anruf eines Offiziellen des Finanzministeriums, dem der Secret Service damals formell unterstellt war, der ihm sagte: »Schreiben Sie darüber nichts. Erzählen Sie darüber nichts. Vergessen Sie es.« Moyland hielt sich daran, bis er nach seiner Pensionierung und kurz vor seinem Tod seinem Sohn die Geschichte erzählte – eine Geschichte, die damit endete, dass er einige Zeit nach den damaligen Begebenheiten eine anonyme Postkarte bekommen hatte, von der er sicher war, dass sie von Thomas Vallee stammte. Es standen nur zwei Worte darauf: »Thank you!«[13]

Anders als der Polizeioffizier Moyland wollte Abraham Bolden nicht so lange über diese Merkwürdigkeiten schweigen. Als er sich nach der Ermordung von Präsident Kennedy zu einem Lehrgang in Washington aufhielt, versuchte er telefonisch Kontakt mit der Warren-Kommission aufzunehmen, um dort über die Vorgänge beim Secret Service auszusagen. Daraufhin wurde er umgehend nach Chicago zurückbeordert, wo ihm sein Vorgesetzter mitteilte, es läge eine Anklage gegen ihn vor – zwei Zeugen hätten ausgesagt, er hätte versucht, ihnen Informationen zu verkaufen. Dass Bolden dies vehement bestritt und außer den beiden Aussagen keinerlei Beweise gegen ihn vorlagen, half ihm nicht. In einem haarsträubenden Gerichtsverfahren wurde er wegen versuchter Bestechung zu sechs Jahren Gefängnis verurteilt. Dass die beiden Zeugen Mitglieder der Chicagoer Mafia waren und einer von ihnen später zugab, für eine Falschaussage bezahlt worden zu sein, kam erst an den Tag, als Bolden schon wieder entlassen worden war und 1978 vor dem HSCA seine Aussagen machen konnte. Zuvor hatte der Investigativreporter Edwin Black schon die Ergebnisse seiner auf Gesprächen mit Thomas

Vallee basierenden fünfjährigen Recherche präsentiert[14], während der er zeitweise von Agenten der Defense Intelligence Agency (DIA) beschattet worden war und unbekannte Einbrecher in seiner Wohnung seine Unterlagen durchsucht hatten.

Kennedys Besuch in Chicago wurde am Morgen des 2. November nur eine halbe Stunde vor dem geplanten Abflug in Washington von seinem Sprecher abgesagt. Begründung: die kurz zuvor bekannt gewordene Ermordung des südvietnamesischen Präsidenten Ngô Dình Diêm und dessen Bruders. Erst nachdem die Nachricht des ausfallenden Besuchs nach Chicago gemeldet worden war, nahmen die Agenten des Secret Service den seit dem 30. Oktober unter Observation stehenden Thomas Vallee fest. Sie stoppten ihn in seinem Ford Falcon, weil er, ohne den Blinker zu setzen, abgebogen war. In seinem Kofferraum wurden 300 Schuss Munition gefunden, die er kurz zuvor gekauft hatte, in seiner Wohnung ein M1-Gewehr und weitere Waffen – was freilich zu dieser Zeit ebenso legal war wie hasserfüllte Drohungen gegen den Präsidenten auszusprechen.

Warum der Zugriff auf Thomas Vallee erst erfolgte, *nachdem* der Kennedy-Besuch abgesagt worden war und *nachdem* zwei der verdächtigen Scharfschützen entkommen und zwei weitere nach kurzem Verhör und ohne irgendein Protokoll freigelassen worden waren, und warum über seinen Fall keine Aufzeichnungen oder Informationen der Warren-Kommission vorgelegt wurden und Abraham Bolden mit einer falschen Anklage daran gehindert wurde, darüber etwas auszusagen – diese Merkwürdigkeiten lichteten sich erst dank Edwin Blacks Recherchen: Thomas Vallee war als Sündenbock vorgesehen. Er hatte eine labile Persönlichkeit, er war als Angehöriger des Marine Corps in Japan stationiert, bei einer für die U-2-Überwachungsflugzeuge zuständigen Radarstation, er hatte nach seiner Entlassung in einem CIA-Camp mit Anti-Castro-Aktivisten trainiert und er hatte danach einen Druckerei-Arbeitsplatz in einem Hochhaus in Chicago bekommen, an dem der Autotross des Präsidenten in Schrittgeschwindigkeit eine 90-Grad-Kurve nehmen sollte.

Die Postkarte mit »Thank you« an den Polizeileutnant Moyland, der ihn einige Wochen zuvor aufgeordert hatte, sich zurückzuhalten, und die Tatsache, dass sich Vallee am Tag des geplanten Kennedy-Besuchs Urlaub genommen hatte, deuten darauf hin, dass er von der Rolle, in die er gebracht werden sollte, Wind bekommen hatte. Und sie weist erstaunliche Parallelen zu einer anderen labilen Persönlichkeit auf, die bei den Marines in Japan bei einer für die U-2-Überwachungsflugzeuge zuständigen Radarstation diente, die in einem CIA-Camp mit Anti-Castro-Aktivisten Schießübungen machte und die danach einen Job im Texas School Book Depository bekam, einem sechsstöckigen Gebäude in Dallas, vor dem der geplante Autocorso des Präsidenten mit Schrittgeschwindigkeit in einer Haarnadelkurve in die Elmstreet einbiegen sollte: Lee Harvey Oswald.

Drei Schüsse

Der 24-jährige ehemalige Marinesoldat Lee Harvey Oswald hat am 22. November 1963 um 12:30 Uhr aus einem Fenster im sechsten Stock des Texas School Book Depository (TSBD) auf den in einem offenen Wagen vorbeifahrenden John F. Kennedy drei Schüsse abgegeben, wovon einer den Präsidenten tötete. So wurde das von der Warren-Kommission in ihrem im September 1964 veröffentlichten Report und den 26 Zusatzbänden dargestellt, so steht es heute in jedem Lexikon. Doch es ist nicht die historische Wahrheit. Um dies zu zeigen, braucht es weder große Verschwörungstheorien noch eine Mikroanalyse, die sich in Abertausenden Details verliert, es reicht ein einfacher Blick auf die Uhr: auf die Zeit und den Ablauf der Ereignisse.

Der Tross des Präsidenten hatte Verspätung. In Fort Worth, wo Kennedy übernachtet und im Hotel Texas eine Frühstücksrede gehalten hatte, war es zu Verzögerungen gekommen, so dass die Air Force One nach einem kurzen Flug auf dem Flugplatz Love Field in Dallas etwa 20 Minuten später landete als geplant. Entsprechend später startete auch die dort bereitstehende Wagenkolonne, deren Kurs durch die Innenstadt zum Dallas Business and Trade Mart führte, wo ein Mittagessen stattfinden sollte. Nach der fünf Tage zuvor festgelegten Route und dem Zeitplan, die in den Lokalzeitungen abgedruckt worden waren, sollte die Wagenkolonne um 12:10 Uhr an der Dealey Plaza eintreffen, dort die Hauptstraße verlassen, rechts in die Houston Street und gleich wieder scharf links in die Elm Street einbiegen.

An dieser Ecke befand sich das Gebäude des Schulbuchlagers TSBD, in dem Lee Harvey Oswald vier Wochen zuvor überraschend einen Job als Lagerarbeiter bekommen hatte.

An diesem Freitag verlassen seine Kollegen um 11:45 Uhr den sechsten Stock, um Mittagspause zu machen. Oswald ruft ihnen hinterher: »Jungs, was ist mit dem Aufzug? Schickt mir einen Aufzug wieder hoch.« Diesem Wunsch kommen sie offenbar nach, denn einer der TSBD-Vorarbeiter, Bill Shelley, sieht Oswald um 11:50 Uhr an einem Telefon im ersten Stock. Um 12:00 Uhr sieht ihn dort auch sein Kollege Eddie Piper und spricht kurz mit ihm.

Wäre Oswald der Scharfschütze, müsste er spätestens jetzt am Fenster des sechsten Stocks auf der Lauer liegen, denn laut Zeitplan soll der Autokorso des Präsidenten die Dealey Plaza gegen 12:10 Uhr passieren. Doch wie seine Kollegen macht auch Oswald Mittagspause. Die Sekretärin Carolyn Arnold, die schwanger ist und sich ein Glas Wasser holen will, sieht ihn um 12:20 Uhr neben dem Cola-Automaten im Lunch Room im zweiten Stock: »Oswald saß auf einem der Hocker auf der rechten Seite, wenn man reinkommt. Er war alleine, wie üblich, und schien zu essen. Ich habe nicht mit ihm gesprochen, aber ihn klar erkannt.«

Um 12:30 Uhr trifft die verspätete Wagenkolonne am Tatort ein, die Schüsse fallen, und zwei Minuten später stürmt der erste Beamte des Dallas Police Departments, Marion L. Baker, in das TSBD-Gebäude. Weil der Fahrstuhl nicht kommt, nimmt er die Treppe und trifft gegen 12:32 Uhr im Lunch Room des zweiten Stocks auf wen? Auf Lee Harvey Oswald. »Kommen Sie her!«, ruft Baker mit gezückter Pistole, und Oswald, der gerade eine Cola aus dem Automaten ziehen will, geht ruhig auf ihn zu. »Arbeitet der Mann hier?«, fragt Baker den ihn begleitenden Chef des TSBD, Roy Truly, was dieser bestätigt, worauf sich der Polizist umdreht und den Raum verlässt. Die Kirchenbeauftragte des Schulbuchlagers, Mrs. R.A. Reid, sieht Oswald zwei Minuten später im zweiten Stock entlang laufen – mit einer Flasche Cola in der Hand.

Viel mehr als diesen Blick auf die Zeugenaussagen und die Zeitleiste braucht es eigentlich nicht, um Lee Harvey Oswald als Verdächtigen auszuschließen – es sei denn, man spricht ihm die Gabe der Bilokation zu, die ihn um 12:30 Uhr auf seinem Schützenstand im sechsten Stock und zwei Minuten später im Pausenraum im zweiten Stock anwesend sein lässt. Auch dass er die unvorhersehbare Verspätung des Autokorsos geahnt und erst mal seelenruhig Mittagspause gemacht hat, um dann – »Verdammt, ich wollte doch Kennedy erschießen!« – in den sechsten Stock zu hasten, drei Schüsse abzugeben, zurückzurasen und wieder völlig entspannt im Pausenraum zu sitzen, als der Polizist Baker ihn dort antrifft, ist schlicht nicht vorstellbar.

Doch schon wenige Minuten später zieht sich die Schlinge um Oswalds Hals langsam zu. Um 12:45 Uhr, kaum eine Viertelstunde nach den Schüssen, geht eine Beschreibung des Verdächtigen über den Polizeifunk von Dallas: »Die gesuchte Person ist ein schlanker weißer Mann um die 30 Jahre, 5 feet 10 (178 cm), 165 pounds (75 kg), mit einer Waffe, die wie eine 30.30 oder Winchester aussieht.«

Eine merkwürdige Fahndungsdurchsage. Sie kann nicht von einem Augenzeugen stammen, denn sie beschreibt zwar Größe und Gewicht, nicht aber das, was jedem Beobachter als Erstes ins Auge fallen muss: die Bekleidung des Mannes. Als noch um 13:08 Uhr über den Polizeifunk gefragt wird, ob es Hinweise auf die Kleidung des Verdächtigen gebe, verneint das der Dispatcher. Dabei könnte ein Augenzeuge, der einen aus einem nur halb geöffneten Fenster im sechsten Stock lehnenden Schützen erspäht hätte, bestenfalls die Farbe seines Hemds oder seiner Jacke beschreiben, eventuell auch noch die Haarfarbe, nicht aber seine Größe und sein Gewicht. Und tatsächlich: Die Beschreibung, die der Polizei in Dallas wenige Minuten nach dem Mord per Funk durchgegeben wird, stammt nicht von einem leibhaftigen Zeugen, sondern vielmehr aus einer Akte, genauer aus einer Personenakte, einem sogenannten 201-File der CIA, die unter dem Namen Lee Henry Oswald geführt wurde: »Oswald is five feet ten inches, one-hundred and sixtyfive pounds, light brown wavy hair and blue eyes.«[15]

Als die Warren-Kommission später nachfragt, woher die Polizei diese frühe Beschreibung des vermeintlichen Täters hatte, wird sie auf Howard Brennan verwiesen, der als einziger Zeuge von Hunderten auf der Dealey Plaza anwesenden Zuschauern einen Mann mit einem Gewehr im sechsten Stock des TSBD gesehen haben will. Brennan sagte aus, er habe diesen Mann am linken Fensterrahmen lehnend von der Hüfte aufwärts gesehen. Doch das kann schlicht nicht stimmen, denn das besagte (Schiebe-)Fenster endet 30 Zentimeter über dem Boden und ist zum Zeitpunkt des Anschlags halb zugezogen. Auf Fotos, die Gordon Arnold, ein weiterer Zuschauer, Sekunden vor den Schüssen macht, sind das sechste Stockwerk des TSBD und das Fenster zu sehen – aber keine Person und kein Gewehr, sondern im Hintergrund nur einige Kartons. Bei der Gegenüberstellung im Polizeirevier von Dallas am späteren Nachmittag kann Brennan Oswald denn auch nicht identifizieren, was die Kommission später gleichwohl nicht daran hindert, ihn als »Schlüsselzeugen« für glaubwürdig zu halten. Die Aussagen der oben zitierten anderen Zeugen, die ihren Kollegen Oswald kurz vor und kurz nach der Tatzeit im Pausenraum des zweiten Stocks angetroffen haben, werden – wenn überhaupt – nur im Kleingedruckten der Zusatzbände erwähnt.

Um 13:18 Uhr geht eine ganz andere Meldung ein. Ein Bürger berichtet über den Polizeifunk aus einem Streifenwagen von einer Schießerei in der 10. Straße, bei der der Fahrer dieses Wagens, der Polizist J.D. Tippit, ums Leben gekommen sei. Um 13:22 Uhr wird ein Verdächtiger gemeldet, der von diesem Tatort weggerannt sein soll: ein männlicher Weißer, um die 30, 172 cm groß, 165 Pfund, schwarzes Haar, weiße Jacke, weißes Hemd, dunkle Hose. Um 13:24 Uhr gibt ein Beamter vom Tatort durch, dass er einen Augenzeugen der Schüsse auf Tippit habe, der flüchtige Verdächtige sei etwa 27, 185 groß, 165 Pfund, weißes Hemd, hellgraues »Eisenhower-Jackett«, dunkle Hose. Dem Zeugen zufolge habe Tippit die Wagentür geöffnet, worauf der Mann das Feuer eröffnet, ihm dreimal in die Brust geschossen habe und dann die Straße hinuntergerannt sei.

Kurz darauf ruft beim Revier der Schuhverkäufer Johnny Brewer aus der Nachbarschaft des Streifenwagentatorts an. Ein sehr nervöser Mann in einem braunen Hemd habe vor seinem Laden gestanden und sei, als ein Polizeiwagen vorbeifuhr, eilig in das nahegelegene Kino Tewas Theatre gegangen. Er sei ihm nachgelaufen und habe an der Kasse gefragt, ob dieser Mann ein Ticket gekauft hätte, was die Kartenverkäuferin nicht habe beantworten können. Die Polizei trifft gegen 13:40 Uhr mit 15 Mann am Kino ein, unterbricht die Vorstellung und lässt sich von Brewer besagten Mann zeigen: Lee Harvey Oswald. Er hat einen Revolver dabei und wird nach einem Handgemenge verhaftet. Vier Augenzeugen identifizieren Oswald bei einer Gegenüberstellung im Polizeigebäude als den Schützen. Eine weitere Zeugin, Acquilla Clemons, sagt aus, zwei »große und schwere« Männer in »Khakihosen« gesehen zu haben, die auf Tippit geschossen hätten und dann in verschiedene Richtungen weggerannt sein. Seltsamerweise wird ihr später von der Polizei gesagt, sie solle über den Vorfall schweigen, und in einer Fußnote des Warren-Reports taucht sie nur als »unidentifizierte Zeugin« auf, obwohl ihre Aussage und ihre Identität sowohl der Polizei in Dallas als auch dem FBI bekannt sind. Sie passt aber ebensowenig ins Bild wie die Zeugen, die Oswald vor und nach den Schüssen im Lunch Room des TSBD gesehen haben.[16]

Eine halbe Stunde vor Oswalds Festnahme als Polizistenmörder wird um 13:22 Uhr im sechsten Stock des TSBD ein Gewehr gefunden, das versteckt zwischen einigen Kartons liegt. Von den drei Beamten, die es entdecken – Deputy Sheriff Eugene Boone, Deputy Constable Seymour Weitzman und Deputy Sheriff Roger Craig –, wird die Waffe als eine Mauser, Kaliber 7.65, identifiziert. Auch der Chef der Mordkommission, Captain Fritz, dem sie den Karabiner kurz darauf übergeben, erkennt den Schriftzug »7.65 Mauser« an der Seite des Gewehrs deutlich und sagt dies später, genau wie seine drei Sheriffs, gegenüber der Warren-Kommission aus. Auch auf der im Fernsehen übertragenen Pressekonferenz am 23. November nennt Bezirksstaatsanwalt Henry Wade die Marke der Mordwaffe »Mauser«; in zahlreichen Veröffentlichungen über den Mord und in einem am 25. November verfassten CIA-Report liest es sich genauso.[17]

Doch zwei Tage später mutiert die Mauser: Fortan und für alle Zeit ist davon die Rede, dass im sechsten Stock des TSBD eine Mannlicher-Carcano, Kaliber 6.5, gefunden worden sei – ein von Lee Harvey Oswald unter dem Namen »A.J. Hidell« im April bei einem Versand in Chicago bestelltes Gewehr, für 19,95 Dollar inklusive Zielfernrohr. Die Warren-Kommissionäre gehen über diese entscheidende Diskrepanz elegant hinweg, befragen die Beamten, die den Fund der Mauser getätigt haben, nicht einmal danach und stellen in ihrem Abschlussbericht nur fest, dass diese sich geirrt hätten.

Doch das ist schlechterdings unmöglich: Wir befinden uns im Texas des Jahres 1963, wo wahrscheinlich mehr Waffen besessen und getragen werden als in jedem anderen Staat der Welt, wir haben drei Sheriffs und einen langgedienten Chef der Mordkommission, die sich mit Schusswaffen auskennen – darunter einen, Seymour Weitzman, der zuvor ein Jahr lang in einem großen Waffengeschäft in Dallas gearbeitet hat –, und wir haben deutlich unterscheidbare Schriftzüge auf den Gehäusen der Gewehre: »Mauser 7.65« und »Cal 6.5 Made in Italy«. Eine Verwechslung ist deshalb ausgeschlossen, auch wenn die Mannlicher eine billige Kopie der Mauser ist und auf den ersten Blick ähnlich aussieht. Doch niemand, der täglich mit Waffen zu tun hat, könnte das bekannte Präzisionsgewehr mit dem seltenen Schießprügel der italienischen Infanterie verwechseln, dem in Italien nachgesagt wird, dass man wegen dessen Ungenauigkeit den Krieg verloren habe.

Dennoch rudern drei der vier Polizisten, die das Gewehr ursprünglich identifiziert haben, in den folgenden Jahren von ihren Aussagen zurück. Nur Roger Craig bleibt bei dem, was er im TSBD gesehen hat, und ruiniert damit nicht nur seine Karriere bei der Polizei – 1960 war er vom Dallas Sheriff's Department noch als Officer of the Year ausgezeichnet worden –, sondern sein ganzes Leben. Nachdem er 1967 als Zeuge im Garrison-Prozess in New Orleans ausgesagt hat, wird er von der Polizei in Dallas entlassen, einige Zeit später durch Schüsse eines Unbekannten verletzt, dann drängt ihn ein Auto von der Straße ab und er überlebt den Unfall nur um Haaresbreite, und wenig später explodiert eine Autobombe in seinem Wagen. Craig wird depressiv und nimmt sich 1975 das Leben.[18]

Roger Craig hat nicht nur, wie es sich für einen texanischen Sheriff gehört, das Mauser-Gewehr als solches identifiziert und ist bei dieser Aussage geblieben, er hat als einer der ersten Polizisten im TSBD-Gebäude auch eine andere Beobachtung gemacht: 15 Minuten nach den Schüssen hat er aus dem Hinterausgang des Gebäudes einen Mann laufen und in einen hellgrünen Rambler-Kombiwagen einsteigen sehen – und ihn einige Stunden später im Polizeirevier erneut gesehen und wiedererkannt. Das ist Lee Harvey Oswald, der im Büro von Captain Will Fritz gerade verhört wird. Als Craig seinen Chef darauf aufmerksam macht, fragt Fritz den Delinquenten: »Was ist mit dem Auto?«, und Oswald antwortet: »Der Kombi gehört Miss Paine. Ziehen Sie sie da nicht mit rein, sie hat nichts damit zu tun.« Worauf Fritz sagt: »Wir versuchen nur herauszufinden, was passiert ist, und dieser Mann hat Sie gesehen, wie Sie den Tatort verlassen haben.« Und Oswald antwortet: »Das habe ich euch doch gesagt ... Jeder wird jetzt wissen, wer ich bin.«

Von diesem »Everybody will know who I am now« wird oft behauptet, dass es sich um eine Prahlerei handelt, mit der Oswald seine Tat indirekt zugibt. Der Warren-Report schreibt diese Aussage Craigs über Oswalds Satz deshalb auch um, behauptet einen dramatischen Ton und unterstreicht die Emphase mit Groß-schrift: »NOW everybody will know who I am.« Craig stellt diese und einige weitere Manipulationen seiner Aussage erst 1968 fest, als er in einer Universität die Zusatzbände der Warren-Kommission mit seiner Zeugenaussage einsieht. »Das war nicht so ... Oswalds Ton und Haltung war eine der Niedergeschlagenheit.«[19]

Obwohl der Deputy Sheriff Roger Craig Oswald als Augenzeuge identifiziert, wird seine Aussage in den Zusatzbänden des WR vergraben, denn sie passt nicht in die Konstruktion der angeblichen Nachfolgetat, des Mords an J.D. Tippit. Danach hat Oswald das TSBD nicht erst, wie Craig beobachtet, gegen 12:45 Uhr mit einem Auto verlassen, sondern geht direkt nach den Schüssen auf Kennedy, um 12:33 Uhr, zur Bushaltestelle, steigt dort um 12:39 Uhr in einen Bus ein, den er wegen eines Verkehrsstaus nach sechs Minuten schon wieder aufgibt, um dann ein Taxi zur North Beckley Avenue zu nehmen, wo sich seine Pension befindet. Er steigt zwei Blocks vor seiner Adresse aus, geht dann zu Fuß dorthin, verlässt sein Domizil gegen 12:59 Uhr aber sogleich wieder und marschiert anschließend eine Viertelstunde Richtung Westen, wo er an der Kreuzung Patton Street/10th Street angeblich auf J.D. Tippit in seinem Streifenwagen trifft, der ihn nach der Beschreibung im Polizeifunk (30 Jahre, schlank, 178 cm, 165 Pfund) angeblich erkennt und anspricht. Woraufhin Oswald dann gegen 13:14 Uhr, so die Geschichte weiter, vier Schüsse auf ihn abgibt, um dann, sechs Blocks weiter, ins Kino zu gehen, wo er um 13:40 Uhr verhaftet wird – dank des Tipps des Schuhverkäufers Johnny Brewer, dem ein »nervöser« Mann vor seinem Laden auffällt, der dann ins Kino geht.

Wir wissen nicht, wie viele Männer um die 30 von durchschnittlicher Größe und Gewicht zu dieser Zeit in Dallas lebten – es dürften ein paar tausend gewesen sein –, und können zugunsten dieser offiziellen Geschichte annehmen, dass ein aufmerksamer Polizist wie Tippit auf jeden von ihnen achtete, der ihm auf der belebten Straße auffiel. Warum aber ein ausgebuffter Killer und Scharfschütze, der kurz zuvor in fünf Minuten zwischen zwei Aufenthalten im Pausenraum den Präsidenten ermordet hat, der bei der Konfrontation mit einem Sheriff direkt danach seelenruhig bleibt und gemütlich Cola trinkt, dann nach Umwegen mit Bus und Taxi lange Fußmärsche unternimmt, um daraufhin in einem ganz anderen Stadtteil und weit entfernt vom Tatort in Panik zu geraten, weil ihn ein Streifenpolizist anspricht, weshalb er in aller Öffentlichkeit umgehend auf ihn schießt – diese Geschichte macht absolut keinen Sinn. Die sehr vage Personenbeschreibung über den Polizeifunk und der vage Hinweis auf einen nervösen Verdächtigen, der in ein Kino ging, das ist offenbar alles, was die Polizei zu diesem Zeitpunkt weiß. Im Protokoll der Festnahme allerdings (Zeitstempel: 1.40 pm, 70 Minuten nach den Schüssen auf JFK) steht schon alles: »This man shot and killed President John F. Kennedy and Police Officer J.D. Tippit. He also shot and wounded Govenor John Connally.«[20]

Es fällt schwer, mehr noch: es ist ein Ding der Unmöglichkeit, diese blitzschnelle Identifizierung als Doppelmörder auf die exzellenten Qualitäten der Polizei in Dallas zurückzuführen. Hätte Oswald seine Festnahme länger als zwei Tage überlebt und sich mit einem Anwalt vor Gericht verteidigen können, wäre er höchstwahrscheinlich sowohl für den Mord an Kennedy als auch für den Mord an Tippit freigesprochen worden. Denn außer dem einen dubiosen Augenzeugen für einen Mann am Fenster des TSBD – Howard Brennan – und den sich widersprechenden Augenzeugen für die Schüsse auf Tippit gibt es eigentlich nichts Belastendes, vor allem keine forensischen Beweise. Auf Oswalds angeblich im TSBD gefundenen Mannlicher-Carcano wurden keine Fingerabdrücke gefunden, ein Ohrstäbchentest, ob aus dem Gewehr kürzlich gefeuert wurde, ist nicht durchgeführt worden, ein Nitrattest, mit dem Schmauchspuren an der Wange eines Gewehrschützen aufgespürt werden können, verlief bei Oswald negativ, der 38er Revolver, den Oswald bei seiner Festnahme im Kino bei sich trug, konnte nicht den im Körper von Tippit gefundenen drei Kugeln zugeordnet werden, die zudem von verschiedenen Munitionsfabrikanten stammten (was für die Zeugenaussagen von zwei Tätern spricht).

Jeder halbwegs kompetente Strafverteidiger hätte aus diesen unbestrittenen Tatsachen genug Honig saugen können, um einen Freispruch für den Angeklagten zu erreichen – doch Oswald erlebte seinen Gerichtsprozess nicht mehr. Bei seinen insgesamt sieben Verhören von Freitagmittag bis zum Sonntagmorgen im Polizeirevier von Dallas wurde ihm nicht nur ein Rechtsbeistand verweigert, seine Aussagen wurden – und das ist angesichts der Tragweite dieses Falls geradezu grotesk – auch nicht aufgezeichnet. Begründung des örtlichen Polizeichefs: Wir hatten kein Tonbandgerät im Haus! Und so liegen, außer ein paar später aufgetauchten handschriftlichen Notizen von Captain Fritz und den von Roger Craig wiedergegebenen und im WR manipulierten Worten Oswalds so gut wie keine Informationen über dessen Stellungnahmen zu den Mordvorwürfen vor.

Bis auf die zwei entscheidenden Sätze, die der zu einer Pressekonferenz vorgeführte Angeklagte sagte: »Ich habe auf niemanden geschossen.« Und: »I am just a patsy!« – Ich bin nur der Sündenbock.

Lee Harvey Oswald

Wie man einen Sündenbock präpariert, haben wir bereits am Beispiel von Thomas Vallee in Chicago gesehen, der diesem Schicksal nur entkam, weil die Polizei über ein Team von Scharfschützen informiert worden war und diesem Trupp aufgrund eines aufmerksamen Zimmervermieters rechtzeitig auf die Spur kam. Dass sich der Informant, der das FBI in Chicago vor dem geplanten Attentat warnte, mit dem Namen »Lee« gemeldet hatte, könnte ein merkwürdiger Zufall gewesen sein – oder aber der Name eines Mannes, der für das FBI für 200 Dollar im Monat als Informant tätig war und von dem Komplott gegen JFK wusste: Lee Harvey Oswald.

Als die Nachricht von der FBI-Tätigkeit Oswalds im Januar 1964 erstmals in einem Artikel der *Houston Post* auftauchte, versetzte das die Warren-Kommission in helle Aufregung, zumal in der Folge weitere Zeitungen unter Berufung auf namenlose »Offizielle« der Behörden in Dallas sogar eine Registrierungsnummer des inoffiziellen Mitarbeiters Oswald nannten, wobei einige der Autoren andeuteten, dass es sich bei der Behörde, die Oswald als IM geführt hätte, nicht um das FBI, sondern um die CIA handeln würde. Earl Warren berief umgehend eine außerordentliche Sondersitzung der Kommission ein, bei der die ansonsten stets anwesenden Stenographen aber ausgeschlossen wurden, denn die Brisanz dieser Sache war klar. Nicht nur für die seit der Festnahme offensichtlich unverrückbar feststehende Einzeltäterschaft Oswalds, sondern auch für die genannten Behörden. Mit Erklärungen der Direktoren Hoover (FBI) und Mc-Cone (CIA) und ihren Aussagen vor der Kommission im Mai 1964 sollten diese Gerüchte aus der Welt geschafft werden, ohne ihnen weiter nachzugehen. Jedenfalls wurden die Beamten der beiden Behörden, die die Namen und Registrierungen von offiziellen und inoffiziellen Agenten verwalteten, nicht verhört.

Indessen lassen die HSCA-Untersuchung Ende der 70er Jahre und weitere seitdem im Rahmen des Freedom Of Information Act (FOIA) und des Assassinations Records Review Board (ARRB) in den 90er Jahren ans Licht gekommene Dokumente und Indizien mit an Sicherheit grenzender Wahrscheinlichkeit den Schluss zu, dass Lee Harvey Oswald kein verwirrter Einzeltäter war, sondern ein gezielt gesteuerter und manipulierter inoffizieller Mitarbeiter eines Geheimdienstes. Der Warren-Report dagegen versucht ausführlichst, die Persönlichkeit eines frustrierten Einzelgängers zu zeichnen, der aus zerrütteten Familienverhältnissen stammend zunehmend neurotische und gewalttätige Charakterzüge entwickelte, sich dem Marxismus zuwandte und dieser Ideologie als Überläufer in die Sowjetunion frönte, um dann nach seiner Rückkehr und der Schwierigkeit, in den USA wieder Fuß zu fassen, zum Präsidenten- und Polizistenmörder zu werden. Viele andere Autoren (Priscilla Johnson McMillan, Gerald Ford, Edward Epstein, Norman Mailer) haben dieses psychopathologische Profil seitdem nachgezeichnet, um aufzuzeigen, dass Oswald zu einer solchen Tat fähig gewesen sein soll. Auch wenn derartigen Charakteranalysen eine gewisse Validität nicht abgestritten werden kann – und psychologische Gutachten in der forensischen Praxis durchaus üblich sind –, sind sie jedoch weit davon entfernt, als Beweis für eine Täterschaft gelten zu können. Die oben zitierte Dürftigkeit und Widersprüchlichkeit der Zeugenaussagen und ballistischen Belege, die vor Gericht wahrscheinlich zu einem Freispruch des Verdächtigen geführt hätte, dürften denn auch der Grund sein, warum der WR auf Hunderten von Seiten ein psychologisches Profil Oswalds ausbreitet. Wenn man konkret so wenig in der Hand hat, muss eben das Panorama einer gestörten Persönlichkeit als Beweis für eine Täterschaft herhalten und muss alles ausgespart werden, was gegen dieses Bild eines neurotischen, isolierten Einzelgängers, Schulabbrechers und Versagers spricht.

Kaum 16-jährig trat Lee Harvey Oswald 1955 als Kadett in die Civil Air Patrol (CAP) in New Orleans ein, deren Ortsgruppe von Captain David Ferrie geleitet wurde. In dieser zivilen Luftpatrouille werden Jugendliche ans Fliegen und militärische Dienste herangeführt, wobei Ferrie nicht nur als hervorragender Flieger und Chefpilot bei der Eastern Airlines, sondern auch wegen seiner homosexuellen Neigungen ein großer Einfluss auf seine Jungs zugeschrieben wurde. Obwohl Ferrie stets bestritt, Oswald genauer gekannt und später mit ihm noch etwas zu tun gehabt zu haben, war er als rabiater Antikommunist einer der rechtsradikalen Figuren, in deren Umfeld sich Oswald 1962/63 in New Orleans bewegte, und eine der Persönlichkeiten, die bei der Steuerung und Manipulation des Agenten Oswald eine wichtige Rolle spielten. Einen Tag, bevor er als Zeuge im Garrison-Prozess aussagen sollte, starb Ferrie am 22. Februar 1967 eines merkwürdigen, angeblich natürlichen Todes, nachdem er sich zuvor noch bis 3 Uhr in der Frühe mit einem Journalisten unterhalten hatte.

Vieles spricht dafür, dass die Rekrutierung des jungen Lee Harvey Oswald für diskrete »patriotische« Dienste in dieser Civil Air Patrol begann, auch wenn er, aus gesundheitlichen Gründen, nicht fliegen lernen konnte, wie es dort etwa der ebenfalls aus schwierigen Familienverhältnissen stammende Barry Seal tat, der dann schon bald geheime Waffenlieferungen nach Kuba flog und später zum Chefpiloten der Iran-Contra-Flotte wurde, die in den 80er Jahren im CIA-Auftrag im großen Stil Waffen und Drogen schmuggelte. Obwohl nie offizieller Agent der CIA, arbeitete Seal sein Leben lang für den Geheimdienst, und als er, ebenfalls passgenau, unmittelbar vor einer Vorladung bei Gericht erschossen wurde, fand sich in seinem Telefonbuch die direkte Durchwahl zu seinem »Chef«, dem ehemaligen CIA-Direktor und nunmehrigen Vizepräsidenten George H.W. Bush.[21]

Auch wenn Oswald auf einem deutlich niedrigeren Level agierte als der »Teufelsflieger« Barry Seal, spricht jedoch seine weitere Karriere für seine Rolle als inoffizieller Mitarbeiter. Nachdem eine erste Bewerbung bei den Marines mit einer gefälschten Geburtsurkunde, die ihn älter machte, aufgeflogen war, lernte er das Handbuch dieser Elitetruppe auswendig und wurde nach Erreichen des Mindestalters von 17 Jahren im Oktober 1956 dann doch aufgenommen. Er absolvierte die Grundausbildung in San Diego mit durchschnittlichen Bewertungen, wurde zum Aviation Electronics Operator geschult, danach auf die Philippinen und dann nach Japan versetzt, wo er auf der Atsugi Naval Base stationiert war, eine der Basen, von denen aus die geheimen U-2-Überwachungsflugzeuge der CIA nach China und in die UdSSR starteten. Auch wenn er wegen Insubordination und einer unerlaubten Waffe in seinem Spind zweimal abgestraft wurde, erhielt Oswald als Radarspezialist die Sicherheitsstufe »Crypto«, die noch einige Klassen über »Top Secret« liegt[22] – und er lernte so fleißig Russisch, dass ihn seine Kameraden »Genosse Oswaldovich« nannten. Außerdem scheint er über sein Salär von 108 Dollar im Monat hinaus über reichlich Geld verfügt zu haben, denn er besuchte in seiner Freizeit teure Bars und Edelprostituierte, die sich nicht einmal Offiziere leisten konnten.

Der Warren-Report lässt sich zwar ausführlich über Oswalds Insubordinationen aus, um seinen merkwürdigen Charakter zu unterstreichen, die tatsächliche Merkwürdigkeit, dass ein US-Marine auf einer CIA-kontrollierten Militärbasis Russisch lernte, wird aber nur nebenbei erwähnt – mit dem Hinweis, dass er einen entsprechenden Sprachtest nicht bestanden habe. Das scheint sich aber schon bald dramatisch geändert zu haben, denn immerhin hielt ihn seine spätere Frau Marina, die er Ende

1960 in der Sowjetunion kennenlernte, anfangs wegen seines fließenden Russisch für einen baltischen Sowjetbürger.

Im August 1959 beantragte Oswald seine vorzeitige Entlassung bei den US-Marines wegen eines Unfalls seiner Mutter – Marguerite Oswald war als Verkaufskraft in einem Laden eine Bonbondose auf die Nase gefallen –, die umgehend genehmigt wurde. Ebenso umgehend erhielt er einen Reisepass, obwohl er auf dem Antragsformular angab, in die Sowjetunion und nach Kuba reisen und danach das Albert Schweitzer College in der Schweiz besuchen zu wollen. Bei diesem obskuren College im abgelegenen Churwalden, einer unter dem Deckmantel der unitarischen Kirche 1955 gegründeten CIA-Einrichtung, hatte sich Oswald bereits im März 1959 beworben, kam dort aber nie an.[23] Die US-Behörden indessen schienen keine Bedenken zu haben, einem mit Hochsicherheitswissen ausgestatteten Soldaten, der angeblich seiner verunfallten Mutter helfen musste, umgehend einen Pass für die Reise in die UdSSR auszustellen. Dass er das Geld für die Reise – insgesamt 1 500 Dollar – von seinem Sold gespart haben soll, kam zwar auch der Warren-Kommission spanisch vor, weitere Recherchen über Oswalds Finanzen stellte sie aber nicht an. Seine Steuererklärungen, die Aufschluss über seine Nebeneinkünfte geben könnten, werden in den National Archives bis heute als Geheimsache unter Verschluss gehalten.

Am 8. Oktober traf Oswald mit dem Schiff in Le Havre ein, reiste von dort weiter nach London und nahm am 9. Oktober einen Flug nach Helsinki, wo er im Klaus Kurki, dem teuersten Hotel der Stadt, abstieg. Am 12. Oktober beantragte er auf dem russischen Konsulat ein Visum, das am 14. ausgestellt wurde, reiste per Zug, in der 1. Klasse, nach Moskau und quartierte sich im Hotel Metropol ein. Für einen 19-jährigen Exsoldaten mit knapper Kasse war dies eine erstaunlich durchgeplante und luxuriöse Reise, was vermuten lässt, dass er sie nicht im Alleingang arrangierte – und das tat er auch nicht.

Und hier kommt einmal mehr der »gute Hirte« – wie er in Robert de Niros Film *The Good Shepherd* genannt wird – ins Spiel: James Jesus Angleton, der als Chef der CIA-Gegenspionage und Spion der Spione die geheimsten aller Geheimoperationen durchführte. Und zu diesen superdiskreten Operationen zählte das Ende der 50er Jahre von Angleton inszenierte Programm zur Infiltration von falschen Überläufern in die Sowjetunion. Dass Lee Harvey Oswald einer von diesen »false defectors« war – diese eine Information hätte die auf 26 Bände angeschwollene Beweisführungsblase der Warren-Kommission auf der Stelle platzen lassen. Als der falsche Kommunist Oswald nach seiner Rückkehr in die USA im April 1963 in New Orleans beim Verteilen von Pro-Castro-Flugblättern wegen einer Rauferei mit Anti-Castro-Aktivisten verhaftet worden war, überreichte er dem Polizisten Francis Martello, der ihn in einer Zelle verhörte, einen Zettel mit einer handschriftlichen Notiz und forderte ihn auf: »Rufen Sie das FBI an. Sagen Sie, Lee Oswald ist verhaftet worden. Und wenn sie kommen, geben Sie ihnen diese Notiz.« Auf dem unteren Rand des Zettels war eine Nummer notiert, die von der langjährigen JFK-Forscherin Joan Mellen auf Grundlage von FBI-Akten 2007 identifiziert werden konnte: Es war die Identifikationsnummer des CIA-Agenten Michael Jelisavcic, der im Moskauer Büro von American Express arbeitete und dort offenbar der Kontaktmann des falschen Überläufers Oswald war.[24] Noch im Gefängnis in Dallas – aus dem er am nächsten Tag mit einer Geldbuße, die ein Mafiafreund seines Onkels bezahlte, wegen Erregung öffentlichen Ärgernisses freikam – hielt Agent Oswald seine vorgegebene Rolle als Pro-Castro-Aktivist aufrecht: Er forderte einen bekannten kommunistischen Anwalt an und teilte dem FBI in einer diskreten Note gleichzeitig mit, für wen er wirklich arbeitete.

Zurück nach Moskau. Nachdem sein Besuchsvisum nach einer Woche nicht verlängert und sein Begehren, in der UdSSR zu bleiben, abgelehnt worden war, simulierte Oswald in seinem

Hotel mit einem Messer einen Selbstmordversuch und wurde in eine Klinik eingewiesen. Danach sprach er auf dem US-Konsulat vor, um seine amerikanische Staatsbürgerschaft abzugeben, und kündigte dem Konsularbeamten Richard Snyder gegenüber an, seine militärischen Kenntnisse an die Russen weitergeben zu wollen – eine Information, die Snyder umgehend in die USA meldete. Das führte prompt dazu, dass sämtliche Radarcodes der geheimen U-2-Überwachungsflugzeuge, von den der mit »Crypto«-Security ausgestattete Ex-Marine Oswald wusste, umgehend ausgetauscht wurden. Es führte jedoch nicht dazu, dass bei der CIA eine Akte über Oswald angelegt wurde. Zumindest ist eine solche Akte nicht bekannt. Die »offizielle« CIA-Akte, die man später der Warren-Kommission zukommen ließ, ist – o Wunder – erst ein Jahr später, am 9. Dezember 1960, angelegt worden.

Doch damit nicht genug mit dem scheinbaren Desinteresse der CIA an dem Überläufer Oswald. Als er nach zwei Jahren des Kommunismus und der Arbeit in einer Radiofabrik in Minsk überdrüssig war und beantragte, zusammen mit seiner frisch angetrauten Frau Marina in die USA zurückzukehren, setzte sich die US-Botschaft nicht nur dafür ein, dass Marina umgehend und jenseits der offiziellen Immigrationsquote in die USA kommen konnte, und schoss dem Paar auch nicht nur 435 Dollar Reisekosten vor – nein, bei seiner Ankunft verzichteten alle in Frage kommenden Dienste zudem darauf, Oswald zu verhören. Weder die CIA noch der Navy-Geheimdienst ONI, noch sonst irgendeine Sicherheitsbehörde, die ansonsten jeden aus dem Ostblock zurückkommenden Geschäftsmann oder Touristen ausführlich befragten, interessierten sich für den Verräter und Kommunisten Oswald und für die Informationen, die er in seinem über zweijährigen Aufenthalt in der UdSSR gewiss doch gewonnen hatte. Drei Wochen nach seiner Ankunft fühlte ihm im texanischen Fort Worth bloß das FBI wegen möglicher subversiver Neigungen auf den Zahn, jedoch mit offensichtlich negativem Befund, dem schon wenig später fand er in Dallas einen Job in einem graphischen Betrieb – Jaggers-Chiles-Stovall –, der unter anderem geheimes Kartenmaterial für das Militär herstellte sowie die Fotos der U-2-Flüge bearbeitete. Eine solche sicherheitssensible Arbeitsstelle mutet äußerst merkwürdig an für einen vermeintlichen Verräter militärischer Geheimnisse – es sei denn, wie Philip Melanson schreibt, »dass sich die Pfade Oswalds und des Spionageflugzeugs schon wieder kreuzten, weil sie von derselben Stelle programmiert waren«.[25] Er nutzte die hochprofessionellen Einrichtungen bei Jaggers auch für private Fotos und stellte dort, wie der WR vermutet, nicht zuletzt die falschen Papiere unter seinem Pseudonym »Alex J. Hidell« her (unter dem er, wie erwähnt, u.a. sein Mannlicher-Gewehr bestellt hatte). Und er schickte vergrößerte Fotos an *The Worker*, das Blatt der Kommunistischen Partei, das er neben anderen linken Zeitungen abonniert hatte.

Als er während des Verhörs nach dem Kennedy-Mord mit dem berühmtesten aller Oswald-Fotos konfrontiert wurde – auf dem er posthum als Cover-Boy des *Life Magazine* in schwarzer Kluft, mit gerecktem Gewehr in der einen und den Zeitungen *The Militant* und *The Worker* in der anderen Hand erschien –, sagte er, dass er sich »mit Fotografie auskennt« und dies eine Montage mit seinem Gesicht und einer anderen Person sei, die irgendwer gemacht habe. Allerdings behauptete seine Frau Marina, dieses Foto selbst mit einer billigen Boxkamera aufgenommen zu haben, doch wie bei vielen ihrer Aussagen vor der Warren-Kommission – von denen sie später sagte, sie habe sie nur unter Druck gemacht und erzählt, was die Kommission hören wollte – verwickelte sie sich dazu in Widersprüche. Das Foto, mit dem *Life* Oswald als militanten kommunistischen Kennedy-Mörder (»Bewaffnet zum Morden«) darstellte, taucht einige Jahre später noch an anderer Stelle auf – im Besitz jenes Mentors, der sich um Oswald nach seiner Rückkehr aus Russland auf erstaunliche Weise kümmerte: Baron

George de Mohrenschildt. Auf der Rückseite des Fotos war notiert: »Hunter of Faschists. Hahaha!« Und darüber: »Für meinen Freund Geo« – letzteres in der Schrift Oswalds.

Der aus einer weißrussischen Adelsfamilie stammende George de Mohrenschildt war 1938 in die USA eingewandert und wurde eine Zeitlang verdächtigt, ein Nazispion zu sein, weshalb ihm die Aufnahme in den OSS – den Vorgänger der CIA – verweigert wurde, in dem sein Bruder Dimitri schon aktiv war und später als Kontaktmann zur Gruppe Gehlen, dem 1945 von der OSS/CIA integrierten Netz von Agenten und SS-Leuten, fungierte. Mohrenschildt war befreundet mit der Familie von Prescott und George H.W. Bush sowie den Bouviers, der Familie Jackie Kennedys, die als Kind auf seinem Schoß gesessen und ihn »Onkel George« genannt hatte. Er ließ sich später in Dallas nieder, unternahm als Petroleumgeologe viele Reisen, war mit den texanischen Ölbaronen und Rechtsradikalen H.L. Hunt und Clint Murchinson befreundet und einer der Prominenten der weißrussischen Gemeinde in Dallas. Dass de Mohrenschildt im Sommer 1962 den Kontakt mit Oswald und seiner Frau Marina aufnahm und sich in der Folge intensiv um ihn kümmerte, erfolgte nicht auf Bitten eines (nicht vorhandenen) Integrationsbeauftragten, sondern nach einem Hinweis von J. Walton Moore, dem Chef des Domestic Contacts Service der CIA in Dallas. Dieser hatte mit de Mohrenschildt nach dessen Auslandsreisen regelmäßig veranstaltet, was nach Oswalds Rückkehr aus der UdSSR angeblich nie stattfand, nämlich eine detaillierte Befragung über die dort gewonnenen Informationen.

Vor der Warren-Kommission stritt de Mohrenschildt ab, dass Oswald von ihm im Rahmen irgendeiner Geheimdienstoperation kontaktiert worden war. Er bezeichnete ihn als unstabile, ungebildete und verwirrte Person, der »keine Regierung irgendetwas von Wichtigkeit« oder »irgendeinen Job anvertrauen würde, nicht einmal die Regierung von Ghana«. Um so rätselhafter ist es, warum sich ein etabliertes Mitglied der besseren Gesellschaft wie de Mohrenschildt – politisch rechtskonservativ, distinguiert, weitgereist, vermögend – einem 30 Jahre jüngeren, mittellosen und scheinbar linksradikalen Ex-Marine wie Lee Oswald auf eine Weise näherte, dass dieser ihn bald als seinen »besten Freund« bezeichnete. Es sei denn, der lokale CIA-Obwalter hatte einem inoffiziellen Mitarbeiter den Auftrag gegeben, sich um einen anderen inoffiziellen Mitarbeiter ein wenig zu kümmern – und ihm zum Beispiel den Tipp zu geben, sich bei dem graphischen Betrieb von Jagger & Co. zu bewerben, wo der dann prompt einen Job erhielt.

Dieses Muster – der vorgebliche Kommunist und Abonnent von Zeitschriften wie dem trotzkistischen *The Militant* und dem kommunistischen *The Worker* bewegte sich in rechten Kreisen und bekam Jobs in Betrieben, die dem Militär und der Regierung nahe standen – setzte sich in der Folgezeit fort. Im Frühjahr 1963 nahm er eine Stelle bei der Kaffeerösterei Reily in New Orleans an, deren Besitzer William Reily einer der Hauptsponsoren der Anti-Castro-Bewegung Free Cuba und des Information Council of the Americas (INCA) war – einer von der CIA geförderten Propagandainstitution, deren Vorstand die stadtbekannten Antikommunisten Ed Butler und Alton Ochsner bildeten. Zwei Blocks von Reily entfernt, in einem heruntergekommenen Bürogebäude in der Camp Street/Ecke Lafayette Street bezog Oswald ein Büro für die von ihm gegründete und nur aus ihm bestehende Ortsgruppe des Fair Play for Cuba Committee (FPCC). Das war ausgerechnet dasselbe Haus, in dem auch der Ex-FBI-Mann, Privatdetektiv und rabiate Rechtsextremist Guy Banister sein Büro hatte, das als Nest der Anti-Castro-Aktivisten galt. Hier gingen auch Oswalds alter CAP-Führer David Ferrie sowie zahlreiche junge Männer ein und aus, die Banister für 50 Dollar die Woche als Spitzel und Informanten beschäftigte, um an der Universität Pro-Castro-Aktiväten zu infiltrieren und auszuspähen. Außerdem war Banister in der Beschaffung von Waffen für die militanten Exilkubaner tätig und unterstützte zwei geheime Übungslager in der Nähe von New Orleans, die von der Bundespolizei im Rahmen von Robert F. Kennedys Anstrengungen, militante Anti-Castro-Aktionen zu stoppen, im Juli 1963 gestürmt und geschlossen wurden.

Als der Staatsanwalt Robert K. Tanenbaum, der im Rahmen der HSCA-Untersuchung illegalen Aktivitäten der CIA auf der Spur war, 1976 im Archiv der Universität Georgetown einen Film aus einem dieser Lager fand, traute er anfangs seine Augen kaum, doch kenntnisreiche Zeugen, mit denen er den Film nochmals anschaute, bestätigten, wen er da auf dem Schießplatz der militanten Exilkubaner erkannt hatte: Guy Banister, David Ferrie und den für die verdeckten antikubanischen Operationen zuständigen CIA-Mann David Atlee Phillips. Als Tanenbaum dieses Beweisstück wenig später dem Komitee vorführen wollte, war der Film aus dem Archiv verschwunden und ist bis heute nie wieder aufgetaucht.

Nach Aussagen von Banisters Sekretärin gegenüber dem Kennedy-Forscher Anthony Summers nahm ihr Chef einmal auch Oswald in eines dieser Trainingscamps mit.[26] Doch offiziell tat der brave Ex-Marine neben seinem Job für 1,25 Dollar die Stunde in der Kaffeerösterei etwas ganz anderes: Er verteilte als Ein-Mann-Armee seines FPCC einschlägige Flugblätter und engagierte auf dem Arbeitsamt eine Hilfskraft zum Verteilen – für zwei Dollar und mit der Ansage, dass es nur 20 Minuten dauere, bis Presse und Fernsehteam ihre Aufnahmen im Kasten hätten. Als ein Mitarbeiter Banisters diesem aufgeregt von der Aktion berichtete, die eben auf der Straße begonnen hatte, beruhigte Banister ihn: »Einer von ihnen ist meiner.« Ein anderes Mal legte sich Oswald beim Verteilen seiner Broschüren, auf deren Innenteil die Adresse von Oswalds und Banisters Büroadresse »544 Camp Street« gestempelt war, mit Anti-Castro-Aktivisten an, was zu einer Verhaftung wegen öffentlichen Ärgernisses führte und aktenkundig wurde. Die Warren-Kommission zeigte sich später, was diese Begebenheit anbelangt, nur am Stempel mit der Büroadresse interessiert und stellte im Kapitel 7, Seite 408, ihres Reports lapidar fest, dass Oswald in der 544 Camp Street »nie ein Büro unterhielt«.

Doch schon das HSCA konnte »verschiedene Fakten« zusammentragen, die auf eine Verbindung von Oswald, Ferrie und Banister schließen lassen, und seitdem sind noch einige Zeugenaussagen hinzugekommen, die belegen: Der »Kommunist« Oswald wurde aus dem Büro des privat operierenden FBI/CIA-Waffenschiebers und Agentenführers Guy Banister sowie von David Ferrie, seinem alten Fähnleinführer aus der Civil Air Patrol, gesteuert, der sowohl als fliegender Marodeur für antikommunistische Aktivitäten aller Art tätig war wie auch als intellektueller Berater für New Orleans' Mafiaboss Carlos Marcello. Ein durchaus vertrautes Milieu für den im Vergnügungsviertel von New Orleans aufgewachsenen Lee Harvey, der als Kind zeitweilig bei einem Onkel wohnte, der seinerseits als Buchmacher für den Paten Marcello aktiv war, um dann als 15-Jähriger bei der CAP und seit seinem 17. Lebensjahr als Marine ein soldatisch-militärisches Leben zu führen, bevor er als verdeckter Agent nach Russland und dann als Spitzel an die Heimatfront geschickt wurde. Und der erst ganz am Schluss merkte, welches Spiel mit ihm gespielt wurde und wozu ihn das Milieu, in dem er groß geworden war und immer gelebt hatte – das Militär, die Unterwelt, die Geheimdienste –, benutze und vorsah: als zentrales Bauernopfer und Sündenbock in einem Schachzug, der nicht weniger als einen Staatsstreich, einen Coup d'État darstellte.

Durch das Schachmatt, die Beseitigung des Königs, die Lahmlegung (und spätere Eliminierung) seines brüderlichen Mitstreiters und die Stärkung aller antireformerischen Kräfte kam der von Kennedy eingeleitete Kurswechsel der Politik Amerikas schlagartig und auf Dauer zu einem Ende.

Teil 3:

Das Cover-up

»I am a patsy« – Die Zurichtung eines Sündenbocks

Am Vormittag des 22. Februar 1967 wurde David Ferrie nackt und tot auf seinem Sofa gefunden. In der Nacht zuvor hatte er noch bis 3 Uhr früh Besuch von George Lardner gehabt, einem Reporter der *Washington Post*, und demnächst sollte er in dem von Staatsanwalt Jim Garrison angestrengten Prozess gegen Clay Shaw über seinen 1964 gestorbenen Freund Guy Banister und seine Verbindungen mit dem Angeklagten und Lee Harvey Oswald aussagen. Wegen zwei getippter und nicht unterschriebener Abschiedsbriefe und einiger leerer Pillendosen wurde sein Tod nach einer schnellen Autopsie als Selbstmord deklariert.

Zehn Jahre später, als das House Select Commitee on Assassination die Verbindungen Oswalds zu den Geheimdiensten untersuchte, wiederholte sich dieses Muster: Am selben Tag, an dem die HSCA-Ermittler George de Mohrenschildt in Florida ausfindig gemacht und ihn zu einem Verhör vorgeladen hatten, am 29. März 1977, wurde dieser mit einer Kugel im Kopf in seinem Zimmer aufgefunden. Am Vormittag hatte de Mohrenschildt noch mit dem Autor Edward Epstein gesprochen, der ihn (für 1 000 Dollar am Tag) für sein Buch über Oswald interviewt hatte.[1] Angeleitet von James Angleton suggeriert Epstein in diesem Buch dessen Mythos, dass Oswald bei seinem Aufenthalt in der Sowjetunion zum KGB-Agenten umgedreht wurde und als solcher auf Kennedy schoss. Der zum passenden Zeitpunkt ums Leben gekommene Baron konnte nicht mehr widersprechen. In einem später aufgetauchten Manuskript über Oswald, an dem er arbeitete, wird allerdings deutlich, dass er nicht nur zu diesem Mythos Angletons eine andere Meinung hatte, sondern mittlerweile auch zu dem, was er selbst der Warren-Kommission über den verwirrten, unzuverlässigen Lee Oswald erzählt hatte. In diesem Text beschreibt er ihn als »intelligent« und »anregend«, verwirft die »Gehirnwäsche« des Warren-Reports und der Medien sowie die Einzeltäterthese und bezeichnet seinen »lieben toten Freund« Lee Harvey Oswald als »den am meisten geeigneten Sündenbock«.[2]

Außerdem enthält dieses Manuskript einen interessanten Hinweise auf de Mohrenschildts Verbindungen zur CIA. Er beschreibt darin, dass er in Haiti, wo er sich seit März 1963 aufhielt, nach der Ermordung Kennedys Besuch von einem FBI-Agenten bekommen habe. Dieser James Wood habe ihn aufgefordert, seine Behauptung zu widerrufen, er sei von J. Walton Moore, dem CIA-Mann in Dallas, zu dem Kontakt mit Oswald angeregt worden. Das hatte de Mohrenschildt nach der Ermordung Kennedys einem Beamten der US-Botschaft in Haiti und einigen Freunden erzählt – und auch, dass Moore Oswald als »harmlosen Irren« bezeichnet hatte. »Wenn Sie diese Aussage nicht zurücknehmen, wird das Leben im den Staaten schwer für Sie werden«, habe ihm nun der FBI-Mann gedroht. »Ich antwortete dem widerlichen FBI-Agenten, dass entweder das FBI oder die CIA oder eine andere Behörde auf irgendeine Weise in den Mord an Kennedy verwickelt war. ... Ich weigerte mich entschieden, irgendetwas zurückzunehmen, und wir beendeten die stürmische Sitzung ohne einen Händedruck.« Interessant an dieser Szene ist die Tatsache, wie das FBI schon direkt nach der Ermordung versuchte, mögliche Spuren und Hinweise auf eine Beteiligung offizieller Stellen zu vertuschen. Offenbar wusste de Mohrenschildt, als er die Rolle des Patrons und Mentors für Oswald übernahm, genau so wenig wie dieser, um was es bei diesem Szenario eigentlich ging. Wie Oswald war auch der inoffizielle

Mitarbeiter de Mohrenschildt nicht in den großen Plan eingeweiht und tat nur, um was höhere Stellen ihn gebeten hatten: »Ich kann nicht sagen, dass ich niemals ein CIA-Agent war, ich kann das nicht beweisen. Genausowenig kann ich beweisen, dass ich einer war. Niemand kann das.«

Das ist das klassische Dilemma eines »Assets«, eines inoffiziellen Mitarbeiters, der erst hinterher merkt, welche Rolle als Bauer oder als Sündenbock er in einem großen Spiel gespielt hat. Auch Oswald konnte in den zwei Tagen, die er seine Verhaftung überlebte, nichts mehr beweisen. Und deshalb war es für J. Edgar Hoover, das FBI und die CIA auch so wichtig, alle auf einen solchen Beweis hindeutende Spuren und Kontakte zu vertuschen oder unkenntlich zu machen.

Drei Jahre nach dem Attentat begann der Bezirksstaatsanwalt Jim Garrison damit, das Wespennest 544 Camp Street und die Rolle von Guy Banister, David Ferrie und Clay Shaw genauer unter die Lupe zu nehmen. Wie Garrisons Prozess und seine auf wenigen Zeugen beruhende Anklage gegen Shaw vom FBI, der CIA, aus dem Pentagon und dem Weißen Haus obstruiert und zum Scheitern gebracht wurde, hat James DiEugenio in *Destiny Betrayed* überzeugend aufgezeigt. William Davy konnte später aufgrund der vom ARRB in den 90er Jahren veröffentlichten Dokumente belegen, dass Garrison auf der absolut richtigen Spur war, als er sich daran machte, die Verbindungen der schurkischen CIA-Agenten Banister und Ferrie mit Clay Shaw, dem angesehenen Geschäftsführer des International Trade Mart in New Orleans, und dem »Einzeltäter« Oswald zu enthüllen.

Clay Shaw spielte für die CIA nicht nur auf lokaler, sondern auch auf internationaler Ebene eine Rolle. Er gehörte zum Aufsichtsrat der Firma Permindex, wie im März 1967 die italienische *Paese Sera* enthüllte. Schon 1961 hatte CIA-Direktor Richard Helms die linke *Paese Sera* als sowjetisches Propagandablatt denunziert, weil sie über einen von der CIA unterstützten Putschplan von vier in Algerien stationierten Generälen gegen den französischen Präsidenten General de Gaulle berichtet hatte. Die jetzigen Veröffentlichungen von *Paese Sera* über die Geldwäsche- und Spionagetätigkeiten von Permindex und deren dubiosen Ableger Centro Mondiale Commerciale in Rom kannte Garrison zunächst nicht, als er seine Ermittlungen über Clay Shaws CIA-Connection begann, aber sie wurden alsbald von der CIA gegen ihn verwandt. Der übereifrige Staatsanwalt, so ließ der Geheimdienst über seine Medienkanäle verbreiten, sei von einem »verdeckten Sprachrohr der Sowjetpropaganda« beeinflusst.

Permindex (Permanent Industrial Exposition) mit einer Tochter in Rom (Centro Mondiale Commerciale) und einer anderen in New Orleans (International Trade Mart) war 1956 in Basel gegründet worden und versammelte in seinem Verwaltungsrat neben dem ehemaligen OSS-Oberst Clay Shaw eine illustre Schar von Persönlichkeiten: so etwa Sir Louis Bloomfield, ein kanadischer Geschäftsmann und Anwalt in Montreal, ehedem Major des OSS, Special Operation Executive des britischen Geheimdiensts und Ausbilder der zionistischen Untergrundarmee Hagana; Ferenc Nagy, ehemaliger Ministerpräsident Ungarns und Mitarbeiter des vor allem mit Osteuropa befassten CIA-Direktors Frank Wisners; Prinz Gutierrez di Spadaforo, Öl- und Waffenhändler, ehemaliger Staatssekretär Mussolinis, Schwiegersohn von Hitlers Chefökonom Hjalmar Schacht; Giuseppe Zigiotti, Chef einer Vereinigung namens Associazione Nazionale Fascista della Milizia; Roy Cohn, Rechtsbeistand des Kommunistenjägers Joe McCarthy und der American Jewish League Against Communism. Dieser Personenkreis macht es schwer, in dieser merkwürdigen »Handelsfirma« etwas anderes zu sehen als ein Tarnunternehmen für Geheimdienstoperationen. Zumal wenn man die wichtigste Bankbeteiligung an Permindex, die Genfer Banque de Credit International (BCI), berücksichtigt, als deren Direktor Tibor Rosenbaum fungierte, einer der Gründungsväter Israels und früher hoher

Beamter des Geheimdiensts Mossad. Der Wirtschaftshistoriker R.T. Naylor stellt fest, dass Rosenbaums BCI »der Zahlmeister des Mossad war, über die zeitweise 90 Prozent der ausländischen Waffenkäufe des israelischen Verteidigungsministeriums liefen. Sie fungierte außerdem als Geldwäscheeinrichtung für Meyer Lansky und war mit Bernie Cornfelds IOS in Sachen Kapitalflucht im Geschäft.«[3]

Außer als größter Anteilseigner von Permindex trat die bis 1974 operierende BCI auch noch als Mutterhaus der Investors Overseas Services (IOS) von Bernie Cornfeld in Erscheinung, die wegen ihres Finanzbetrugs in den 60er Jahren auch in Deutschland notorisch wurde, sowie als monumentales Geldwäscheinstitut für Meyer Lansky, Boss aller Bosse und Chefinvestor der Kosher Nostra. Man muss aus dieser Konstellation nicht den kurzen Schluss ziehen, dass »der Mossad« hinter der Ermordung John F. Kennedys steckte, wie es etwa Michael C. Piper in seinem Buch *The Final Judgment* getan hat.[4] Dass aber Clay Shaw kein einfacher Geschäftsmann war, sondern als einer der Direktoren von Permindex und Statthalter der Filiale in New Orleans aufs engste mit militanten Geheimdienstoperationen und der CIA verbandelt, daran kann kaum noch ein Zweifel bestehen.

Firmen wie Permindex und die BCI-Bank passten zudem perfekt in das Muster von Gladio, jener von NATO und CIA in Westeuropa installierten geheimen »stay behind«-Armee, die im Falle einer kommunistischen Invasion den Guerillakampf aufnehmen sollte, was sie im Italien der 60er und 70er Jahre mit Terroranschlägen unter falscher »linksradikaler« Flagge auch schon probehalber praktizierte.[5]

Die CIA hatte und hat gute Gründe, die Berichte der Zeitung *Paese Sera* über dieses CIA-affine Unternehmensnetzwerk als »kommunistische Propaganda« zu denunzieren. Denn Clay Shaw, sein Pilot David Ferrie und der FBI-Freund und CIA-Helfer Guy Banister mitsamt seinem Büro in der 544 Camp Street waren die Schnittstelle zu Lee Harvey Oswald, den es nur als Einzeltäter geben darf, nicht aber als Agenten, der in dunkle Machenschaften verstrickt war.

Deshalb teilte das FBI der Warren-Kommission zwar auch pflichtschuldigst mit, dass man die auf Oswalds Pro-Castro-Flyer gestempelte Adresse 544 Camp Street »gründlich« untersucht habe. Allerdings sei dabei herausgekommen, dass er dort nie ein Büro angemietet habe. Was das FBI den Kommissionären verborgen hielt, war die Tatsache, dass dort außer Banister auch das CIA-finanzierte Cuban Revolutinary Council residiert hatte. Und als 15 Jahre später dem HSCA, dem parlamentarischen Untersuchungsausschuss des Repräsentantenhauses, diese Merkwürdigkeiten doch irgendwie auffielen – zumal sich außer Garrisons damaligen Zeugen in der Zwischenzeit noch einige andere an Oswalds Präsenz unter dieser Adresse erinnert hatten –, wurde dieser Strang nicht weiter ermittelt. Der Ausschuss stellte zwar abschließend fest, dass eine Verschwörung zur Ermordung John F. Kennedys »wahrscheinlich« sei, und verabschiedete sich damit von der These des Einzeltäters Lee Harvey Oswald, doch wer da nun genau konspiriert hat, um den Präsidenten zu ermorden, wurde vom HSCA nicht weiter untersucht.

Der Leiter des HSCA, Robert Blakey, der 1981 (zusammen mit Richard Billings) das Buch *The Plot to Kill the President* veröffentlichte, zeigte dann eindeutig nur in Richtung Mafia, genauer auf Carlos Marcello und Santos Trafficante, die Paten von New Orleans und Florida. Oswald, so Blakey, habe zwar geschossen und den Präsidenten ermordet, doch es habe auch noch einen weiteren, unbekannten Schützen gegeben – und organisiert worden sei das Ganze von den Mafiabossen, die sich gegen das strikte Vorgehen Robert F. Kennedys gegen das organisierte Verbrechen zur Wehr setzten.

Mit dieser »The mob did it«-Theorie (»Die Mafia war's«) kam nach der offiziellen Einzeltäterversion nun eine zweite, durchaus autoritative, von der zweijährigen Recherche des HSCA gestützte Version des Präsidentenmords auf den Markt. Diese wurde angesichts des sich immer weiter verbreitenden Unglaubens an den Warren-Report zwar in der Öffentlichkeit interessiert aufgenommen, war aber nicht mehr als ein »limited hangout«: ein eingeschränktes Zugeben von bisher verschwiegenen Zusammenhängen, die ohnehin nicht mehr zu leugnen sind und deren Veröffentlichung von daher nur begrenzten Schaden anrichtet. Die Begrenzungen, an deren Kette sich der HSCA selbst gelegt hatte, machte einer seiner rastlosen Ermittler, Gaeton Fonzi, sehr deutlich, als er in *The Last Investigation* 1993 auf den großen blinden Fleck dieser Ermittlung hinwies: die CIA.

Der ehemalige Staatsanwalt und Rechtsprofessor Robert Blakey wies diese Vorwürfe brüsk zurück, bis er 2003 aus allen Wolken fiel, als der Name des CIA-Agenten George Joannides bekannt wurde, der die Anti-Castro-Gruppe gesteuert hatte, die sich mit Oswald beim Flugblattverteilen anlegte, ihn dann zu einer Radiodebatte einlud und nach den Schüssen auf Kennedy als Erste die Legende seines »Kommunismus« in die Welt setzte. Denn ausgerechnet dieser George Joannides war dem HSCA als Liaisonoffizier der CIA zugeteilt worden und zuständig für alles, was der Ausschuss an Auskünften und Unterlagen von der Agency erhielt – und der so dafür sorgte, dass nicht nur die Wahrheit über ihre eigene Rolle in New Orleans im Dunkeln blieb. Seinen blauäugigen Glauben an die CIA hat Professor Blakey zwar verloren, als Joannides' Name 2003 bekannt wurde, an dem Todesschützen Oswald aber hält er weiter fest: »Aus der Joannides-Geschichte lässt sich wirklich nicht schließen, dass sie (die CIA) es getan haben. Vielleicht hatte er etwas zu verbergen, was keine Beihilfe zu einem Plot, sondern nur unangenehm ist. Das unterminiert aber mit Sicherheit alles, was sie zu JFKs Ermordung gesagt haben.«[6]

Eben deshalb klagt der ehemalige *Washington-Post*-Reporter Jeff Morley seit Jahren und bis heute vor Gericht, um die Freigabe der Akten über den 1990 gestorbenen George Joannides zu erzwingen, was die CIA mit dem Hinweis verweigert, dass davon keine »vitalen öffentlichen Entscheidungen« abhängen würden.[7]

Die fortgesetzte Blockade bei der Herausgabe auch 50 Jahre alter Akten legt den Verdacht nahe, dass sie den Blick auf jene verschwiegenen Bereiche lenken könnten, die der ehemalige Diplomat und emeritierte Berkeley-Professor Peter Dale Scott als »deep politics« beschrieben hat: die im Untergrund existierende Liaison von Geheimdiensten, organisiertem Verbrechen, Politik und Geschäftsunternehmen.[8]

Wie in den Eingangskapiteln beschrieben, wurde aufgrund der Nuklearbewaffnung nach 1947 im Kalten Krieg eine neue Art der Kriegsführung nötig: verdeckte Operationen. Und diese »peace time operations«, wie Allen Dulles sie nannte, führten zu engen Kooperationen mit der organisierten Kriminalität. Wo nicht mehr in Uniform und mit offenem Visier gekämpft wird, müssen Vertragsagenten übernehmen – vom inoffiziellen Mitarbeiter oder Spitzel über Söldner und Paramilitärs bis zu Killerkommandos – , und da solche Kriminellen nur schwer aus dem offiziellen, vom Parlament zu genehmigenden Verteidigungsbudget bezahlt werden können, müssen für sie auch andere Formen der Finanzierung gefunden werden.

Der Preis für die problemlose Invasion in Sizilien und Italien 1945 war die Re-Etablierung der Mafia und die Duldung ihres Drogengeschäfts. Um die antikommunistischen Warlords in Südostasien während des Vietnamkriegs zu finanzieren, flog die CIA mit ihrer Air America das Heroin aus dem Goldenen Dreieck sogar selbst aus. Um die Terroraktionen der nicaraguanischen Contras gegen eine linke Regierung zu bezahlen, konnte Barry Seals Transportflotte in den 80er Jahren dann tonnenweise Kokain in die USA schippern. Und um die Finanzen von derlei »Friedensoperationen« abzuwickeln und die Millionen von Schwarzgeldern zu waschen, braucht es seriös wirkende Tarnfirmen (wie Permindex), »ehrenwerte« Direktoren (wie Clay Shaw) und »solide« Geldhäuser (wie Tibor Ro-

senbaums Genfer Mafiabank BCI), die sich für ihren Finanz-
schwindel kurz vor ihrer Pleite 1972 auch noch eine höchst
offizielle Beteiligung verschaffte – durch die Hessische Landes-
bank. Eingefädelt wurde der Deal übrigens von dem damaligen
HeLaBa-Chef, Prof. Wilhelm Hankel, den heutigen Euro-Skep-
tiker. Und einer der größten Propagandisten der windigen,
über die BCI-Bank laufenden IOS-Fondsanteile war der damalige FDP-Chef Erich Mende. So wie Bernie Cornfeld, der ehemalige Trotzkist, der »den Kapitalismus zu den kleinen Leuten«
bringen wollte, und sein Banker Tibor Rosenbaum, vor 1948
Waffenschmuggler der zionistischen Stern-Bande und später
Mossad-Zahlmeister, mit Geldwäsche, Aktienschwindel und
Off-Shore-Steuerflucht in den 60er Jahren ein globales Finanz-
imperium aufgebaut hatten, wurde nach dessen Pleite Mitte
der 70er Jahre von der CIA ein Nachfolger installiert, dieses
Mal unter islamischer Flagge: die Bank of Credit and Commerce International (BCCI).[9]

Finanzkonglomerate wie die BCI oder später die BCCI mitsamt ihrem ganzen unübersehbaren Geflecht von Beteiligungen,
Tarnunternehmen und Briefkastenfirmen stellen eine unabding-
bare Basis für verdeckte Operationen der Geheimdienste und die
dazu notwendigen Kooperationen mit organisierten Kriminellen
dar. Sie sind die Institutionen der Tiefenpolitik, in den die geheimen Interessen von Staaten, Militär und Unternehmen mit den
naturgemäß diskreten Interessen des illegalen Drogen- und Waf-
fenhandels und der Finanzierung von Terroristen (bzw. »Frei-
heitskämpfen«) zusammenlaufen. Als die BCCI Anfang der 90er
Jahre aufflog, kam ans Licht, dass ihre Topkunden nahezu ausschließlich aus Diktatoren, Drogendealern, Waffenhändlern,
Terroristen und anderen kriminellen Kreisen bestanden. Einer
der BCCI-Direktoren war James A. Barth, Partner in George W.
Bushs einstiger Ölfirma Arbusto Energy und US-Vermögensver-
walter der Familie Bin Laden. Es sind solche Connections, die die
lakonische Antwort des Geldwäschefahnders Robert Mazur auf

die Frage erklären, ob seine Fahndungserfolge dazu beigetragen haben, dass heute weniger Geld über amerikanische Banken gewaschen wird: »Leider scheinen die Regierungen kein Interesse zu haben, einzuschreiten.«[10]

So hatte sich schon Anfang der 60er Jahre keine Regierungsstelle in Washington für die Erkenntnis des Fahnders des Federal Bureau of Narcotics (FBN) interessiert, dass der Mafiaboss Meyer Lansky über die BCI-Bank 10 Millionen Dollar in die italienischen Immobilien des Centro Mondiale Commerciale investiert hatte und das Geld aus seinen Drogen- und Casinogeschäften auf den Bahamas, in Mexiko und in der Schweiz wusch. Den FBN-Fahndern blieben im Hinblick auf weitere Ermittlungen die Hände gebunden. Douglas Valentine schreibt in seiner »Geheimgeschichte des Drogenkriegs«: »Die Verbindung von Mossad, CIA und Mafiageldern in den Offshore-Banken verschaffte dem Verbrecherboss einen unsichtbaren Schild. Wenn es auf Meyer Lansky kam, war das FBN, wie immer, aufgeschmissen.«[11]

Für unseren Fall – die Rolle des Permindex-Direktors Clay Shaw, seines Privatpiloten David Ferrie und dessen Schützling Lee Harvey Oswald – ist diese Tiefenverbindung von Geheimdiensten und organisierter Kriminalität in zweierlei Hinsicht relevant. Zum einen zeigt sie, dass es wenig Sinn macht, von der CIA und der Mafia als strikt separaten Institutionen oder Organisationen zu sprechen. Und zum anderen stoßen wir einmal mehr auf den »guten Hirten« James Angleton, der nicht nur falsche Überläufer nach Russland schickte, sondern bei der CIA auch federführend den Kontakt zum israelischen Geheimdienst hielt und wegen seiner frühen Jahre als OSS-Agent in Italien beste Kontakte zu den dortigen »Antikommunisten« pflegte, wie sie im Aufsichtsrat von Permindex versammelt waren. »Wie immer«, so Douglas Valentine, »waren Angleton und Lansky die dunklen Sterne der finanziellen und geheimdienstlichen Aspekte des internationalen Drogenschmuggels.«[12]

Als »dunkler Stern« fungierte James Angleton auch für die Warren-Kommission, denn der Counterinsurgency-Chef war ihr als Liaisonoffizier der CIA zugeteilt worden. Für Fragen im Hinblick auf mögliche Geheimdiensttätigkeiten Lee Harvey Oswalds, sofern sie nicht schon kommissionsintern vom Ex-CIA-Chef Dulles abgebügelt worden waren, war also niemand anderes als Angleton zuständig. Zur Koordination ihrer Aussagen vor der Kommission ließ Angleton dem FBI-Chef J. Edgar Hoover ein schriftliches Memo zukommen, in dem das »Ergebnis« des Warren-Reports in den zwei kürzestmöglichen Antworten zusammengefasst ist:

> »War Oswald je ein Agent der CIA?«
> »Nein«.
> »Hat die CIA irgendwelche Beweise, dass es eine Verschwörung zur Ermordung Kennedys gab?«
> »Nein.«[13]

Solche Beweise hatte die CIA aber sehr wohl, und sie hatte sie nicht nur in ihrem Besitz, sondern sie hatte sie auch selbst hergestellt – um damit die Phase eins der Vertuschung zu inszenieren.

Schon um 9:20 Uhr am Morgen nach dem Attentat war der neue Präsident Lyndon B. Johnson von CIA-Direktor John McCone auf den Stand gebracht worden. »Die CIA«, so der Historiker Michael Beschloss, »hatte Informationen über Auslandsverbindungen des verdächtigen Attentäters, Lee Harvey Oswald, die LBJ nahelegten, dass Kennedy von einer internationalen Verschwörung ermordet wurde.« Beschloss zitiert aus einem CIA-Memo vom selben Tag, in dem berichtet wird, dass Oswald im September Mexiko City besucht und dort mit einem sowjetischen Vizekonsul gesprochen habe, der der CIA als Experte für Mordanschläge und Sabotage bekannt sei. In dem Memo wird gewarnt, dass Oswald, »wenn er tatsächlich Teil einer ausländischen Verschwörung sei, ermordet werden könnte, bevor er das vor den US-Behörden gesteht«.[14] Bei seinem Briefing am

23. November 1963 argumentierte McCone, »dass Nikita Chruschtschow im Kreml auf der Kippe stehe und wegen der Raketenkrise in Kuba zum Rücktritt gedrängt werde. Wenn Castro des Mords an Kennedy bezichtigt werde, würden die Amerikaner Rache an Kuba fordern, und Chruschtschow hätte es mit einer weiteren Kubakrise zu tun ... Dieses Mal könnte er etwas Unüberlegtes tun und einen Nuklearkrieg provozieren, der 40 Millionen Leben kosten könnte.«[15] Dieses nukleare Horrorszenario war der zentrale Baustein der Phase eins der Vertuschung und fütterte den Präsidenten mit dem entscheidenden Argument, mit dem er in den folgenden drei Tagen Earl Warren und die Kommission zusammentrommelte und sie zu der Maßgabe von Phase zwei der Vertuschung verpflichten konnte: dass aufgrund der Gefahr eines dritten Weltkriegs das Ergebnis ihrer Untersuchung auf Lee Harvey Oswald als Einzeltäter hinauslaufen müsse.

Peter Dale Scott, der diese zwei Ebenen der Inszenierung des Cover-ups im Detail untersucht hat, fasst zusammen:

»In den Tagen nach den Morden in Dallas wurden die Vereinigten Staaten mit dubiosen Storys überschwemmt, von denen die meisten schnell widerlegt wurden, dass Oswald mit einer kubanischen oder sowjetischen Verschwörung in Verbindung stand. Diejenigen, die das FBI und die CIA am meisten beschäftigten, kamen alle aus Mexiko. Diese Geschichten wiesen alle bestimmte Eigenschaften auf:

Sie kamen alle aus einer Geheimdienstquelle oder von jemandem, der in den Händen der Geheimdienste war. Fast immer waren der mexikanische Geheimdienst DFS oder die dortige Geheimpolizei involviert. Der DFS und auch der nicaraguanische Geheimdienst, der ebenfalls als Quelle diente, standen unter der Vormundschaft der CIA.

Die Geschichten änderten sich im Lauf der Zeit und unterstützten entweder die Pro-Verschwörungs-Hypothese (Phase eins) oder ihre Zurückweisung (Phase zwei).

Die Warren-Kommission wurde zu der Überzeugung gebracht, dass die Phase-eins-Geschichten keine Grundlage hätten. ...

Die gesamte Geschichte ist komplex und verwirrend, mit vielen unbeantworteten Fragen. Aber nahezu sämtliche dieser gezielt gestreuten Geschichten ... passen in das einfache Muster der Phase-eins-/Phase-zwei-Entwicklung.«[16]

Die Phase eins hatte schon lange vor den Schüssen auf Kennedy begonnen. Am 10. Oktober hatte die CIA-Station in Mexico City das FBI über ein Foto und ein mitgeschnittenes Telefonat eines US-Bürgers namens Lee Oswald informiert, der sich in gebrochenem Russisch auf ein Gespräch in der dortigen sowjetischen Botschaft vom 28. September mit dem Vizekonsul Valery Kostikov bezogen habe. Dass es sich dabei um eine Fälschung handelte, teilte kein Geringerer als J. Edgar Hoover dem neuen Präsidenten am 23. November mit: »Wir haben hier das Tonband und das Foto des Mannes, der in der sowjetischen Botschaft war und Oswalds Namen benutzte. Dieses Foto und das Band stimmen weder mit der Stimme des Mannes überein noch mit seinem Aussehen.«

Bevor wir die Zurichtung Oswalds zuerst zum KGB-Großverschwörer und dann zum verwirrten kommunistischen Einzeltäter weiter verfolgen, ist hier eine entscheidende Wendung festzuhalten, die erst durch das ARRB, den Ausschuss zur Sichtung der Morddokumente, Ende der 90er Jahren ans Licht kam: Seit seiner Rückkehr aus der Sowjetunion hatte Oswald unter besonderer Beobachtung auf einer entsprechenden Beobachtungsliste des FBI gestanden, der zufolge »jede Information oder Ermittlung« sofort an die »Spionage-Abteilung, Division Fünf« weiterzuleiten war; plötzlich jedoch, am 9. Oktober – einen Tag bevor das inkriminierende Kabel über einen Kontakt Oswalds mit einem KGB-Mann in der sowjetischen Botschaft beim FBI eintraf –, wurde sein Name von dieser Liste entfernt. Zwar strafte Hoover 18 Tage nach der Ermordung Kennedys den zuständigen Beamten, Marvin Gheesling, dafür ab, doch dass ein einfacher FBI-Mann in eigener Regie eine solche Streichung durchgeführt hat, ist äußerst unwahrscheinlich. Sehr viel naheliegender ist da, was John Newman, der wie kein anderer die zugänglichen Akten von CIA und FBI durchforstet hat, vermutet: Am 16. September hatte das FBI der CIA ein Memo geschickt und darin mitgeteilt, dass es verdeckte Operationen gegen das FPCC beginnen wolle[17] – also gegen jenes Pro-Castro-Komitee, das von Oswald in Dallas gegründet worden war. Dessen Undercover-Tätigkeit sollte aber nicht gefährdet werden, weil Oswald jetzt als KGB-Kontaktmann in den Akten auftauchte.

Nach dem 10. Oktober wurde in den Memos der CIA-Station in Mexico City kein Kontakt Oswalds mit dem KGB-Mann Kostikov mehr erwähnt. Es war nur noch davon die Rede, dass Oswald in der kubanischen und sowjetischen Botschaft wegen eines Visums für Kuba und die Weiterreise in die Sowjetunion vorstellig geworden sei. Allerdings tauchten weder Fotos des echten Oswald von den Überwachungskameras an beiden Botschaften auf noch identifizierbare Mitschnitte seiner angeblichen Telefonate mit diesen Botschaften. Die CIA behauptete schlicht, die Bänder seien schon vor der Ermordung Kennedys routinemäßig gelöscht worden. Ein weiteres CIA-Memo über Oswalds Aktivitäten in Mexico City, das am 25. November beim FBI eintraf und in dem ein Zeuge davon berichtete, gesehen zu haben, wie Oswald in der kubanischen Botschaft 6500 Dollar übergeben worden seien, wurde von der CIA selbst einige Tage später als unglaubwürdig dementiert.

Damit ging allem Anschein nach die Phase eins der Vertuschung, in der mit der Behauptung einer Verschwörung Oswalds mit den Sowjets bzw. Kuba die Gefahr eines dritten Weltkriegs und die Notwendigkeit einer willfährigen Untersuchungskommission inszeniert wurde, in die Phase zwei über, in der nur noch das bereits feststehende Ergebnis dieser Untersuchung zementiert wurde: der Einzeltäter Lee Harvey Oswald. FBI-Chef Hoover rief schon zwei Stunden nach dem Mord an dem Präsidenten bei Robert F. Kennedy an und berichtete ihm über einen verrückten kommunistischen Einzeltäter, den die Polizei in Dallas gerade verhaftet und noch nicht richtig identifiziert habe. Keine zwei Wochen später verkündete Hoover der Öffentlichkeit, dass keinerlei Hinweise auf Mittäter Oswalds gefunden worden seien, und die bereits am 29. November einberufene

Warren-Kommission, die keine eigenen Ermittlungen anstellen durfte, sondern nur mit vom FBI bereitgestelltem Beweismaterial und entsprechenden Zeugen arbeiten konnte, nahm ihre Arbeit auf. Sie akzeptierte die Lüge der CIA, erst nach der Ermordung Kennedys von Oswalds Besuch bei der kubanischen Botschaft erfahren zu haben, und sie akzeptierte auch die »Schlamperei« des FBI, den verdächtigen Kommunisten Oswald voreilig von der Watchlist gestrichen zu haben. Auch das HSCA konnte 1978 die Wahrheit über die Episode in Mexiko City nicht ermitteln, denn einige der klassifizierten Dokumente kamen erst dank des ARRB in den 90er Jahren zutage. Und die »smoking guns«, die echten Fotos und Aufzeichnungen über Oswalds Aufenthalt in Mexiko City Ende September 1963, blieben allesamt verschwunden, denn als Winston Scott, der Leiter der dortigen CIA-Station im April 1971 an einer Herzattacke starb, tauchte zwei Tage später der »gute Hirte« James Angleton bei seiner Familie in Mexikos Hauptstadt auf und nahm das Manuskript, in dem Scott seine Erinnerungen zu Papier gebracht hatte, sowie drei Kartons mit Fotos und Tonbändern aus dessen Tresor mit. Als sein Sohn Michael Scott das Manuskript später von der CIA zurückforderte, fehlten darin 150 Seiten – aus Gründen der »nationalen Sicherheit«.[18]

»Der Hund, der nicht bellte« brachte den berühmten Detektiv Sherlock Holmes in der Geschichte *Sternenstaub* einst auf die richtige Spur eines nächtlichen Pferdediebs: der Dieb war für den Hund kein Unbekannter – und ähnlich verhält es sich mit der mysteriösen Episode Oswald in Mexiko. Der »Hund« – das FBI und die CIA – hätten laut bellen müssen, als sie davon erfuhren, dass sich ein Mann, der ein paar Jahre zuvor in die Sowjetunion übergelaufen war, mit einem KGB-Agenten traf, denn die Befürchtung, dass hier ein kommunistischer »Schläfer« einen neuen Auftrag erhalten könnte, lag absolut nahe. In der Konsequenz der Sicherheitsbehörden hätte Oswald bei seiner Rückkehr nach Dallas, wenn nicht ausführlichst in die Mangel, dann doch zumindest unter schärfste Beobachtung genommen werden müssen. Doch nichts davon geschah. Warum nicht? Wie John Newman 2008 anhand neu aufgetauchter ARRB-Akten zeigen konnte[19], legte der gute Hirte Angleton vor der Mexiko-Reise Oswalds am 23. September eine zweite Oswald-Akte an. Der ursprüngliche 201-File wurde gereinigt, und sämtliche Informationen über Oswalds merkwürdige FPCC-Aktivitäten in New Orleans – seine Flugblattaktionen vor Clay Shaws International Trade Mart, sein Gerangel mit den Anti-Castro-Aktivisten und die anschließende Festnahme samt Gefängnisaufenthalt und Gerichtsverhandlung – wanderten in die neue Akte. Die neu eintreffenden Meldungen über Oswald in Mexiko kamen dann in den bereinigten 201-File, sodass die CIA ohne zu lügen behaupten konnte, ihre letzten Informationen über Oswald stammten aus dem Mai 1962. Bei seiner Rückkehr aus Mexiko wurde er zudem, wie schon erwähnt, auch von der FBI-Watchlist gestrichen und konnte folglich seinen neuen Job an der Strecke des Autokorsos in Dallas unbehindert antreten.

All dies lässt eigentlich nur den Schluss zu, dass Oswalds Entsendung nach Mexiko demselben Zweck diente wie das kommunistische Theater, das er auf den Straßen in New Orleans veranstaltete: Spuren zu hinterlassen, mit denen er als »Kommunist« diskreditiert werden konnte, und damit die Phase eins des Cover-ups zu konstruieren, die kommunistische Großverschwörung samt Nuklearkriegsgefahr, mit der Präsident Johnson unwillige Richter und Senatoren dazu bringen konnte, eine Untersuchungskommission mit ihrem Namen zu schmücken, deren einziger Zweck in einer Nicht-Untersuchung und in der Ausschmückung der Einzeltäterthese bestand. Nur Johnson, FBI-Chef Hoover und eine Handvoll seiner Leute wussten, dass ein Oswald-Darsteller in Mexico City falsche Spuren gelegt hatte, was bewies, dass der Kennedy-Mord keineswegs die Sache einer einzelnen Person war. Doch nachdem Oswald am Sonntag darauf passenderweise schon nicht mehr am Leben war, hatte

Hoover nur noch ein Problem: »Die Sache, über die ich mir Sorgen mache, ist …, dass wir etwas herausbringen, das die Öffentlichkeit überzeugt, dass Oswald der wirkliche Mörder ist.«[20] Dazu mussten dann aber nicht nur die Spuren auf diesen Oswald-Darsteller der Vertuschung anheimfallen, auch Dutzende Zeugen auf der Dealey Plaza, die Schüsse und Schützen aus anderen Richtungen wahrgenommen hatten, mussten ignoriert und die zahlreichen Widersprüche und Unstimmigkeiten für die Konstruktion des Einzeltäters ausgeblendet werden.

Vor allem aber wurde die Erfindung einer physikalischen Innovation notwendig, die es in der Geschichte der Schießkunst und der Ballistik noch nicht gab: ein Geschoss, das den Körper einer Person einfach durchdringen und einer im Abstand von einem halben Meter entfernten anderen Person fünf verschiedene Verletzungen beibringen konnte …, um danach nahezu unversehrt als Museumsstück in die Archive einzugehen: die magische Kugel.

Magic Bullet – Die magische Kugel

Im Jahr 1907 formulierte Paul Ehrlich, Arzt an der Berliner Charité, einen Traum: »Wir müssen lernen, magische Kugeln zu gießen, die gleichsam wie Zauberkugeln des Freischützen nur die Krankheitserreger treffen.« Drei Jahre später realisierte er diesen Traum mit der Entdeckung eines Medikaments gegen die Syphilis, Salvarsan. Es gilt als erstes Chemotherapeutikum der Medizingeschichte, und seine Bezeichnung wurde durch einen Hollywoodfilm – *Dr. Ehrlich's Magic Bullet* (1940) – allgemein bekannt. Dass schon zu Lebzeiten des großen Mediziners Ehrlich klar wurde, dass die »Magie« seiner Kugeln eher einer Schrotladung entsprach und keineswegs nur die Krankheitserreger traf, interessiert uns hier allerdings weniger als seine schöne Formulierung der »Zauberkugel des Freischützen«, denn eine solche musste von der Warren-Kommission erfunden werden, um die Theorie des Einzeltäters Oswald zu konstruieren und sie der Öffentlichkeit als »Beruhigungspille« zu verabreichen.

Nachdem wir anhand der Zeugenaussagen aus dem Texas School Book Depository schon gesehen haben, dass Lee Harvey Oswald über die Gabe der Bilokation verfügte, um nahezu gleichzeitig im sechsten Stock auf der Lauer zu liegen und im zweiten Stock gemütlich Mittagspause zu machen, und bereits zur Kenntnis genommen haben, dass sich ein Mauser-Präzisionsgewehr wie von selbst über Nacht in einen Mannlicher-Schießprügel verwandeln kann, kann uns auch das Wunder einer »Zauberkugel« nicht mehr überraschen. Als »Beweisstück 399« der Kommission soll sie im Parkland Hospital von einer Krankentrage gefallen sein, auf der Gouverneur John Connally eingeliefert wurde, der direkt vor Präsident Kennedy im Auto gesessen und zahlreiche Verletzungen davon getragen hatte. Da diese Schusswunden – zertrümmerte Rippen, Verletzungen am rechten Handgelenk und am linken Oberschenkel – auf mehr als einen Schützen hindeuteten, der Einzelschütze Oswald aber ebenso feststand wie die drei Schüsse, die er innerhalb von sieben Sekunden abgefeuert haben sollte – wovon einer sein Ziel verfehlte, aufs Pflaster aufschlug und einen Zuschauer streifte –, stand die Kommission vor einem Problem. Wie können zwei Schüsse die große Kopfwunde, die zwei kleinen Löcher im Rücken und in der Kehle des Präsidenten sowie die zahlreichen Verletzungen des Gouverneurs verursacht haben? Da es eine logische Erklärung dafür nicht gab, war Kreativität gefragt, und so erfanden die Kommissionäre Arlen Specter und David W. Belin die Zauberkugel, deren kuriose Eigenschaften wir im folgenden – mit Mark Lane – nur satirisch beschreiben können:

»Oswald war im sechsten Stock am Fenster des Texas School Book Depository, als sich die Präsidentenlimousine verlangsamte, um in die Elm Street einzubiegen. Er war so nahe, dass er das Gewehr auf den Präsidenten hätte werfen können. Doch als Sportsmann wartete er offenbar, bis der Wagen wieder beschleunigte und eine beachtliche Entfernung erreicht hatte. Der Rücken des Präsidenten war jetzt das einzig erreichbare Ziel. Oswald feuerte den ersten Schuss, der den Präsidenten in den Rücken traf. Die Kugel stieg aufwärts, trat durch die Kehle des Präsidenten wieder hinaus und hinterließ eine kleine, enge Eintrittswunde. Die Kugel hing dann etwa 1,8 Sekunden in der Luft, bis sie Connally bemerkte. Sie nahm Geschwindigkeit auf, drang in Connallys Rücken ein und zertrümmerte seine Rippen. Connally bemerkte diesen Streifschuss nicht, der ihn fast getötet hätte. Die Kugel machte dann eine Wendung nach rechts unten und drang in Connallys rechtes Handgelenk ein, verließ aber diese Stelle wieder, um dann in Connallys linken Oberschenkel einzudringen. Die Kugel – in nahezu unversehrtem Zustand und nachdem sie in Connallys Handgelenk mehr Metall hinterlassen als sie verloren hatte (wie die Experten der Kommission beim Wiegen und Untersuchen feststellten) – wurde dann unter der Matte einer Trage gefunden, mit der Connally keinen Kontakt hatte, als wäre sie dort platziert worden. Deshalb, weil eine Kugel alle Verletzungen Connallys und zwei Wunden Kennedys verursachte, ist klar, dass nur drei Schüsse abgegeben wurden.«[21]

Um diese erstaunliche Zauberkugel erfinden zu können, mussten allerdings zuvor noch weitere Wunder geschehen. Die von sämtlichen Ärzten im Parkland-Hospital von Dallas als Eintrittswunde erkannte und beschriebene kleine Öffnung neben Kennedys Kehlkopf musste sich in die Austrittswunde verwandeln, aus der die erste, seinen Rücken getroffen habende Kugel weiter in John Connallys Rücken und von dort in dessen Handgelenk und Oberschenkel fliegen konnte. Die Notfallärzte in Dallas kannten sich zwar mit Schusswunden bestens aus, waren aber offenbar nicht instruiert, denn erst die Navy-Ärzte im Bethesda-Hospital in Washington stellen am nächsten Tag die erwünschte Diagnose: Ein nicht tödlicher Treffer in den Rücken ging ohne Knochenkontakt durch den Körper hindurch und verursachte die »Austrittswunde« am Hals, die tödliche Verletzung wurde durch einen Schuss von hinten in den Kopf verursacht. Auch hier wurde ein »Irrtum« der Schusswundenspezialisten in Dallas korrigiert, denn diese Ärzte hatten die fehlenden Teile am hinteren rechten Schädel des Präsidenten ebenfalls als Austrittswunde erkannt (was einen Schuss von vorne impliziert) – in Übereinstimmung mit dem Sicherheitsbeamten, der seitlich hinter Kennedys Limousine fuhr und nach dem Schuss von Knochen- und Hautteilen getroffen wurden, sowie mit dem Secret Service Mann Clint Hill, der nach dem Schuss auf den Wagen sprang und später vor der Warren-Kommission aussagte: »Ich sah, dass ein Teil des Kopfes des Präsidenten auf der rechten Seite fehlte, und er blutete stark. Teile seines Gehirns waren weg. Ich sah einen Teil seines Schädels mit Haaren auf dem Sitz liegen.« Auch Jacqueline Kennedys Aussage, dass sie ein Stück des Gehirns ihres Mannes in der Hand gehalten und versucht habe, seinen

Schädel und die Haare zusammenzuhalten – diese Passage ihrer Aussage wurde in den Warren-Report nicht aufgenommen und erst 1992 freigegeben –, spricht deutlich für eine Austrittswunde am hinteren Teil des Kopfes. Wie konnte die Kommission trotz solcher Aussagen dennoch zu der Feststellung kommen, dass der tödliche Schuss eine relativ kleine Eintrittswunde im Schädel des Präsidenten hinterlassen hatte – und nicht ein etwa faustgroßes Loch in den Schädel und einen großen Teil des Gehirns weggesprengt hatte, wie es die Augenzeugen am Tatort und das gesamte medizinische Personal im Trauma Room des Parkland Hospitals gesehen hatten?

Die Kommissionäre verließen sich bei ihrer Schlussfolgerung auf die Autopsieberichte und Röntgenbilder, die ihnen vorgelegt wurden. Diese Bilder zeigten einen weitgehend intakten Schädel und ein nahezu komplettes Gehirn. Erst das Assassination Records Review Board brachte Ende der 90er Jahre die Wahrheit ans Licht: Die Autopsiebilder waren gefälscht. Der Fotograf John Stringer, der die Aufnahmen 1963 gemacht hatte, gab 1996, als ihm die im National Archive hinterlegten Bilder gezeigt wurden, eine eidesstattliche Versicherung ab[22], dass dies nicht die Originalbilder waren, die er damals gemacht hatte. Und die vom ARRB befragten ärztlichen Zeugen bestätigten, dass die auf den Fotos und Röntgentbildern zu sehenden Verletzungen nicht diejenigen waren, die sie seinerzeit im Parkland- beziehungsweise im Bethesda-Hospital untersucht hatten. Die Ausschussmitglieder Jeremy Gunn und Douglas Horne schreiben dazu in ihrem Abschlussbericht:

»Diejenigen, die die Bildaufzeichnungen der Autopsie 1963 manipulierten, waren mit dieser Vertuschung nur deshalb erfolgreich, weil es ihnen gelang …, sie sowohl vor den Ärzten in Dallas als auch vor den Zeugen der Autopsie in Bethesda für viele Jahre lang zurückzuhalten. Die manipulierte Autopsie-Fotosammlung und die bearbeiteten Röntgenbilder des Schädels wurden für die Nachwelt geschaffen – zum Zweck der Täuschung offizieller Untersuchungen –, und die Verschwörung zur Vertuschung konnte dieses Ziel nur erreichen, weil diesem Material von den behandelnden Ärzten und den Zeugen für viele Jahre nicht widersprochen wurde. Erst als den Schlüsselfiguren, die die Originalaufzeichnungen gemacht hatten und während der Behandlung des Präsidenten in Dallas anwesend waren oder an der Autopsie im Bethesda teilnahmen, erlaubt wurde, die Autopsiefotos und Röntgenaufnahmen zu sehen, und ihnen die richtigen Fragen dazu gestellt wurden, ist der Betrug enthüllt worden.«[23]

Wer sich also fragt, warum die märchenhafte Erfindung einer Zauberkugel, die mit einem Schlag ein halbes Dutzend Wunden verursacht haben soll, fast vier Jahrzehnte lang offiziellen Untersuchungen standhalten und als historische Wahrheit verkauft werden konnte, hat nun die Antwort: Die Autopsieunterlagen und Röntgenbilder, auf deren Basis diese Untersuchungen stattfanden, waren gefälscht.

Das ARRB konnte nicht nur die Fälschung der im National Archive deponierten Autopsie- und Röntgenbilder mit Sicherheit nachweisen und somit endlich Klarheit darüber schaffen, warum die absurde Geschichte der magischen Kugel jahrzehntelang von Dutzenden Experten vor verschiedenen Kommissionen bestätigt worden war, sondern brachte auch über einen weiteren Bildbeweis des JFK-Attentats erstaunliche Fakten ans Licht. Die Rede ist hier vom sogenannten Zapruder-Film. Das sind 26,6 Sekunden, die der Textilunternehmer Abraham Zapruder an der Dealey Plaza mit seiner 8-mm-Kamera aufgenommen hatte und die zeigen, wie der Präsident von Schüssen getroffen wird. Vermutlich handelt es sich dabei um den am häufigsten examinierten Filmschnipsel der Geschichte – und einen der teuersten. Noch am Abend des Attentats verkaufte Zapruder die Rechte an den 486 Einzelbildern des Films für 25 000 Dollar dem *Life Magazine*, das zwei Tage später weitere 125 000 Dollar für den gesamten Film hinblätterte – und ihn unter Verschluss hielt. Nachdem später das ARRB den Film zum öffentlichen Besitz der Vereinigten Staaten erklärte, strichen Zapruders Erben 1998 für die paar wenigen Sekunden Film 16 Millionen Dollar ein.

Die Warren-Kommission musste sich mit einer schlechten Schwarz-Weiß-Kopie zufrieden geben, auf der das, was Zapruder gefilmt hatte, nur schwer zu erkennen war: dass Kennedys Kopf ruckartig nach hinten zuckte, als ihn von vorne ein Schuss traf. Zapruder hatte das, auf einem Betonsockel stehend, auch von vorne gefilmt, und vor der Kommission sagte er aus, dass der Schuss von dem Grashügel hinter ihm gekommen sei. Genauso hatten es Dutzende weitere Zeugen wahrgenommen, was der Film auch belegt: ein Schuss, der den Kopf Kennedys in Höhe der rechten Schläfe trifft, von vorne, was in der Sequenz danach für den Bruchteil einer Sekunde zu einem rötliche Blitz an seinem Hinterkopf führt, den herausgesprengten Gehirn- und Knochenteilchen. Ein deutlicher Beweis für mindestens einen weiteren Schützen.

Doch außer für die Beobachter des Garrison-Prozesses, der den Film als Beweisstück angefordert hatte, blieb das Dokument im Tresor von *Life*, bis es 1976 erstmals im Fernsehen gezeigt und 1992 durch die Verwendung in Oliver Stones *JFK* zum Allgemeingut wurde. Diese Verschlusshaltetaktik eines Medienunternehmens – die Besitzer des Time-Life-Imperiums, Henry und Clare Luce, waren stets aufs Engste mit der CIA verbunden und gehörten zu den schärfsten Kritikern von Kennedys Nicht-Intervention in Kuba – wie auch die zwei weiteren Super-8-Filme der Passanten Orville Nix und Marie Muchmore, die die Szene auf der Dealey Plaza zeigen – die von der Nachrichtenagentur UPI aufgekauft wurden und deren Originale verschwunden sind –, zeugen einmal mehr von der merkwürdigen Komplizenschaft der Medien bei der Vertuschung der gesamten Mordumstände.

Die Frage, ob der Zapruder-Film in der mittlerweile allgemein bekannten Version authentisch oder manipuliert ist, wird von einigen Kennedy-Forschern heutzutage bejaht, denn hier hat die Arbeit des ARRB in den letzten Jahren neue Erkenntnisse und Zeugenaussagen ans Licht gebracht. Nachdem Abraham Zapruder, zusammen mit Beamten des Secret Service in Dallas, drei Kopien seines Films ziehen ließ, von denen eine an *Life* und zwei an den Sicherheitsdienst gingen, wurden sie am Samstag, dem

23. November, einen Tag nach dem Attentat, im National Photographic Interpretation Center (NPIC) in Washington, zur Bearbeitung eingeliefert, wo Vergrößerungen und Drucke der einzelnen Bilder gemacht wurden. Das Original des Films landete indessen in der Hawkeye-Factory, einem streng geheimen, von Kodak eingerichteten CIA-Labor in Rochester, und wurde am Sonntagabend ebenfalls im NPIC eingeliefert. Dort fertigte eine andere Crew unter Aufsicht des Secret Service (und nachdem sie Geheimhaltung geschworen hatte) erneut Vergrößerungen und Standbilder an. Dieses »Original« indessen, glaubt der ARRB-Forscher Douglas Horne, wurde im Hawkeye-Labor zuvor bereinigt und zeigt deshalb weder das Anhalten der Limousine, das mehr als fünfzig Augenzeugen beschrieben, noch die ursprünglich sehr viel deutlichere »Explosion« von Kennedys Hinterkopf, die jetzt nur noch in einem einzigen Standbild – Frame 313 – äußerst kurz zu sehen ist. Dem ARRB ist es nach Jahrzehnten gelungen, zwei Spezialisten der jeweiligen NPIC-Crews vom 23. und 24. November 1963 ausfindig zu machen und zu befragen, die beide überzeugt waren, mit dem Original des Zapruder-Films gearbeitet zu haben und von den jeweiligen Geheimaufträgen an den beiden Tagen bis 2009 nichts wussten. Dino Brugioni hatte am 23. bei der Bearbeitung des eigentlichen Originals assistiert und antwortete 2011 auf die Frage, ob es mehr als ein Standbild der am Hinterkopf austretenden rötlichen Masse gab: »Oh ja, oh ja ... Ich erinnere mich, dass wir alle schockiert waren, es ging gerade nach oben (er zeigt mit dem Finger hoch über seinen Kopf) ... in den Himmel ..., es muss mehr als ein Bild gewesen sein ... Es sprühte, ich würde sagen: einen Meter über seinem Kopf ... Es war nicht so niedrig (wie im Bild 313), es war hoch über seinem Kopf. Ich kann mir nicht vorstellen, dass das nur ein Bild gewesen sein soll. Was ich gesehen habe, war mehr als das.«[24]

Liegt uns mit dem zugänglichen Zapruder-Films also eine entschärfte Fassung vor? Auch wenn dies neuerdings ein heftiger

Streitpunkt unter den Attentatsforschern ist – und beide Seiten durchaus gute Argumente haben –, ist die Frage letztlich nicht entscheidend. Denn selbst wenn die bekannte Version des Films manipuliert ist, haben die Fälscher bei ihrer eiligen Retusche Bild 313 übersehen, und schon das ist eindeutig. Fehler werden überall gemacht, das gilt auch für die Verschwörung zum Mord an JFK – und zu ihrer Korrektur bedarf es oft der merkwürdigsten Verrenkungen, wie die Erfindung einer magischen Kugel oder die zwölfjährige Geheimhaltung eines juristisch und politisch eminenten Beweisstücks. Hätten der Warren-Kommission und der amerikanischen Öffentlichkeit nach dem Mord nicht nur eine schummrige Schwarz-Weiß-Kopie des Films, sondern eine nach dem Stand der Technik optimierte und vergrößerte Farbkopie vorgelegen, wäre der Durchmarsch zur Etablierung des Einzeltäters Oswald als historischer Tatsache sehr viel schwerer gefallen.

Mit dem voluminösen Warren-Report, der freilich alles ausblendete, was nicht zu seinem im Vorhinein feststehenden Ergebnis passte, und willfähriger Medienunterstützung gelang diese Täuschung zumindest für einige Zeit. Immerhin 48 Prozent der Amerikaner, die von Gallup befragt wurden, glaubten 1964, dass Lee Harvey Oswald als Einzeltäter für den Mord verantwortlich war, 1966 waren es lediglich 36 Prozent, zehn Jahre später nur noch 11 Prozent. Den Tiefststand mit 10 Prozent erreichte der Glauben an den »lone gunman« 1992, dem Erscheinungsjahr von Oliver Stones Film *JFK* über den Garrison-Prozess, seitdem hat er sich – dank der mit großem Mediengetöse geförderten Bücher der Warren-Verteidiger Gerald Posner und Vincent Bugliosi – wieder etwas berappelt und lag 2010 laut einer Gallup-Umfrage bei 19 Prozent.[25]

Als Ursache für diesen weit verbreiteten Unglauben werden von den Verteidigern der offiziellen Version gern psychologische Gründe angegeben: Otto Normalbürger wolle einfach nicht glauben, dass ein einsamer Verrückter mit einem Gewehr das

Rad der Geschichte und das Weltgeschehen derart beeinflussen könne, und bemühen – zwecks Verdrängung dieses unerklärlichen, schicksalhaften Horrors – deshalb lieber sinistre Verschwörungen und dunkle Mächte. Diese Neigung, so die weitere Argumentation, würde dann von unverantwortlichen Autoren verstärkt, die den Unglauben der Bevölkerung durch die Publikation von Verschwörungstheorien fütterten und sich dank hoher Auflagen damit goldene Nasen verdienten. Dieses Argumentationsmuster – die offizielle, seriöse »Wahrheit« auf der einen, die leichtgläubige Bevölkerung auf der anderen Seite und unseriöse, ausschließlich profitinteressierte Verschwörungstheoretiker dazwischen – hat sich seitdem nicht von ungefähr zu einem Standard der Verteidigung zweifelhafter Regierungsverlautbarungen gemausert.

Bis zum Garrison-Prozess, dem ersten und bis dato einzigen Gerichtsverfahren in Sachen Kennedy-Mord, bei dem der unter Verschluss gehaltene Zapruder-Film erstmals öffentlich vorgeführt wurde, wurde in Artikeln und Diskussionen über das Attentat zwar durchaus die Möglichkeit einer Verschwörung zum Mord des Präsidenten erwähnt, aber die Spekulationen darüber wurden in der Regel als »assassination theories« abgetan. Doch im Vorfeld der HSCA-Untersuchung sah sich die CIA im Januar 1967 bemüßigt, ein Memo unter der Überschrift »Countering the Critiscism of the Warren Report« an alle ihre Stationen zu schicken und ihnen den Begriff »conspiracy theories« als Waffe gegen jede Art von Kritik an dem Ergebnis der Warren-Kommission zu empfehlen. Diese Direktive mit einschlägigen Handlungsanweisungen und Argumentationshilfen legte den Grundstein für die Umdeutung des ursprünglich neutralen Begriffs »Verschwörungstheorie« zu einer negativ konnotierten, Unbehagen und Angst auslösenden Vokabel, die seitdem als Disziplinierungs- und Kontrollinstrument im öffentlichen Diskurs fungiert. Zwar kann niemand bestreiten, dass es reale Verschwörungen gibt. Geheime Absprachen zwischen A und B hinter dem Rücken und zum Nachteil von C sind im politischen und im Wirtschafts- ebenso wie im Liebesleben geradezu selbstverständlicher Alltag. Nun aber wird die selbstverständliche, vollkommen normale Bildung von Hypothesen über mögliche Verschwörungen als unnatürliche und gefährliche Denkungsart von Staatsverächtern, Extremisten und Kommunisten definiert und werden legitime Fragen zu offiziellen Verlautbarungen zu Gedankenverbrechen erklärt, vor denen das öffentliche Bewusstsein geschützt werden muss.

Um »den Behauptungen von Verschwörungstheoretikern entgegenzutreten und sie zu diskreditieren« und ihre Verbreitung zu verhindern, empfahl das CIA-Memorandum seinen Mitarbeitern, »freundliche Kontakte in der Elite (vor allem zu Politikern und Redakteuren)« zu pflegen und sie an die »Integrität der Warren-Kommission« zu erinnern. »Die Vorwürfe der Kritiker sind ohne seriöse Begründung«, heißt es in dem Papier, und »weitere spekulative Diskussionen spielen nur in die Hände der (kommunistischen) Opposition.« Um alle Kritik zurückzuweisen, empfiehlt das Hauptquartier seinen Stationen, »Propagandamitarbeiter zu beschäftigen«, und setzt hinzu, dass zu diesem Zweck »Buchbesprechungen und Hintergrundartikel besonders hilfreich seien«, und erläutert im Folgenden, welche Punkte dort zu setzen sind: dass keine neuen Beweise aufgetaucht seien, die die Kommission nicht berücksichtigt hätte, dass die Kritiker nur bestimmte Punkte überbewerteten und andere außer Acht ließen, dass große Verschwörungen nicht geheim zu halten seien und dass Kritiker oft zu »intellektueller Überheblichkeit« neigten und dazu, sich in ihre eigenen Theorien zu verlieben.[26]

Wenn Ihnen diese Argumente bekannt vorkommen, ist das kein Wunder. Sie waren und sind seitdem immer wieder dann zu hören, wenn offizielle staatliche Verlautbarungen hinterfragt und kritisiert werden. Da demokratische Regierungen nicht an Verbrechen beteiligt sind, weil sie per Selbstdeklaration daran nicht beteiligt sein können, muss jeder Hinweis darauf als böswillige und unhaltbare Verschwörungstheorie gelten. Dieser

Diffamierungs- und Distanzierungsmechanismus ist, wie der Politikwissenschaftler Lance DeHaven-Smith gezeigt hat[27], bei »Staatsverbrechen gegen die Demokratie« ein Standardreflex, der sich von den politischen Morden der 60er Jahre über den Zwischenfall im Golf von Tonkin, mit dem das massive Bombardement in Vietnam begründet wurde, bis hin zu den Anschlägen des 11. September 2001 zieht.

Die rasche Karriere des Worts »Verschwörungstheorie« erklärt sich nicht zuletzt mit einer legendären Investigativrecherche des Watergate-Reportes Carl Bernstein. Der ermittelte 1977, dass die CIA damals über 400 Kontakte und inoffizielle Mitarbeiter in Schlüsselressorts der Medien verfügte.[28] Wer das Märchen von magischen Kugel nicht glauben wollte, galt fortan als »Verschwörungstheoretiker« und war damit so etwas wie ein »Staatsfeind«, weil er die aus Staatsräson verkündete Wahrheit und die Reputation der Regierung anzweifelte. »Verschwörungstheorie« avancierte so zu einem Gedankenverbrechen, das man nur noch um den Preis der eigenen Reputation öffentlich aussprechen konnte. Strukturell bewegte sich diese Art von Diskurskontrolle auf dem Niveau des (un-)christlichen Mittelalters, das jeden Zweifel an *ex cathedra* verkündeten Dogmen mit Exkommunikation oder gar dem Tod bestrafte. Und tatsächlich sind Wunder wie die Jungfrauengeburt von Zauberkugeln ja auch gar nicht so weit entfernt von anderen Jungfrauengeburtswundern und bedürfen dann eben zu ihrer Etablierung als historischer Wahrheit einiger diskursiver Rigidität, denn so ohne weiteres ließ und lässt sich Otto Normalverbraucher offensichtlichen Hokuspokus eben nicht als harte Gewissheit verkaufen. Da braucht es schon die als »große Wurlitzer« bezeichnete Propaganda-Orgel der CIA – und die dröhnte nach den Schüssen von Dallas von Stunde eins an aus allen Rohren. Und weil sie bis heute dröhnt, werden wir auch noch zum 50. Jahrestag des Attentats garantiert mit dem verrutschten Jackett des Präsidenten gefüttert werden. Denn um die irre Flugbahn der magischen Kugel wenigstens halbwegs zu begründen, musste der Einschuss unter Kennedys Schulterblatt eine Handbreit nach oben verlegt werden, was nun aber nicht mehr zu den Einschusslöchern in Jacke und Oberhemd passte. Die waren – so begründen das die Warren-Apologeten Posner und Bugliosi sowie die CIA-Orgelchöre – eben einfach nach oben gerutscht, weil der Präsident dauernd winken musste.

Mit dem Märchen der magischen Kugel aber steht und fällt die Legende vom einzigen Freischützen, die als historische Wahrheit in jedem Lexikon steht. Mit ihrer Entlarvung als Märchen ist nicht nur die Tatsache mindestens eines weiteren Schützen und damit eine Verschwörung bewiesen, sondern auch die gigantische Vertuschung, mit der die Warren-Kommission, das FBI und die CIA die Öffentlichkeit jahrzehntelang hinters Licht führten – unter williger Mittäterschaft der Medien, die jede Kritik dieser Täuschung, jeden Hinweis auf die große Lüge mit dem Bannstrahl »Verschwörungstheorie« als extremistische Verrücktheit und/oder staatsfeindlichen Akt exkommunizierten. Dieses Muster der Kontrolle des öffentlichen Diskurses und der veröffentlichten Meinung wird bis heute nicht nur gepflegt, sondern auch weiter entwickelt. Ein Rechtsberater und enger Vertrauter Barack Obamas, Cass Sunstein, empfahl 2010 in einem Papier über den Umgang mit Kritik an den Ergebnissen der Untersuchungskommission der Anschläge vom 11. September 2001 die »kognitive Infiltrierung« des 9/11-Truth-Movements.[29]

Von der Regierung bezahlte Agenten und Autoren sollen die Bewegung von innen diskreditieren. Die offizielle Legende – Osama Bin Laden und 19 Studenten mit Teppichmessern waren Alleintäter – soll also dadurch gestärkt werden, dass die Regierung nun selbst alternative Theorien unter das Volk bringt. Nicht um der Wahrheitsfindung zu dienen, sondern um die Verwirrung zu steigern. Was letztlich nichts anderes ist als die konsequente und kombinierte Fortsetzung der Operationen, die von CIA und FBI schon in den 50er Jahren gestartet worden waren:

die Operation Mockingbird (unter Federführung von Cord Meyer) zur Manipulation und Kontrolle der Medien und das Counter Intelligence Program (COINTELPRO) des FBI zur Unterwanderung und Zersetzung regierungskritischer Gruppen – also eben jenes Programm, in dessen Rahmen Lee Harvey Oswald offensichtlich seine Ein-Mann-Pro-Castro-Zelle gründete und den Kommunisten so konsequent spielte, dass er sich mit gleich zwei Zeitungen linker Gruppierungen fotografieren ließ, dem trotzkistischen *The Militant* und dem stalinistischen *The Worker*, die sich in der Realität spinnefeind waren. Dass das FBI im Frühjahr 1963 verdeckte Operationen gegen das FPCC gestartet hatte, passt in das Bild des »kommunistischen« Theaters, das Oswald in New Orleans inszenierte.

Und er legte noch andere Elefantenspuren aus. Unter falschem Namen und ohne Altersangabe bestellte er das italienische Mannlicher-Gewehr für 12,95 Dollar und später, bei einem anderen Versand, einen 38-er Revolver. Eigentlich eine kaum vorstellbare Dummheit, mit dem Kauf einer Tatwaffe, die überall frei erhältlich ist, ausgerechnet über einen Versand eine Papierspur zu hinterlassen. Aber vor dem Hintergrund, dass er einem Auftrag nachkam, verdecktes Beweismaterial zu produzieren – das dann ein späteres Senatskomitee auch bereitwillig aufgriff –, machen diese Bestellungen plötzlich Sinn.

Wir halten fest: Im Rahmen von FBI-Operationen und Senatsermittlungen über kommunistische Aktivitäten und den Versandhandel mit Waffen werden inoffizielle verdeckte Mitarbeiter zur Unterwanderung und Diskreditierung linker Gruppen und zur Sicherung bzw. Produktion und Beschaffung von Beweisen über den problemlosen, anonymen Versandverkauf von Waffen eingesetzt. Und Lee Harvey Oswald verbringt seine Pausen in der Reily-Kaffeefabrik im Warteraum eines Parkhauses nebenan. Für einen potentiellen Attentäter oder für einen echten Kommunisten nicht eben ein komfortabler Aufenthaltsraum, denn Parkhaus und Warteraum werden vor allem von den Mitarbeitern eines gegenüberliegenden Bürohauses frequentiert, in den die Stationen von CIA und FBI in New Orleans untergebracht sind. Kein Problem stellt dieses »Bullenrevier« indessen für jemanden dar, der wie Oswald als verdeckter Agent an einem Referenzbeweis arbeitet, dass ein sowjetischer Überläufer und Pro-Castro-Aktivist mit ein Paar Dollars völlig problemlos Waffen unter falschem Namen einkaufen kann. Dass er ein Bauer in einem ganz anderen Spiel war und als Sündenbock aufgebaut wurde, ahnte er wohl erst, als es schon zu spät war.

Mexiko

Die Verteidiger der magischen Kugel leugnen konsequent die Kontakte Oswalds mit rechtsradikalen Agenten wie Guy Banister und David Ferrie und bemühen zu diesem Zweck gern das Argument, dass die Adresse 544 Camp Street auf Oswalds Kuba-Flyern ja gar nicht auf Banisters Detektei verweisen würde, da diese über den zweiten Eingang des Eckhauses in der Lafayette Street erreichbar war. In dieser Perspektive machen die marktschreierischen Kommunismus-Aktivitäten und die Versandbestellungen Oswalds überhaupt keinen Sinn. Auf der Folie der zur selben Zeit seitens des US-Senats und des FBI laufenden Operationen indessen passen sie exakt auf die To-do-Liste eines inoffiziellen Mitarbeiters und verdeckten Agenten.

Welchen Zweck aber die mysteriöse Mexiko-Reise gehabt haben soll, die Oswald Ende September unternahm – und die mit gefälschten Tonbändern und Fotos in Phase eins der Vertuschung gegen ihn verwendet wurde –, war für die Kennedy-Forschung jahrzehntelang unklar. Wie die von der CIA erfundenen Geschichten über seine Beantragung von Visa in der sowjetischen und der kubanischen Botschaft dazu dienten, mit einer vermeintlichen kommunistischen Großverschwörung die Gefahr eines Nuklearkriegs heraufzubeschwören und eine ebenso honorige wie willfährige Kommission zusammenzutrommeln, die auf diesem Hintergrund die Phase zwei der Vertuschung, den irren Einzeltäter, akzeptierte und verifizierte, haben wir oben bereits gesehen. Dass Oswald sein Straßentheater in dem

Glauben veranstaltete, als braver Ex-Marine und guter Undercover-Agent seinem Staat zu dienen, leuchtet ebenfalls ein. Doch zu welchem Zweck, der ja auch ihm plausibel gemacht werden musste, fand diese Busreise nach Mexiko City statt?

Von April 1963 bis zu seinem Tod hatte sich Oswald auf eine Liebschaft mit Judyth Vary Baker eingelassen. Als Mrs. Baker vier Jahrzehnte später erstmals ihr Schweigen brach und unter anderem auch diese Frage beantwortete, war der Aufschrei unter JFK-Forschern ebenso groß wie das Interesse des Fernsehens, ihre Geschichte zu dokumentieren. Doch die Dokumentation, den die angesehene Redaktion von *60 Minutes* dazu mit viel Aufwand gedreht hatte, wurde dann als Folge der Serie *The Men Who Killed Kennedy* nur einmal gesendet und verschwand alsbald aus dem History Channel.[30] Und die Forschergemeinde, allen voran die Glaubensbrüder der magischen Kugel, rief nach handfesten Beweisen für Mrs. Bakers Geschichte.

Als 19-Jährige hatte Judyth einen Forschungswettbewerb ihrer Highschool mit Experimenten über das Tumorwachstum bei Mäusen gewonnen und war mit einem Praktikum an einem der bekanntesten Krebsforschungszentren, der Klinik von Dr. Alton Ochsner in New Orleans, belohnt worden. Ochsner, dem renommierten Forscher, Leibarzt einiger mittelamerikanischer Diktatoren und rabiaten Antikommunisten, sind wir schon im Zusammenhang mit der Propagandaeinrichtung INCA begegnet, die den »Kommunisten« Oswald im Radio in Szene setzte und nach dem Attentat auf Kennedy eine Schallplatte davon herausbrachte. Als Judyth Baker ihr Praktikum antreten wollte, war Ochsner gerade verreist, und während sie noch wartete, lernte sie zufällig Lee Harvey Oswald lernen, der ebenfalls ein – wenn auch klandestiner – Praktikant für den inoffiziellen Arm der Forschungen Ochsners war. Denn außer seiner Arbeit in der Reily-Kaffeefabrik hat er noch einen Nebenjob, der genau in das Fachgebiet der juvenilen Forscherin Judyth fiel: Er versorgte für einen Freund Mäuse, die als Versuchstiere in der Krebsforschung eingesetzt wurden. Dieser Freund, der in seiner Wohnung Hunderte krebsinfizierte Mäuse in Käfigen hielt, wurde Judyth als »Dr.« David Ferrie vorgestellt, und in ihren Erinnerungen[31] berichtet sie, dass Ferrie sie nach dem Attentat angerufen und mit dem Tod bedroht habe, wenn sie über ihren Kontakt mit Oswald und dieses Projekt reden würde.

Dass sich Mrs. Baker daran auch vier Jahrzehnte lang hielt, wird ihr von Kritikern zwar vorgeworfen, ist angesichts ihrer Geschichte aber durchaus nachvollziehbar. Denn sie arbeitete mit Oswald, Ferrie und Dr. Mary Sherman, einer Forscherin an Ochsners Krebsklinik, an einem krebsauslösenden Virus. Diese Biowaffe wurde nicht nur an Mäusen, sondern auch an Menschen getestet. Als Baker davon erfuhr, dass einer Versuchsperson im Mental Hospital in Jackson, Louisiana, dieses Mittel verabreicht worden war und sie dagegen protestierte, kündigte ihr Ochsner das Praktikum.

Erinnern wir uns: Im Sommer 1963 stoppte die Kennedy-Regierung alle Attentatspläne gegen Fidel Castro, was aber einige CIA-Agenten im Verein mit rabiateren Fraktionen der Exilkubaner, mit denen Banister und Ferrie kooperierten, nicht daran hinderte, diese Pläne auf eigene Faust weiterzuverfolgen. Insofern passt Bakers Bericht über die im Schatten der Klinik des renommierten Krebsforschers Ochsner stattfindenden klandestinen Experimente durchaus ins Bild. Zumal ein 2007 neu erschienenes Buch von Edward Haslam[32] über den ungeklärten Tod von Ochsners Mitarbeiterin Mary Sherman 1964 etwas Licht in einen noch viel größeren Schatten als diese dubiose Anti-Castro-Giftherstellung gebracht hat. Der tot in ihrem Bett gefundenen Ärztin fehlte ein Arm, und die Leiche wies merkwürdige Verbrennungen auf – was aber nicht weiter untersucht wurde und als ungeklärter Fall in die Polizeiakten einging.

Edward Haslam, dessen Vater als Orthopädieprofessor ein Kollege Mary Shermans an der Tulane-Universität in New Orleans war, glaubt, dass unter der Leitung von Ochsner 1963 ein supergeheimes Projekt mit einem linearen Partikelbeschleuniger im Gange war, mit denen das Affenvirus SV-40 bestrahlt und mutiert werden sollte – auf der Suche nach einem Gegenmittel. Das bei Affen ein galoppierendes Krebswachstum auslösende Virus war Ende der 50er Jahre in einen Impfstoff gegen Polio geraten, den das National Health Institut und führende Ärzte wie Ochsner lautstark als unbedenklich angepriesen hatten. Die ersten Informationen über die gefährliche Kontaminierung des Polio-Vakzins wurden zurückgehalten und die Impfungen weiter durchgeführt – weshalb auch die Suche nach einem Mittel gegen die Massenvergiftung mit dem Virus SV-40 unter höchster Geheimhaltung lief. Auch wenn man Haslams These nicht teilt, dass die in den 70er und 80er Jahren steil ansteigende Krebsrate in den USA mit diesen millionenfachen Impfungen der Babyboomer-Generation zu tun hat, sprechen seine Recherchen dafür, dass in New Orleans Anfang der 60er Jahre tatsächlich solche geheimen Experimente stattfanden. In dem mittlerweile leerstehenden Gebäude, in dem damals die örtliche Vertretung des US Public Health Service residierte, in der Nähe der Ochsner-Klinik, entdeckte er den Standort des Partikelbeschleunigers, eine Etage war noch massiv mit Asbest gedämmt und mit der extrem starken Stromzuführung ausgestattet, die für die 500 000 Volt des Geräts benötigt wurden. Die Unterdrückung des Megaskandals, Millionen Menschen per Polio-Impfung einen karzinogenen Virus untergejubelt zu haben, machte es unmöglich, die Forschungen nach einem Gegenmittel offiziell durchzuführen. Deshalb ist es verständlich, dass verdeckte inoffizielle Hiwis wie Ferrie, Oswald und Baker für die Versuchstiere und die Messungen ihres Tumorwachstums zuständig waren. Und der geheime Charakter des ganzen Unternehmens erlaubte es dann auch, die Mutationen dieses Virus in eine Biowaffe zu transformieren, wie es Judyth Baker in ihren Erinnerungen beschreibt.

Sie konnte allerdings keine hieb- und stichfesten Beweise für diese Geschichte vorbringen, was ihr den Vorwurf einbrachte, eine Aufschneiderin zu sein, die sich mit einer erfundenen Story nur wichtig machen wollte, um ihr Buch zu verkaufen. Doch passt ihre Geschichte zu genau in das Kennedy-Puzzle, um erfunden sein zu können. So begründete sie Oswalds unerklärliche Reise nach Mexiko damit, dass er als Kurier das Krebsvirus dort an einen Kubaner übergeben sollte.

Und dann gab es da noch diese merkwürdige Fahrt von New Orleans ins knapp 200 km entfernte Jackson, bei der er mit David Ferrie und Clay Shaw in einem schwarzen Cadillac gesichtet wurde, der auf ein Institut Ochsners zugelassen und von Shaw geleast worden war. Laut Warren-Report war Oswald dorthin gefahren, um sich um einen Job im Mental Hospital von Jackson zu bewerben, wo er sich zuvor, um seine Aussichten zu verbessern, ins Wählerverzeichnis dieses ländlichen Städtchens hatte eintragen lassen. Genau einen Tag nach Martin Luther Kings »I have a dream«-Rede am 28. August, die alle Schwarzen aufforderte, sich zur Wahl zu registrieren, stand Oswald stundenlang in einer Schlange mit Afroamerikanern, während die draußen wartende Luxuslimousine und ihre Insassen mehreren Zeugen auffielen, darunter auch dem Sheriff, der die Zulassung checken ließ.

Dass diese Zeugen, die Shaw, Ferrie und Oswald identifizierten, 1967 für Garrisons Anklage nicht ausreichten, um die Verbindung dieses Trios nachzuweisen, hatte vor allem mit der damals kaum zu beantwortenden Frage zu tun, warum ein »kommunistischer« Überläufer und Ex-Marine auf Jobsuche ausgerechnet von einem der Honoratioren von New Orleans, dem Geheimdienstveteran, vielbeschäftigten Chef des International Trade Mart und ehrenwerten Geschäftsmann Clay Shaw, sowie dem CIA-Söldner, Mafiagehilfen und Hobbykrebsforscher »Dr.« David Ferrie begleitet wurde.

Judyth Bakers Geschichte lieferte viel später erstmals einen plausiblen Grund für diese unerklärliche Landpartie, bei der der auffällige Cadillac mit dem weißhaarigen Gentleman Shaw und dem schrillen Perückenträger Ferrie auffiel, weil er lange Zeit neben einer Telefonbox parkte: Das Trio wartete auf einen verspäteten Transport Gefangener, an denen im Mental Hospital in Jackson das krebsbeschleunigende Virus getestet werden sollte.

Außergewöhnliche Behauptungen bedürfen außergewöhnlich guter Beweise, und weil solche für Edward Haslams Recherche über Mary Shermans Experimente und ihren ungeklärten Tod ebenso fehlen wie in Judyth Bakers Erinnerungen an ihre Beziehung mit Oswald für das geheime Krebsvirusprojekt, sind beider Aussagen umstritten. Nicht nur bei Anhängern der »Magic Bullet«-Religion, sondern auch bei Forschern aus dem Verschwörungslager. Doch schildern ihre unabhängig voneinander entstandenen Bücher nicht nur denselben Hintergrund. Die aus verschiedenen Perspektiven gewonnenen Fakten und Belege passen auch ansonsten weitgehend widerspruchsfrei zusammen. Und eben dies kann vielleicht auch den Shitstorm erklären, den sie sich mit ihren Veröffentlichungen im Internet einhandelten. Unter »Kennedylogen« herrscht ja nicht nur das Schisma zwischen Einzeltäter-Fundamentalisten und Verschwörungs-Realos, sondern das Verschwörungslager ist auch in sich tief gespalten, und Forscher, die teilweise jahrzehntelang »ihre« Version der Ereignisse recherchiert und belegt haben, lassen sich ungern durch neue Erkenntnisse oder Hypothesen davon abbringen.

Wenn die Berichte von Haslam und Baker zutreffen – wofür aus meiner Sicht einiges spricht –, eröffnet dies eine neue Perspektive auf den Sumpf, aus dem das Kennedy-Attentat und seine anschließende Vertuschung wuchsen. Zwar hatte schon Staatsanwalt Garrison die Verbindung von Alton Ochsner, seinem Propagandainstitut INCA mit Clay Shaw und dessen Privatpiloten Ferrie auf seiner Verdachtsliste, doch er konnte sich die streng riechenden, leeren Mäusekäfige, die nach dem Tod von David Ferrie in dessen Wohnung entdeckt wurden, nicht erklären. Hätte Judyth Baker New Orleans nicht verlassen und, verängstigt durch die Drohungen Ferries, nicht jahrzehntelang geschwiegen, wäre der Garrison-Prozess vermutlich anders ausgegangen und hätte, wenn nicht den Mord am Präsidenten, so doch eine mindestens ebenso große und kriminelle Verschwörung aus dem Umfeld aufklären können. Für Haslam handelte es sich dabei, unter Anspielung auf die Entwicklung der Atomwaffe, um ein »medizinisches Manhattan-Projekt«, dessen Aufdeckung nicht nur den renommiertesten Medizinern des Landes, sondern dem gesamten nationalen Gesundheitssystem und der Pharmaindustrie auf die Füße gefallen wäre. Was unbedingt geheimgehalten werden musste, war zum einen, dass der Stoff der Massenimpfung mit einem karzinogenen Affenvirus verseucht war. Gegenüber einer ohnehin schon skeptischen Öffentlichkeit hatte Ochsner ostentativ seine eigenen Enkelkinder impfen lassen, woran eines starb und ein anderes nur knapp überlebte. Zum anderen durfte niemand etwas von den Mutationsexperimenten an diesem Virus mithilfe eines Partikelstrahlers sowie von der Suche nach einem Impfstoff und nach seinem Gegenteil erfahren: einem beim Menschen »galoppierenden« Krebs auslösenden Gift.

Wüssten wir nicht definitiv, dass die CIA in Sachen Fidel Castro ebenso ernsthaft wie erfolglos mit kuriosen Ermordungsmethoden bis hin zu explodierenden Zigarren, schießenden Kugelschreibern und vergifteten Taucheranzügen experimentierte, könnte man diese Geschichte vielleicht als wirre Räuberpistole abtun, so aber passt sie nahtlos in den Kontext der Operationen, mit denen im Klima des heiligen Kriegs gegen den Kommunismus vorgegangen wurde.

Ein weiteres Detail aus den Erinnerungen von Judyth Baker kann einige Merkwürdigkeiten in Sachen Oswald erklären, die der Warren-Report erwähnte, aber nicht weiter untersuchte: die Tatsache, dass Oswald in seinem Visum für die Reise nach Mexiko unter Religion »katholisch« eintrug und sich in den Ämtern gleich mehrerer Städte nach den ortsüblichen Ehescheidungsmodalitäten erkundigte. Das beiderseits unglücklich verheiratete Liebespaar hatte laut Baker eine Flucht samt unbürokratischer Scheidung und Hochzeit in Mexiko geplant – was einfach zu kitschig ist, um nicht wahr zu sein.

Wenn man ihren Erinnerungen folgt, ahnte Oswald gegen Ende, als sich die Pläne zur Ermordung Castros zu einem Kennedy-Attentat transformierten, zumindest ansatzweise, welche Rolle ihm dabei zukommen sollte. Aber da war es wegen seiner Mitwisserschaft für ihn schon zu spät, aus der Sache einfach rauszukommen. Er hatte keinen »Schutzengel« wie sein Sündenbock-Pendant Thomas Vallee in Chicago, und in Dallas gab es auch keinen Informanten namens »Lee«, der das FBI vor einem Scharfschützenteam gewarnt hatte, und wenn doch, waren diese Warnungen ignoriert worden. Oswald war nach Russland desertiert, er hatte den Kommunisten gespielt, er hatte im Auftrag Waffen im Versand bestellt, als falscher Castro-Freund in Funk und Fernsehen Auftritte absolviert, Rangeleien mit Exilkubanern und eine Festnahme provoziert. Und wenn er gewusst hätte, welche gefälschten Akten über ihn angelegt worden waren, wie viele Doppelgänger weitere falsche Oswald-Spuren gelegt hatten, welche falschen Meldungen die CIA über ihn in petto hatte und welche Medienberichte schon vorbereitet waren – dann wäre der brave Agent Oswald an diesem Tag vermutlich nicht bei seinem Coverjob im Schulbuchlager erschienen. Wie Thomas Vallee in Chicago, der sich am Tag der geplanten Präsidentenparade freigenommen hatte, also seinem kurz zuvor bezogenen Arbeitsplatz in einem Hochhaus direkt an einer 90-Grad-Kurve der Strecke tunlichst fernblieb. In Dallas war es eine 120-Grad-Kurve, die nur im Schritttempo genommen werden konnte – und während Oswald im Frühstücksraum im zweiten Stock Cola trank, fielen aus den oberen Etagen die ersten zwei Schüsse. Aus dem Dal-Tex-Gebäude nebenan und von der Straßenüberführung gegenüber wurde ebenfalls gefeuert, die Limousine kam fast zum Stillstand. Dann fiel vom Zaun auf dem Grashügel der Schuss, der John F. Kennedy an der rechten

Schläfe traf und Teile seines Gehirn an der hinteren Schädeldecke austreten ließ.

Der Präsident ist tot, sein angeblicher Mörder hat kaum noch 46 Stunden zu leben, und die eigentlichen Scharfschützen, die Kennedy ins Kreuzfeuer nahmen, tauchen erst mal für zwei bis drei Wochen in sicheren Häusern unter, bevor sie in ihre Heimat zurückkehren. Aller Wahrscheinlichkeit nach waren es, wie von William Harvey empfohlen, korsische Profis. Ob der von Kennedy gefeuerte Haudegen der CIA an der Auswahl der Killer selbst beteiligt war, wird sich nie beweisen lassen – es wäre ihm aber ohne weiteres zuzutrauen.

Ein Team hochprofessioneller Auftragsschützen zu engagieren und ihnen ein professionelles Back-up-Team erfahrener Agenten zur Seite zu stellen, das sich um die Logistik kümmert, ist nicht das größte Problem bei der Durchführung eines Attentats. Dessen Vor- und Nachbereitung kosten mehr Zeit, Anstrengungen und Geld als die eigentliche Durchführung, zumal dann, wenn das Ganze verdeckt stattfindet und alle Beteiligten nach dem »need to know«-Prinzip nur so viel von dem Gesamtplan wissen, wie es zur Durchführung ihrer konkreten Aufgabe nötig ist. Rädchen drehen sich, ohne die Uhr zu kennen, und die Raupe kann den Schmetterling nicht verstehen. Doch dass Kennedy das Opfer sein sollte, ließ sich nicht geheimhalten, zumal die Planungen außer Dallas noch zwei weitere Stationen seiner Wahlkampfreise umfassten: Chicago und Miami.

Secret Service außer Dienst

Zwischen dem Chicago-Plot vom 2. November und den Todes-
schüssen am 22. November gab es offenbar noch einen dritten
Plan zur Ermordung Kennedys. Dieser Anschlag war für den 18.
November beim Besuch des Präsidenten in Miami und Tampa
geplant. Frappierenderweise wurden die für die Sicherheit Kennedys zuständigen Mitarbeiter in Dallas über keinen der beiden
verhinderten Attentatsversuche in Kenntnis gesetzt.

Ein Informant des FBI, William Somerset, dessen Job darin
bestand, die rassistische, rechtsextremistische National States
Rights Party zu beobachten, führte am 9. November in Miami
ein Gespräch mit Joseph Milteer, einem der Führer dieser Partei,
das über ein verstecktes Mikrofon mitgeschnitten wurde. In diesem Gespräch sagte Milteer, dass ein Plan zur Ermordung Kennedys »in Arbeit sei«, dass geplant sei, ihn mit »einem Präzisionsgewehr von einem hohen Gebäude aus« zu erschießen, und
dass die Behörden »wenige Stunden später jemanden aufgrei-
fen« würden, somit also keine Gefahr bestehe, dass seine eigene
Partei in Verdacht geraten könne. Vor der Warren-Kommission
wurde später das Protokoll dieses Gesprächs vom FBI ebenso
verborgen gehalten wie die Identität dieses »Jemand«, der als
Sündenbock vorgesehen war. Bei dem auserkorenen Prügelkna-
ben handelte es sich um einen Kubaner namens Gilberto Lopez –
ein Mitglied des Fair Play for Cuba Committee in Tampa.

Für die in verschiedenen Büchern aufgestellte Behauptung,
dass der Autokorso in Miami aufgrund dieser Vorfälle abgesagt

worden sei, fand das HSCA 1976 keine Beweise. Offenbar war von Beginn an geplant, den Präsidenten per Hubschrauber vom Flughafen zum Veranstaltungsort zu bringen. Weil Milteer seine Enthüllungen in Miami kundgetan hatte, ging das HSCA davon aus, dass der Anschlag dort hätte stattfinden sollen, und untersuchte die Planungen des Autokorsos in Tampa nicht weiter. Als das ARRB Mitte der 90er Jahre vom Secret Service die Dokumente darüber anforderte, bekam es die Auskunft, dass diese leider »vernichtet« worden seien.

Ob der Secret Service nicht alle für mögliche Scharfschützen in Frage kommenden Gebäude und Fenster an der Strecke unter die Lupe nehmen und absichern würde, hatte der Informant Somerset Joseph Milteer gefragt. Dessen Antwort: »Ja, wenn sie irgendeinen Verdacht haben, tun sie das natürlich. Aber wenn sie keinen haben, ist es gut möglich, dass sie es nicht tun.«[33] Spätestens am 10. November, als das Protokoll dieses abgehörten Gesprächs den Behörden bekannt wurde, hätten bei den für die Sicherheit der Präsidentenreise zuständigen Secret-Service-Agenten sämtliche Alarmglocken läuten müssen, spätestens jetzt hätte das Vorauskommando der Protective Research Section des Sicherheitsdiensts Maßnahmen ergreifen müssen. »Doch Tatsache war«, stellte das HSCA in seinem Abschlussbericht später fest, »dass zwei Drohungen, Präsident Kennedy mit Hochleistungsgewehren zu ermorden, die Anfang November 1963 bekannt wurden, nicht nach Dallas weitergegeben wurden.«[34]

Und so rief der leitende Sheriff der Polizei in Dallas zwei Stunden vor dem Attentat, das direkt gegenüber seinem Fenster an der Dealey Plaza stattfinden sollte, alle etwa hundert diensthabenden Beamten zusammen und erklärte ihnen: »Wir nehmen in keiner Weise an den Sicherheitsvorkehrungen des Autokorsos teil.« Er befahl seinen Leuten, »einfach nur vor dem Gebäude in der Main Street 505 zu stehen und das Büro des Sheriffs zu repräsentieren«.

Wie es dazu kommen konnte, dass die gesamte Polizeitruppe von den Sicherheitsvorkehrungen abgezogen wurde, beschrieb später der Polizeichef von Dallas, Jesse Curry, in seinem Bericht: »Das Dallas Police Department führte sorgfältig die Sicherheitspläne aus, die ihm von Mr. Lawson, dem Verantwortlichen des Secret Service in Washington D.C., dargelegt worden waren.«[35] Zu diesen Plänen gehörte auch, dass keine bewaffnete Motorradeskorte links und rechts neben der Präsidentenlimousine herfuhr, sondern bloß zwei Motorräder, die sich hinter dem Wagen hielten. Einer der beiden Fahrer, Bobby W. Hargis, wurde von einem Assistenten der Warren-Kommission nur einige Minuten lang befragt und bezeugte, dass bei dem tödlichen Schuss »der Kopf des Präsidenten zu explodieren schien und ich mit Blut und Gehirn bespritzt wurde«.[36] Der Name dieses unmittelbaren Augenzeugen wurde im Warren-Report nicht einmal erwähnt, seine Aussage stand in direktem Widerspruch zum Ergebnis des Reports: *ein* tödlicher Schuss von hinten.

Abgesehen von den drei bis sechs Motorrädern, von denen die Präsidentenlimousine bei einer Parade normalerweise eskortiert wurde, fehlten in Dallas auch noch weitere Sicherheitsvorkehrungen, insbesondere die zwei Secret-Service-Agenten, die üblicherweise und bei allen vorangegangenen Fahrten auf den hinter dem Kofferraum der Limousine angebrachten Plattformen standen. In einem kurzen Filmausschnitt des ABC-Fernsehsenders, der die Abfahrt der Wagenkolonne vom Flugplatz in Dallas zeigt, ist zu sehen, wie die beiden Agenten zuerst im langsamen Trab hinter dem offenen Wagen herlaufen und Anstalten machen, sich auf die Plattform zu schwingen, dann aber von ihrem im Wagen dahinter fahrenden Schichtleiter, Emory Roberts, zurückbeordert werden. Einer der beiden ist angesichts dieses Befehls sichtlich verwirrt, hebt fragend beide Hände und schüttelt den Kopf.

Vor der Warren-Kommission gaben sich der Leiter des Secret Service, James Rowley, und seine Kollegen alle Mühe, jegliche

Verantwortung für die mangelnden Sicherheitsvorkehrungen von sich zu weisen. Vor allem habe der durch die Presse kurz nach dem Mord bekannt gewordene Umstand, dass neun Agenten am Abend zuvor noch bis 3 Uhr in der Früh in einer Bar getrunken und gefeiert hatten, keine Rolle gespielt. Dass keine Agenten auf den Plattformen der Limousine mitgefahren seien, so behaupteten einige Secret-Service-Leute, sei auf einen Wunsch des Präsidenten selbst zurückzuführen gewesen. Auch dass die transparente Kuppel über der Rückbank der Limousine in Dallas nicht angebracht worden sei, sei ein Wunsch Kennedys gewesen.

Der Autor Vincent Palamara hat seit 1988 in jahrelanger Arbeit das getan, was die Warren-Kommission unterließ, und zahlreiche der damaligen Secret-Service-Agenten ausfindig gemacht, um den überaus nachlässigen Sicherheitsvorkehrungen auf den Grund zu gehen.[37] Aus den mehr als 80 Interviews, die er mit Agenten, Angestellten des Weißen Hauses und Familienangehörigen geführt hat, geht eindeutig hervor, dass es keine Order und keinen persönlichen Wunsch des Präsidenten gab, auf die beiden Sicherheitsleute auf der Plattform seines Wagens zu verzichten. Mit seiner akribischen Recherche konnte Palamara zeigen, dass die mit großem Medienspektakel 2010 publizierten Versuche des damaligen Secret-Service-Agenten Gerald Blaine, Kennedy selbst die Schuld für die mangelnde Sicherheit in Dallas in die Schuhe zu schieben, nichts anderes sind als Schutzbehauptungen.[38] Wer aber dem Secret Service den Befehl gab, die Sicherheitsvorkehrungen in Dallas zu reduzieren, wer dafür sorgte, dass die Meldungen über die Anschlagsvorbereitungen in Chicago und Miami nicht kommuniziert wurden, konnte Palamara ebensowenig herausfinden wie zuvor das ARRB. Warum nur ein einziger von der in der Wagenkolonne mitfahrenden Leibwache des Präsidenten nach den Schüssen auf der Dealey Plaza seinem Job nachkam – der für Jackie Kennedy zuständige Agent Clint Hill, der nach dem tödlichen Schuss den nachfolgenden Wagen verließ und auf die Plattform des Präsidentenautos sprang, um der First Lady zu helfen –, bleibt eine der großen ungelösten Fragen des Kennedy-Attentats.

Was es gibt, das sind die Aussagen des gemobbten schwarzen Secret-Service-Agenten Abraham Bolden, dass seine meist aus dem Süden stammenden Kollegen nicht nur ihn hassten, sondern auch Kennedy verachteten – wegen seines Lebenswandels und seines Engagements für die Bürgerrechte. Was es auch gibt, das sind ein paar aufgestellte Behauptungen, dass für die laxe Sicherheit in Dallas eine Bestechung des Secret Service verantwortlich war. Doch dafür fehlen alle Beweise. Sehr gute Beweise allerdings gibt es, dass am Tatort von Dallas Secret-Service-Agenten an Stellen anwesend waren, an denen sie gar nichts zu suchen hatten.

Einer der zwei Polizisten, die während der Tatzeit auf dem Platz aktiv im Dienst waren, war Joe Marshall Smith. Man hatte ihn mit der Verkehrsregelung beauftragt. Am 23. Juni 1964 wurde er von Wesley J. Liebeler, einem Assistenten der Warren-Kommission, interviewt. Ähnlich wie bei seinem Kollegen Bobby W. Hargis in der Motorradeskorte hinter dem Wagen, der Blut und Splitter des Gehirns abbekommen hatte, wurde auch Smith' Befragung denkbar kurz gehalten und in den Dokumenten des Warren-Reports eher versteckt als ernstgenommen.[39] Smith bezeugte, dass nach den Schüssen eine Frau sehr aufgeregt auf ihn zugerannt kam und ihm zurief: »Sie schießen aus dem Gebüsch auf den Präsidenten!« Sie deutete auf den grasbewachsenen Hügel und den Zaun. Als Smith dorthin lief und den Parkplatz hinter dem Zaun überblicken konnte, sah er dort einen Mann, den er für den Schützen hielt. Er zog seine Pistole aus dem Halfter und ging auf ihn zu. Der zückte in diesem Moment einen Dienstausweis des Secret Service. »Ich hatte schon solche Ausweise gesehen, der überzeugte mich«, sagte Smith aus. Der Warren-Kommission und auch dem Smith befragenden Wesley Liebeler war die wenige Tage nach dem Attentat vom Secret Service abgegebene Erklärung, dass keiner ihrer Beamten zu Fuß am Dealey Plaza unterwegs gewesen war, sehr wohl bekannt. Doch weder fragte Liebeler angesichts dieser erstaunlichen Aussage weiter nach, noch sah sich die Kommission genötigt, der Anwesenheit von offensichtlich falschen Secret-Service-Agenten am Tatort in irgendeiner Weise weiter zu nachzugehen.

Das erscheint als umso skandalöser, als ein anderer Polizist, Sergeant D.V. Harkness, bezeugte, dass etwa zur selben Zeit, als Smith mit gezogener Waffe einen vermeintlichen Täter auf dem Hügel der Dealey Plaza stellen wollte, zwei ihm unbekannte Männer hinter dem Texas School Book Depository standen. Auf seine Frage, wer sie seien, hätten auch sie sich als Secret-Service-Angehörige ausgegeben. Eine weitere Zeugin, die Lehrerin Jean Hill, die den Präsidentencorso mit ihrer Polaroidkamera geknipst hatte, lief – ihrer Aussage zufolge – nach den Schüssen hinter den Zaun auf den Hügel, wurde dort von zwei Männern aufgehalten, die von sich behaupteten, für den Secret Service zu arbeiten, und die Fotos, die sie in ihrer Manteltasche hatte, konfiszierten.

Und dann hat sich 15 Jahre später noch Gordon Arnold zu Wort gemeldet. Gordon war damals Soldat, steckte in Uniform und wollte seinen letzten freien Tag nutzen, um den Präsidenten mit seiner Schmalfilmkamera aufzunehmen. Als er sich vor dem Eintreffen der Wagenkolonne hinter dem Zaun auf dem Grashügel postierte, wurde er von einem Mann in Zivilkleidung weggeschickt: »Ich bin vom Secret Service. Ich will hier oben niemanden haben.« Er ging ein paar Schritte bis vor den Zaun zurück. Als er gerade zu filmen begonnen hatte, hörte er direkt hinter sich einen Schuss und warf sich zu Boden. Nachdem ein zweiter Schuss gefallen war und er immer noch am Boden lag, spürte er einen Tritt. Ein Mann in Uniform stand vor ihm, schrie: »Stehen Sie auf!«, und forderte den Film aus seiner Kamera. Ein zweiter

Mann in Uniform trat hinzu, öffnete die Kamera, riss den Film heraus und warf Gordon die leere Kamera zurück. Danach verschwanden die beiden Männer eilig und ließen den jungen Infanteriesoldaten verunsichert zurück. Gordon flog am nächsten Morgen zum Dienstantritt auf seinem neuen Posten in Alaska und schwieg in der Folge über dieses Ereignis – bis er seine Geschichte 1978 einem Reporter in seiner Heimatstadt Dallas erzählte.

Man mag es bedauern, dass Arnold sich nicht schon 1964 als Zeuge gemeldet hat, aber am feststehenden Ergebnis des Warren-Reports hätte seine Aussage mit Sicherheit nichts geändert. Denn wohin hätte es geführt, wenn seinem Bericht und den Aussagen von Jean Hill sowie den Polizeibeamten Harkness und Smith, in denen stets von Ausweisen – also offenbar von falschen Ausweisen – die Rede war, nachgegangen worden wäre? Wer hatte diese Ausweise ausgestellt? Stammten sie aus dem Bureau of Engraving und Printing, das – wie auch der Secret Service – formell dem Finanzministerium unterstellt war? Nein. Nach einer 15 Jahre schmorenden FOIA-Anfrage wurden im Juni 2007 zahlreiche CIA-Dokumente, die sogenannten »Familien-Juwelen«, veröffentlicht – und auf diesen 702 Seiten findet sich ein geheimes Memorandum von Sidney Gottlieb, dem Leiter der Technical Service Division, aus dem Mai 1973. Darin bekundete Gottlieb – der notorische Giftmischer des Geheimdienstes, der unter anderem die Drogen für das Programm MK ULTRA, den vergifteten Taucheranzug für Fidel Castro und weitere Attentatsutensilien entwickelt hatte –, dass seine Abteilung »über die Jahre hinweg« den Secret Service mit »Passierscheinen, Sicherheitsausweisen, Pässen für die Präsidentenkampagnen, Kennzeichen für die Präsidentenfahrzeuge und einem sicheren System für Ausweisfotos« versorgt hatte.[40]

Die Kennedy-Mörder waren also mit ebenso authentischen wie falschen Secret-Service-Ausweisen ausgestattet, die ihnen die Flucht und die Spurenbeseitigung am Tatort ermöglichten.

Und eine Nachverfolgung unterblieb, weil eine Ermittlung dieser falschen Agenten unweigerlich zum Urheber der Ausweise hätte führen müssen – und damit in das Herz der Finsternis dieses Staatsstreichs: zur CIA.

Jack Ruby

Die Warren-Kommission hat durch ihre interessierten Unterlassungen einiges dafür getan, nicht etwa aus Versehen in Richtung einer Verschwörung ermitteln zu müssen. Hätte sie zum Beispiel den Mord an dem Verdächtigen Lee Harvey Oswald nicht als Geschenk des Himmels akzeptiert und seinen Mörder Jacob »Sparky« Rubenstein – Jack Ruby – nur etwas genauer unter die Lupe genommen, wäre der Zusammenhang des Kennedy-Mords mit den Geheimdiensten und der Mafia umgehend ans Licht gekommen. So aber dauerte es bis 1978, als das HSCA endlich offiziell herausbekam, dass Jack Ruby ein Verbindungsmann der Mafia, ein Informant des FBI und des FBN sowie ein inoffizieller Mitarbeiter der Geheimdienste war. Letzteres wurde allerdings auch vom HSCA eher ignoriert als an die große Glocke gehängt. Doch als erwiesen darf gelten, dass Ruby nicht nur Nachtklubbesitzer, Zuhälter, Schläger und Drogenschmuggler war. Ende der 50er Jahre war er auch in den Waffenschmuggel nach Kuba involviert und stand mit Mafiagrößen in seiner Geburtsstadt Chicago sowie in Miami (Santos Trafficante jr.), New Orleans (Carlos Marcello) und Dallas (Joe Civello) in Verbindung.[41] In der Polizeizentrale von Dallas ging Ruby ein und aus, versorgte die Beamten nächtens mit Sandwiches, gewährte ihnen Rabatt in seinen Clubs und bei seinen käuflichen Damen und fungierte, wie auch der lokale Mafiaboss Joe Civello, als Informant in Sachen Glücksspiel und illegale Drogen. Schon 1956 wusste die Polizei vor Ort durch einen Report des FBI in Los Angeles, dass

ein Ring von Drogenschmuggel von Mexiko via Texas an die Ost-
küste über einen »Jack Ruby aus Dallas« lief, und unter den nicht
veröffentlichten Dokumenten der Warren-Kommission befanden sich Aussagen, dass illegale Operationen in Dallas »grünes
Licht von Jack Ruby« benötigten, dem »Kontaktmann zu den lokalen Behörden« und »Zahlmeister des Dallas-Departments«.[42]

Dass die Warren-Kommission in ihrem Report trotz dieser Belege behauptete, »keine Beweise für verdächtige Verbindungen
zwischen Ruby und einem Polizeioffizier« gefunden zu haben –
sowie keinerlei Verbindungen zum organisierten Verbrechen –,
ist eine ihrer haarsträubendsten Auslassungen überhaupt. Doch
sie war notwendig, um neben dem verrückten Einzelgänger Oswald auch seinen Mörder Ruby als isolierten Einzeltäter erscheinen zu lassen. Und dies nicht nur, um die korrumpierte Polizei in
Dallas zu schützen, sondern auch ein bundesweites und verbor-
genes Netz korrupter und illegaler Aktivitäten von FBI, FBN und
CIA, die bei einer Durchleuchtung der kriminelle Karriere Jack
Rubys ans Licht gekommen wäre. Diese organisierte Kumpanei
reichte zurück bis in die 40er Jahre und die eingangs geschil-
derte Operation Underworld zur Invasion in Sizilien, in der sich
staatliche Instanzen mit Meyer Lansky, Lucky Luciano und der
Mafia verbündeten.

Nach einer Karriere als Laufbursche des Chicagoer Mobs war
Ruby 1946/47 nach Dallas gekommen, als seine Bosse am Michi-
gansee das dortige Glücksspiel und den »Wire Service« – das te-
lefonische Buchmachergeschäft – unter ihre Kontrolle bringen
wollten. Schon damals waren Rubys Verbindungen zu diesen
Geschäften aktenkundig geworden, und auch seine Aktivitäten
in dem neben dem Spiel- und Wettgeschäft wichtigsten Ge-
schäftsbereich der Mafia – dem Drogenhandel – waren den Behörden durchaus bekannt, doch das Netzwerk, in dem er ope-
rierte, genoss Protektion.

Meyer Lansky, der Boss aller Bosse, hatte sich die Sympathien
des FBI und J. Edgar Hoovers gesichert, nachdem er 1939 seinen

einstigen Kosher-Nostra-Kumpan, den Drogengroßhändler und Boss der »Murder Inc.« Louis »Lepke« Buchalter, ans Messer geliefert hatte. Zudem soll Meyer schon seit den 30er Jahren Fotos besessen und als Druckmittel benutzt haben, die Hoover bei homosexuellen Aktivitäten mit seinem Assistenten Clyde Tolson zeigten. Auch wenn diese Bilder nie aufgetaucht sind, gibt es einige Zeugen, die ihre Existenz behaupteten – einige hat zuletzt Anthony Summers für seine 2012 erschienene Hoover-Biographie aufgetan –, und die Homosexualität Hoovers war schon zu seinen Lebzeiten ein offenes Geheimnis. Robert F. Kennedy nannte den stets mit Lavendel parfümierten FBI-Chef »J. Edna«, Richard Nixon soll bei der Nachricht seines Todes ausgerufen haben: »Jesus Christus, der alte Schwanzlutscher!«, und Bill Clinton sagte 1993 bei einer Pressekonferenz zu seinen Überlegungen über einen neuen FBI-Chef, es sei schwierig, jemanden zu finden, »der in J. Edgar Hoovers Pumps passt«.[43] Außer mit dem erpressbaren FBI-Chef stand Meyer Lansky auch mit den Geheimdiensten auf gutem Fuß, seit er 1943 den Deal mit Luciano eingefädelt hatte. Die von Lanskys einstigem Partner Lepke Buchalter schon in den 30er Jahren erfolgreich begonnene Unterwanderung von Gewerkschaften durch die Mafia, die vor allem der Teamster-Führer Jimmy Hoffa – der Erzfeind Robert F. Kennedys – später übernahmen, hatte die Partnerschaft zwischen den Syndikaten mit dem FBI im Kampf gegen »Kommunisten« und »Staatsfeinde« weiter gefestigt.

Und dieser tiefen Liaison von Staat und organisierter Kriminalität entsprang dann nicht nur die unheilige Kooperation von Mafiosi und CIA bei den Mordplänen an Fidel Castro, sondern auch die Tatsache, dass notorische Gangster wie Jack Ruby über Jahrzehnte hinweg weitgehend unbehelligt blieben. Hätte die Warren-Kommission Rubys Karriere genauer unter die Lupe genommen, wären nicht nur seine Verbindungen zur organisierten Kriminalität offenbar geworden, sondern über diesen kleinen Gangster hinaus ein ganzer Sumpf von Mord, Drogenhandel und illegaler Aktivitäten im Namen und mit Billigung des Staats. Das HSCA hielt 15 Jahre später dann zwar diese unbestreitbaren Verbindungen Rubys fest – in den Wochen und Tagen vor dem Mord hatte er zahlreiche Telefonate mit Handlangern der Mafiabosse Trafficante, Marcello und Jimmy Hoffa geführt –, doch blieb Rubys Status als inoffizieller Mitarbeiter des FBI ebenso unbeachtet wie die weiteren Hintergründe der langjährigen Assoziation von Mafia, Geheimdiensten und Behörden. Der HSCA-Bericht führte dann auch aufgrund der ermittelten Connections des Oswald-Mörders Jack Ruby zu der bereits erwähnten »Mafiatheorie« des Kennedy-Mords, doch eben nicht zur Klärung einiger dringlicher und dingfester Fragen:

- Wie und warum soll es den fraglos mordfähigen und mordlüsternen Mafiosi gelungen sein, die gesamten Ermittlungen bzw. Nicht-Ermittlungen zu steuern und auf den einsamen Sündenbock Oswald zu lenken?
- Wie sorgten die Mafiosi dafür, dass Ruby am 24. November in das Tiefgeschoss des Polizeireviers vordringen konnte, bewaffnet und genau zur rechten Zeit, als Oswald zur Verlegung in das Staatsgefängnis durch den Flur geführt wurde?
- Warum zeigte von den zahlreichen anwesenden Polizisten keiner irgendeine Reaktion, als Ruby auf Oswald zustürzte, ihm die Pistole an den Bauch drückte und schoss?
- Warum kam Richter Earl Warren Rubys mehrfacher Forderung nicht nach, vom Gefängnis in Dallas nach Washington verlegt zu werden, weil hier sein Leben bedroht sei und er dort alles aussagen würde?

Das alles konnten Mafiabosse nicht allein bewerkstelligt haben, und an einer umfassenden Aussage Rubys war die Warren-Kommission offensichtlich nicht interessiert. Sie gab sich mit seiner lachhaften Behauptung zufrieden, er habe sich spontan zum Mord an Oswald entschlossen, weil er der trauernden Jackie Kennedy einen Auftritt vor dem Gericht in Dallas ersparen wollte. Später änderte er dieses rührselige Motiv, und im Gerichtsprozess plädierten seine Anwälte erfolglos für mildernde Umstände aufgrund geistiger Unzurechnungsfähigkeit zur Tatzeit. Auch vor Gericht wiederholte Ruby seine Forderung, aus Texas verlegt zu werden, denn er sei nicht verrückt und würde dann alles aussagen. Als er im Gefängnis Besuch von einem Freund bekam, sagte er: »Sie werden es herausfinden über Kuba. Sie werden alles über die Waffen herausfinden, über New Orleans, über alles.«[44]

Doch sie wollten es nicht herausfinden, auch dann nicht, nachdem zwei Assistenzanwälte der Warren-Kommission – Burt Griffin und Leon Hubert – dem Ausschuss ihre Rechercheergebnisse zu Ruby mitgeteilt hatten. Ihnen zufolge gab es »viele Beweise«, dass Ruby in den Waffenschmuggel nach Kuba verwickelt gewesen sei und man dies »nicht in der Luft hängen lassen« dürfe, sondern weiter recherchieren müsse.[45]

Was aber nicht geschah – ebensowenig wie die Klärung der widersprüchlichen Zeugenaussage von Julia Ann Mercer, die zwei Stunden vor den Schüssen auf Kennedy an der Dealey Plaza einen Mann gesehen hatte, der mit einem Pickup vor dem Grashügel anhielt und einem anderen Mann etwas übergab, was wie ein verpacktes Gewehr aussah. Mrs. Mercer identifizierte diesen Mann dann auf Polizeifotos, die ihr vorgelegt wurden, als Jack Ruby – einen Tag, bevor Ruby als Oswald-Mörder im Fernsehen gezeigt und sein Gesicht weltweit bekannt wurde. Ruby hatte sich vor dem Attentat allerdings in den Räumen der *Dallas Morning News* aufgehalten, dort gefrühstückt und Anzeigen aufgegeben. Dass er also außer in die Lieferung von Gewehren und Jeeps nach Kuba, von Drogen für die Mafia und Sandwiches oder Prostituierten für die Polizei in Dallas tatsächlich auch für die Lieferung der Mordwaffe für Kennedy verantwortlich war, ist nicht bewiesen.

Bewiesen sind aber sehr wohl seine Verstrickung in die Aktivitäten der CIA und der exilkubanischen Paramilitärs und seine

Expertise auf diesem Gebiet. Als nämlich auf der vom Fernsehen übertragenen Pressekonferenz nach der Festnahme Oswalds der Staatsanwalt Henry Wade mitteilte, dass der Verdächtige mit einem Free Cuba Committee in Verbindung stehe, rief der anwesende Jack Ruby dazwischen und korrigiert den Lapsus: »Fair Play for Cuba!« Der Nachtklubbesitzer, der später behauptete, Oswald nie gekannt zu haben, kannte sich offensichtlich nicht nur aus – er konnte sogar andere Pro-Castro-Gruppen von Oswalds Ein-Mann-Zelle unterscheiden. Etliche Zeugen – vor allem Mädchen aus Rubys Club – bestätigten später, dass sich die beiden gut kannten und Oswald öfter in den Club gekommen sei. Und Judyth Vary Baker zitiert »Sparky« Rubenstein in ihren Erinnerungen noch viel weitergehender:

> »Ich kenne Lee, seit er ein kleiner Junge war.‹ Sparky erklärte, dass er, als er als ›Helfer‹ von Marcello in Dallas anfing, einige Familienfeste Marcellos in New Orleans besuchte, an denen auch Lees Mutter, seine Tante und sein Onkel teilnahmen. Er erinnerte sich, dass Lee bei diesen Treffen mit einige anderen Kindern gespielt und er selber einige Jahre lang oft mit Lees Onkel gesprochen habe, besonders übers Boxen. Als Lee und seine Mutter nach Fort Worth zogen, wurde Sparky von Lees Onkel Dutz Murret gebeten, ein Auge auf den Jungen zu haben, der gelegentlich für Marcello als Laufbursche gearbeitet habe. ›Gib auf meinen Jungen Lee acht‹, hatte Dutz ihm gesagt. ›Diese Jobs für Marcello waren Arbeiten, über die ich keine Belege aufgehoben habe‹, sagte Lee, ›ich konnte sie für Bewerbungen nicht gebrauchen.‹«[46]

So umstritten Judyth Bakers Memoiren bei vielen Kennedy-Forschern auch sein mögen, werfen sie nicht nur, wie weiter oben schon gezeigt, ein erhellendes Licht auf Oswalds Aktivitäten in New Orleans und Mexiko im Sommer 1963, sondern auch auf Jack Ruby, der ihn im Polizeigebäude in Dallas erschoss. Denn zum einen erklären sie, was es mit Rubys Befürchtung auf sich hat, dass »alles über New Orleans« herauskommen könnte. Offenbar war Ruby dort in die geheimen Krebsexperimente involviert. »Er bringt uns Geld, um bei der Finanzierung zu helfen«, wird Oswald von Baker zitiert. Und zum anderen können sie möglicherweise auch Rubys plötzlichen Krebstod erklären: Am

8. Dezember 1966 war der Termin für seine Berufungsverhandlung festgesetzt worden, am 9. Dezember wurde er ins Parkland Memorial Hospital eingeliefert, wo man Lungenkrebs diagnostizierte, am 3. Januar 1967 starb er dort. Bis dahin hatte der Gesundheitsfanatiker, Nichtraucher und Nichttrinker die drei Jahre in seiner Zelle bei bester Gesundheit verbracht. Bei seiner Einlieferung in die Klinik behauptete er, ihm seien Krebsviren injiziert worden. Dafür gibt es nicht die geringsten Belege. Aber dieser schnelle Tod eines weiteren Zeugen »passt« und ist fraglos verdächtig. Sein Wunsch, außerhalb von Dallas vor Gericht gebracht zu werden, wo er dann möglicherweise ausführlich ausgesagt hätte, wäre mit der Berufungsverhandlung erfüllt worden.

Es gibt noch weitere Indizien, dass Ruby offensichtlich in das Skript des Attentats und seiner Nachbereitung eingeweiht war. So hielt er sich nach den Schüssen auf Kennedy im Parkland Hospital auf, in das der Präsident eingeliefert worden war – was der mit Ruby bekannte Zeitungsreporter Seth Kantor, der ihm dort die Hand schüttelte, glaubhaft bezeugte, was aber von der Warren-Kommission ignoriert wurde. Zwanzig Minuten später war er dann im Texas Theater bei der Verhaftung Oswalds zugegen – was der Kinobesucher George Applin bezeugte.[47] Am Nachmittag versuchte er, im Polizeirevier den Raum von Captain Will Fritz zu betreten, in dem Oswald verhört wurde, und auf der späteren Pressekonferenz mischte er sich unter die Reporter. Dass er am Tag nach dem Kennedy-Mord, den Aussagen einiger seiner Angestellten und weiterer Zeugen zufolge, völlig aufgelöst war und häufig in Tränen ausbrach, hatte nicht mit seiner Trauer um den toten Präsidenten zu tun, sondern damit, dass Oswald – anders als geplant – festgenommen worden war und überlebt hatte. Nun hatte Ruby den Auftrag, den Sündenbock, der zu viel wusste, aus der Welt zu schaffen.

Von wem konkret dieser Auftrag kam, ist unbekannt, lässt sich aber anhand seiner Telefonate in den Monaten vor und nach dem Attentat, die das HSCA 1979 untersuchte, eindeutig umreißen. Die Telefonaufzeichnungen zeigen, das Ruby in dieser Zeit mit mindestens sieben bekannten Mafiosi telefonierte, darunter mit Barney Baker, dem gefürchteten »Executor« Jimmy Hoffas, mit Dusty Miller, dem Assistenten Hoffas, mit Lenny Patrick, laut HSCA »einem der führenden Killer« aus Sam Giancanas Chicagoer Mafiafamilie, mit Lewis McWillie, der für Meyer Lansky und Santo Trafficante mehrere Casinos leitete, mit Nofio Pecora, einem Verbindungsmann des New Orleanser Paten Carlos Marcello und Freund von Emile Bruneau, der für Oswald die Kaution hinterlegt hatte, nachdem dieser wegen der Rangelei mit Anti-Castro-Aktivisten ins Gefängnis gekommen war.[48]

Dass Ruby Oswald im Auftrag der Mafia zum Schweigen brachte, wird auch von einer Zeugin belegt, die sich gegenüber dem Journalisten Jeff Morley nach fast 50 Jahren zum ersten Mal äußerte: der Tänzerin Gail Raven, die als 20-Jährige im Carousel Club in Dallas aufgetreten war und in die sich Jack Ruby verliebt hatte. Auf die Frage, warum Ruby Oswald ermordete, antwortete sie: »Er hatte keine Wahl. Jack hatte Bosse wie jeder andere auch. Er bekam den Auftrag, was er zu tun hätte, und deshalb hat er es getan. Und als sich die Gelegenheit ergab, ergriff er sie.« Gail Raven glaubt, dass Rubys Freunde im Polizeiquartier ihn über die Verlegung Oswalds informiert hätten. Als sie ihn im Gefängnis besuchte, sagte er ihr, sie solle sich keine Sorgen machen, in einigen Wochen komme alles in Ordnung. »Jack war *nicht* verrückt, wie es überall dargestellt wird. Er hatte Temperament, und wenn er sah, dass etwas schief lief, nahm er es selbst in die Hand, anstatt sich wie andere auf seine Türsteher zu verlassen.«[49]

Im Labyrinth der Verschwörungstheorien

Die seit fünf Jahrzehnten ungeklärte Verschwörung zum Mord an John F. Kennedy ist, wie Jeff Morley in der *Los Angeles Times* schrieb, »der Rorschachtest der amerikanischen Politik«[50]: Sage mir, was du denkst, wer JFK umgebracht hat – und ich sage dir, was du über die Natur amerikanischer Macht und Politik denkst. Die Nicht-Ermittlungen und Vertuschungen des Falles ermöglichen es bis heute, den Kennedy-Mord zu benutzen, um die unterschiedlichsten politischen und historischen Weltsichten zu rechtfertigten. Oder anders: Für jeden noch so kruden oder einfältigen ideologischen Topf gibt es einen passenden JFK-Deckel.

Da sind zunächst einmal die einst vom »guten Hirten« James Angleton angetriebenen Schäfchen, die immer noch den Großfeind Sowjetunion und den verschlagenen KGB hinter der Tat wittern, auch wenn die Beweislage gleich null ist und die damalige politische Großwetterlage – die Annährung von Chruschtschow und Kennedy – deutlich dagegen spricht.

Selbiges gilt für die Fraktion, die nach wie vor Castro und sein revolutionäres Kuba zum Kennedy-Mörder erklären. Den Filmemacher Wilfried Huismann hinderte freilich diese Unauffindbarkeit jeglicher Beweise nicht daran, dem WDR einen Haufen Geld aus der Tasche zu ziehen und 2006 einen aufwändigen Dokumentarfilm unter dem Titel *Rendezvous mit dem Tod* darüber zu machen. Kuba- und KGB-Bashing kommen auch nach dem Ende des Kalten Krieges im Westen immer noch gut, und noch so dubiose Phantastereien lassen sich als Dokumentation verkaufen, selbst wenn sie nach einem Blick ins Geschichtsbuch und den Gesetzen der Logik keinerlei Sinn machen. Man muss nur den Bericht eines Augenzeugen, des *Le-Monde*-Journalisten Jean Daniel, zur Kenntnis nehmen, der Fidel Castro in Havanna am 22. November 1963 gerade interviewte, als der Bericht von den Schüssen in Dallas eintraf. Castro, schwer erschüttert: »Das sind schlechte Nachrichten … Jetzt ist alles vorbei, alles wird sich ändern.«

Dann gibt es die These, dass der israelische Geheimdienst Mossad für den Mord verantwortlich gewesen sein soll. Schließlich habe Kennedy eine atomare Aufrüstung Israels verhindern wollen und darüber mit dem israelischen Premier David Ben-Gurion im Streit gelegen. Daraus sowie aus den schon erwähnten Verbindungen von Clay Shaw und der Firma Permindex zum Mossad hat Michael Piper in dem fast 700-seitigen Werk *The Final Judgment* seine Darlegung einer zionistischen Großverschwörung gestrickt.

Einer weiteren unhaltbaren Theorie zufolge steckte Peking hinter den Schüssen von Dallas, weil Kennedy dagegen opponierte, dass die Volksrepublik bei den Vereinten Nationen den Sitz von Nationalchina (Taiwan) einnehmen wollte, und sich bei seiner letzten Pressekonferenz am 14. November 1963 zudem gegen Handelsbeziehungen mit China ausgesprochen hatte. Allerdings wurden sowohl auf dem Grashügel an der Dealey Plaza als auch ansonsten in den Randbezirken der Mordgeschichte weit und breit keine Chinesen gesichtet.

Und dann gibt es noch den weiten Bereich der Illuminaten, Freimaurer, sinistren Geheimbünde und galaktischen Besucher, aus denen Verschwörungstheorien angesichts ungeklärter Geschehnisse gerne schöpfen. Nur ein Beispiel: Kennedy sei umgebracht worden, weil er beim Militärgeheimdienst Unterlagen über UFO-Sichtungen angefordert und somit Anstalten gemacht habe, den bereits 1947 erfolgten und sagenumwobenen Absturz eines außerirdischen Flugobjekts samt Insassen in der Wüste bei

Roswell in New Mexico aufzudecken. Damit wird zwar ein Motiv unterstellt, aber so recht kein Täter ins Spiel gebracht und jeder Beweis schuldig geblieben.

Auf jeden Fall hat sich im Laufe der letzten 50 Jahre ein Labyrinth von Verschwörungstheorien herausgebildet, das ganze Bücherregale und Tausende von Webseiten füllt und es dem Rezipienten nahezu unmöglich macht, sich in diesem Wust von Fakten, Faktoiden und Phantasien zurechtzufinden. Insofern erscheint der Kennedy-Mord in der Tat wie das interpretationsoffene Klecksbild eines Rorschachtests, in dem jeder entdecken kann, was ihm zu entdecken beliebt bzw. was sein Unbewusstes oder Unterbewusstes darin als Realität wahrnimmt. Freilich nur so lange, wie man bloß danach fragt, wer ein Interesse daran gehabt könnte, Kennedy zu ermorden oder ermorden zu lassen. Entscheidender als die Frage nach den Motiven sind zwei andere: Verfügten die möglichen Täter auch über die entsprechenden Mittel und Möglichkeiten, um ihrem Motiv entsprechend handeln zu können? Und: Verfügten sie zudem über die Mittel und Möglichkeiten, die Umstände der Tat so erfolgreich und dauerhaft zu vertuschen?

Im Lichte dieser beiden Fragen scheiden alle angesprochenen Theorien als haltlos aus. Und auch die zweite offizielle Theorie, nach der allein die Mafia für den Mord an Kennedy verantwortlich war, ist dann nicht mehr haltbar. Natürlich steht außer Frage, dass die Kartelle des organisierten Verbrechens ein starkes Motiv hatten: Sie wollten ihre millionenschweren Pfründe im Prostitutions- und Glücksspiel-Business auf Kuba zurück, wobei ihnen der Präsident im Wege stand, und ihnen war die von dessen Bruder in Gang gebrachte Verfolgung ihrer kriminellen Aktivitäten ein Dorn im Auge. Natürlich steht auch außer Frage, dass Mob-Bosse wie Sam Giancana, Carlos Marcello oder Jimmy Hoffa ein solches Attentat hätten durchführen können. Doch wie es den Syndikaten gelungen sein soll, die Medien nachhaltig auf den Einzeltäter Oswald einzuschwören, die Warren-Kommission zu manipulieren, Autopsieberichte zu fälschen und dafür zu sorgen, dass inkriminierende Akten und Dokumente jahrzehntelang unter Verschluss geblieben sind, ist schlicht nicht auszudenken. Und wäre die Tat allein von Kreisen der organisierten Kriminalität begangen worden, hätte es seitens der CIA und des FBI auch keinerlei Grund zu den massiven Vertuschungen gegeben, die mittlerweile bekannt geworden sind. Ganz im Gegenteil: Das hätte den Behörden einen willkommenen Anlass geboten, den Mob noch massiver zu verfolgen, als es Robert F. Kennedy schon begonnen hatte. Deshalb ist die vor allem von Robert Blakey, dem Leiter des HSCA, in die Welt gesetzte Mafiatheorie ebenso fragwürdig wie das Einzeltätermärchen des Warren-Reports, auch wenn sie auf irrsinnigen Humbug wie die »magische Kugel« verzichtet und von der Realität mehrerer Schützen, also von einer Verschwörung, ausgeht.

Nein, die Mafia kann nicht allein für den Kennedy-Mord verantwortlich gewesen sein, die Mobster agierten keineswegs autonom. Sie waren allerdings an diesem Mord beteiligt, in ihn einbezogen gewesen. Dafür spricht unter anderem:

- dass Carlos Marcello, der Pate aus New Orleans, gegenüber seinen Vertrauten andeutete, dafür gesorgt zu haben, »den Stein in meinem Schuh« zu entfernen – und damit JFK meinte,
- dass Jimmy Hoffa, der mafiose Chef der Teamster-Gewerkschaft, der im Fokus von Robert F. Kennedys Ermittlungen stand, sich mehrfach mit dem Mord brüstete,
- dass Johnny Roselli, der Freund des von Kennedy degradierten CIA-Topagenten William Harvey, zerstückelt in einem Ölfass gefunden wurde, nachdem er 1976 vom Church-Komitee des Kongresses, das illegale CIA-Operationen ermittelte, zur Aussage vorgeladen worden war,
- dass Sam Giancana, der Chicago-Boss der Mafia, der mit dem alten Kennedy bei der Wahl von Jack kooperiert hatte und sich hereingelegt fühlte, ebenfalls ermordet wurde, bevor er aussagen konnte.

Insofern sind auch Enthüllungen zu bezweifeln, wie sie Sam und Chuck Giancana – Sohn und Neffe des alten Sam – in einem 1992 erschienenen Bestseller vorbringen. Ihnen zufolge habe Giancana sen. das Attentat geplant und dafür einen Mann namens Richard Cain angeheuert, der die tödlichen Schüsse abgegeben habe. Der 1973 durch zwei Kopfschüsse ermordete Cain war ein korrupter Polizeioffizier und Mitglied der Mafiasektion, die als Chicago Outfit bekannt ist, und arbeitete als Informant auch für das FBI und die CIA. Insofern liegen die Giancanas richtig, wenn sie schreiben, dass in manchen Bereichen die CIA und die Mafia »ein und dasselbe waren« – doch weitere Beweise für die Täterschaft Richard Cains haben sie nicht.[51]

Wo tatsächlich zu suchen ist, wenn man den wahren Tätern auf die Spur kommen will, zeigt sich an der Rolle, die Robert Blakey in dem späteren Untersuchungsausschuss des Senats einnahm: die eines geeigneten Ersatzmannes. Ursprünglich war als Chief Counsel des HSCA nämlich Richard Sprague berufen worden, ein unabhängiger Jurist, der zu seiner Zeit als Staatsanwalt in Philadelphia 69 von insgesamt 70 Mordfällen aufgeklärt und zu einer Verurteilung gebracht hatte und der nun bei seiner Untersuchung des Kennedy-Mords darauf bestand, auch CIA-Agenten unter Strafandrohung vorzuladen und die Freigabe von Akten zu erzwingen. Dieser Untersuchungseifer führte nach wenigen Wochen unter fadenscheinigen Vorwänden und durch kolportierte Schmierengeschichten zu seiner Ablösung und Ersetzung durch den »kooperationswilligen« Robert Blakey. Blakey – wir haben es bereits erwähnt – fiel dann später aus allen Wolken, als er 2003 erfuhr, dass es sich bei dem für die damalige HSCA-Kooperation mit der CIA zuständigen Agenten George Joannides um jenen Mann handelte, der 1963 für die psychologische Kriegsführung in Miami und jene Anti-Castro-Truppe verantwortlich gewesen war, die Oswald direkt nach dem Attentat als Kommunisten an den Pranger stellte. Damit sah Blakey »alles unterminiert«, was seinem Ausschuss seitens der CIA mitgeteilt worden war. Und er sah sich damit natürlich zugleich auch der Grundlage seiner »The Mob did it«-Hypothese beraubt.

Insofern gilt es, sich von der »The Mob did it«-Theorie zu verabschieden und ins Auge zu fassen, dass dieser Mord nur aus der Symbiose von CIA und organisierter Kriminalität erklärbar ist. Der Schwanz wedelt niemals mit dem Hund, sondern umgekehrt. Das heißt, selbst wenn die Idee zu diesem Attentat von den Bossen der Mafia ausgebrütet worden wäre, die sich rächen und sich die Verfolgung durch den Generalstaatsanwalt vom Hals halten wollten, oder von radikalen Exilkubanern, die in Kennedy ein Hindernis für die Rückeroberung der Insel und die Beseitigung Castros sahen, oder von den rabiaten Rassisten aus dem Süden und den Kreisen der texanischen Ölmilliardäre, die in Kennedys Einsatz für die Gleichberechtigung der Afroamerikaner den Untergang des Abendlands eingeläutet sahen – dieser erste Plan, den Präsidenten zu beseitigen, von wem auch immer entwickelt, wäre so, wie er sich am 22. November 1963 und danach entfaltete, niemals durchführbar gewesen. Auch wenn sowohl die Mafia als auch die paramilitärisch trainierten Exilkubaner als auch der Ku-Klux-Klan und die militanten Rassisten der »Minutemen« über die ausreichende Expertise für eine solche Gewalttat verfügten – um nach den Schüssen auf der Dealey Plaza ungeschoren davonzukommen, brauchte es mehr als die blutige Handwerkskunst des kriminellen Untergrunds. Es brauchte Unterstützung von oben, Deckung seitens der Behörden, Unterstützung im Namen des Staats. Es brauchte Figuren wie J. Edgar Hoover und sein FBI, die nach zwei Tagen den Einzeltäter Oswald zementierten, wie Lyndon B. Johnson im Weißen Haus, der die Willfährigkeit des staatlichen Untersuchungskomitees garantierte, wie Allen Dulles, der die Nicht-Ermittlung der Warren-Kommission sicherstellte, und wie seine Nachfolger bei der CIA, die die Vor- und Nachbereitung des Attentats und des Täters orchestrierten. Erst diese Symbiose aus kriminellen

Elementen und staatlicher Autorität machten den Mord an John F. Kennedy und seine nunmehr fünf Jahrzehnte während Nicht-Aufklärung möglich.

Und diese fatale Eintracht von gewalttätigen Kriminellen und höchster staatlicher Autorität berechtigt ohne Zweifel dazu, diesen Präsidentenmord als Staatsstreich zu bezeichnen. Als Coup d'État, mit dem die staatlichen Machtverhältnisse nachhaltig geändert und zu dessen Sicherstellung in der Folge noch zwei weitere Protagonisten der von Kennedy eingeschlagenen Politik gewaltsam beseitigt wurden: sein Bruder Robert und Martin Luther King, der Führer der schwarzen Bürgerrechtsbewegung.

Das Politiklexikon von Klaus Schubert und Martina Klein definiert den Begriff »Staatsstreich« als »verfassungswidrigen (gewaltsamen) Umsturz, mit dem es bereits an der Macht Beteiligten (z.B. Militärs) gelingt, die gesamte Staatsgewalt zu übernehmen«. Fragen wir uns daher, welche Rolle das Militär bei diesem Coup d'État spielte.

Wir erinnern uns: Der Politikwandel, den Kennedy eingeleitet und in seiner weltweit Aufsehen erregenden Rede vom 10. Juni 1963 vor der Washington University unterstrichen hatte, hatte in Kreisen des Militärs, der Joint Chiefs und bei den Falken der Republikaner und seiner eigenen Partei regelrechte Schockwellen ausgelöst. Nicht nur die CIA, deren verdeckte Operationen er unter Kontrolle zu bekommen versuchte, die rabiaten Exilkubaner, deren Eroberungsplänen er mit seinem diplomatischen Deal mit Chruschtschow einen Riegel vorgeschoben hatte, und den auf Rassentrennung bestehenden Rechtsradikalen des Südens, die seine Bürgerrechtspolitik als Verrat empfanden, hatte Kennedy verprellt. Mit seiner Absage an das Wettrüsten, die auf dumpfer antikommunistischer Ideologie basierende Konfrontation des Kalten Kriegs und seinen Dekreten zum Abzug der amerikanischen Truppen aus Vietnam hatte Kennedy begonnen, an der Geschäftsgrundlage der einflussreichsten Machtgruppe des Staats zu rütteln: der des Militärs und der von dessen Milliardenaufträgen abhängigen Industrie. Dass der neue Präsident Johnson schon wenige Tage nach dem Attentat Kennedys Deeskalationsstrategie beendete und das massive militärische Engagement der USA in Vietnam auf den Weg brachte, was dem militärisch-industriellen Komplex in den folgenden Jahren Aufträge in Höhe von mindestens 111 Milliarden Dollar (nach heutiger Währung ca. 750 Milliarden) bescherte, könnte die Frage nach dem »Cui bono?« dieses gewaltsamen Politikwechsels recht eindeutig beantworten.[52]

Doch einen Beweis für die Mittäterschaft des Militärs in Dallas liefert dieses Motiv natürlich ebenso wenig wie die Tatsache, dass der 18-jährige Lee Harvey Oswald während seiner Zeit auf der Atsugi Air Force Base in Japan als Agent des Office of Naval Intelligence (ONI) rekrutiert wurde, Russisch lernte und später im Rahmen von James Angletons CIA-Programm als falscher Überläufer in die Sowjetunion ging. Definitiv belegen lässt sich die Rekrutierung Oswalds durch den militärischen Geheimdienst nicht mehr, da das Pentagon 1973 sämtliche Personalakten Oswalds vernichten ließ[53], allerdings deuten einige weitere Indizien auf einen Zusammenhang des Militärs mit dem Kennedy-Mord hin.

Das erste Verhör von Oswalds Ehefrau Marina nach dem Attentat wurde nicht, wie eigentlich zu erwarten, von der Polizei in Dallas, vom Secret Service oder vom FBI geführt, sondern von Jack Crichton, einem Reserveoffizier des Militärgeheimdienstes, der als Übersetzer einen Angehörigen der weißrussischen Gemeinde in Dallas, Ilya Mamantov, hinzuzog. Wie Dick Russell und andere Autoren gezeigt haben, waren es die alles andere als wörtlichen Übersetzungen Mamantovs sowie des an den nächsten Tagen hinzugezogenen, ebenfalls zivilen Übersetzers Peter Gregory, die zu der ersten Bezichtigung Oswalds durch seine Ehefrau führten.[54] Jahre später sollte dann Marina Oswald ihre damaligen amtlich protokollierten Aussagen weitgehend widerrufen.

Von Peter Dale Scott wissen wir, dass das 488th Army Intelligence Detachment in Dallas eine wichtige Rolle in der ersten Phase der Vertuschung spielte, bei der Oswald der Tat bezichtigt und in Verbindung mit Kuba und der Sowjetunion gebracht wurde. Diese von Jack Crichton geführte Spionageeinheit arrangierte die falschen Übersetzungen der Aussagen von Marina Oswald. So wurde ihr beispielsweise in den Mund gelegt, dass das Gewehr Oswalds dasselbe sei, »das er in Russland gehabt hat«. Tatsächlich aber sagte sie: »Ich kann es nicht beschreiben, weil für mich ein Gewehr so ist wie alle anderen Gewehre auch.«[55] Die 488. Geheimdienstreserve schickte am Tag der Ermordung auch ein Kabel mit den Falschbehauptungen raus, dass Oswald 1959 »nach Kuba« übergelaufen und ein »eingetragenes Mitglied der kommunistischen Partei« sei. An die 50 Mitglieder des Dallas Police Departements gehörten der 488. Einheit an, darunter auch der örtliche Deputy Chief George Lumpkin, der Crichtons Stellvertreter war und in dem ersten Wagen des Kennedy-Autokorsos fuhr, der aus unerklärlichen Gründen vor dem Texas School Book Depository anhielt. Jack Crichton, der sich vor dem ersten Verhör von Marina Oswald mit dem rechtsextremen Ölmagnaten H.L. Hunt getroffen hatte, war außerdem der Geheimdienstchef der Dallas Civil Defense, die ein Notfallzentrum unter dem Gesundheits- und Wissenschaftsmuseum von Dallas unterhielt – und hatte Zugriff auf ein geheimes Kommunikationsnetzwerk mit direkter Verbindung zu den Spitzen des Militärgeheimdiensts in Washington. Dass das dortige Telefonnetz direkt nach den Schüssen merkwürdigerweise für eine Stunde ausfiel und zivile Behörden von jeder Kommunikation abschnitt, macht die Relevanz dieses militärischen Telefonnetzes deutlich.[56]

Crichton stand nicht nur in enger Verbindung mit H.L. Hunt und weiteren Ölmagnaten in Texas, sondern auch mit Gruppen von Exilkubanern und mit George H.W. Bush, mit dem er 1959 Geld für das Kommando Operation 40 zum Sturz Castros aufgetrieben hatte. Für den Lufteinsatz bei der geplanten Invasion sollte Crichtons texanischer Freund General Charles Cabell zuständig sein, seit 1953 Vizedirektor der CIA, der von Kennedy nach der Schweinbucht-Operation gefeuert wurde. Sein Bruder Earle Cabell war von 1961 bis 1964 Bürgermeister von Dallas und unter anderem für die Route des Autokorsos verantwortlich.

Ein weiteres höchst erstaunliches Indiz für den Zusammenhang des Militärs mit dem Kennedy-Mord liefert die Geschichte des Armeegefreiten Eugene B. Dinkin. Der war als Kryptograph im französischen Metz stationiert und fing Anfang November 1963 zwei verschlüsselte NSA-Botschaften ab. In diesen Botschaften ging es um die geplante Ermordung des Präsidenten. Dinkin wandte sich daraufhin per Telegramm an Robert F. Kennedy (der aber möglicherweise dieses Schreiben gar nicht bekommen hat) und warnte darin vor dem Anschlag. Seinen Vorgesetzten blieb das nicht verborgen, und sie machten Anstalten, ihn in die Psychiatrie einzuweisen. Als er davon Wind bekam, desertierte er, fuhr nach Genf, und erzählte Journalisten im Presseraum der Vereinten Nationen, dass »sie« einen Anschlag auf Kennedy planten und »etwas« in Texas passieren würde. Er erzählte seine Geschichte einer *Time-Life*-Journalistin in Zürich, suchte danach den Kontakt zur US-Botschaft in Luxemburg und fuhr schließlich nach Frankfurt zur Redaktion der Zeitung *Overseas Weekly*. Er nannte als Datum des geplanten Anschlags den 28. November und führte weitere Details an: dass das Attentat von Rechtsradikalen und Militärs geplant sei und dass es einem »Kommunisten oder Neger« in die Schuhe geschoben werden sollte. Einige Tage später kehrte er zu seiner Einheit in Metz zurück, wurde festgenommen und am 13. November in ein psychiatrisches Krankenhaus der US-Armee eingewiesen. Dort bekam er einen Tag nach dem Mord Besuch von einem Secret-Service-Agenten, der ihn fragte, ob das Attentat von Linken oder Rechten ausgeführt worden – und wie er auf den 28. November gekommen sei. Er antwortete, dass es »Rechte« gewesen seien und der 28. nur ein annäherndes Datum sei. Weitere Aussagen verweigerte er, so lange er in der Psychiatrie bleiben müsse. Am 5. Dezember wurde er ins Walter Reed Hospital nach Washington verbracht und einer »Therapie« unterzogen. Man empfahl ihm, dass er, um »gesund zu werden«, erklären müsse, seine Behauptungen nur aufgestellt zu haben, um Aufmerksamkeit zu erzielen. Andernfalls würde er mit Elektroschock behandelt werden. Dinkin zeigte sich einsichtig, dass er sich in einem »psychotischen« und »paranoiden« Zustand befinde, und wurde dann »nur« mit Injektionen starker Drogen und Hypnose traktiert.

Nach vier Monaten dieser Behandlung wurde er aus der Psychiatrie und aus dem Militärdienst entlassen und im April 1964 vom FBI verhört. Dort behauptete er, sein Vorauswissen über den Anschlag aus dem Studium von Zeitungen erlangt zu haben, und dass die »Therapie«, der man ihn unterzogen habe, dazu diente, die Verschwörung um den Mord zu vertuschen. Auch in einem späteren Gerichtsverfahren sprach er nicht davon, sein Wissen aus der Lektüre verschlüsselter Nachrichten erlangt zu haben, mit denen er als Armee-Kryptograph zu tun hatte – vermutlich deshalb, um sich nicht selber des Geheimnisverrats und der Verletzung von Dienstvorschriften zu bezichtigen, denn anders als mit Hellseherei sind seine Vorhersagen nicht zu erklären. Dazu waren sie zu genau, nicht nur was den Zeitpunkt, sondern auch was den Sündenbock (ein »Kommunist oder ein Neger«) sowie die Tatsache betrifft, dass die falschen Beweise gegen diesen »in Mexico City« fabriziert worden seien.[57]

Naheliegender scheint da schon zu sein, dass der mit der Entschlüsselung von Kabel- und Funknachrichten betraute Dinkin bei dieser Arbeit von dem geplanten Plot erfahren hat. Etwa über das Engagement des Agenten des französischen Militärgeheimdiensts OAS Jean Souètre, der unter dem Namen Michel Victor Mertz am 22. November in Dallas anwesend war, sowie des korsischen Heroin-Schmugglers und Mafiakillers Lucien

Sarti, der sich an jenem Tag ebenfalls dort aufgehalten haben soll. Und dieser Sarti, so zumindest sein ehemaliger Kumpan im Heroingroßhandel, der in Frankreich inhaftierte Christian David, sei es gewesen, der den tödlichen Kopfschuss auf Kennedy vom Grashügel an der Dealey Plaza abgefeuert habe.[58] Auch der CIA-Agent und Watergate-Einbrecher E. Howard Hunt benannte 2004 auf dem Sterbebett Sarti als einen der Killer[59], und der JFK-Forscher Lamar Waldron hat 24 Parallelen zwischen einem in William Harveys ZR/RIFLE-Programm mit dem Codenamen OJWIN belegten Killer und Michel Victor Mertz aufgezeigt.[60] Dass William Harvey empfohlen hatte, für diskrete Attentate korsische Killer zu engagieren, hatten wir bereits erwähnt, und insofern ist es durchaus möglich, dass der in Metz mit der Entschlüsselung von Kabel- und Funkverkehr betraute Kryptograph Eugene Dinkin von der Rekrutierung der Schützen irgendetwas mitbekommen hatte.

Für seine Behauptung, dass der Plot aus Kreisen von Rechtsradikalen und Militärs inszeniert wurde, sprechen darüber hinaus auch noch weitere Indizien. Nachdem die Ärzte im Parkland Hospital von Dallas den tödlich verwundeten Präsidenten untersucht und eindeutig festgestellt hatten, dass er durch einen Schuss von vorne getötet worden sein muss, wurde der Leichnam John F. Kennedys zu einer weiteren Obduktion in das Bethesda Hospital nach Washington gebracht. Diese Untersuchung wurde von Navy-Ärzten ausgeführt, die kaum Erfahrung in forensischer Medizin und mit Schusswunden hatten, die aber den offiziellen Obduktionsbericht verfassten, der zusammen mit den nachträglich manipulierten Autopsie- und Röntgenbildern die medizinische Grundlage für die Theorie des Einzeltäters Oswald und die magische Kugel lieferte. Einer der Assistenten der Autopsie, Paul O'Connor – wie alle Beteiligten nach der Obduktion zum Schweigen verpflichtet –, berichtete sehr viel später nicht nur von dem merkwürdigen Vorgehen der Ärzte bei dieser Untersuchung, sondern auch von einem Vier-Sterne-General, der auf der Galerie des Obduktionsraumes saß und dabei Zigarre rauchte: Curtis LeMay.[61] Dass sich der eigentlich zum Fischen in Kanada urlaubende Air-Force-Chef nach der Nachricht aus Dallas per Jet sofort auf den Weg nach Washington machte, mag angesichts des nationalen Notstands eines Präsidentenmords zwar irgendwie nachvollziehbar sein, was aber der General, der Kennedy permanent zum nuklearen Erstschlag gegen die Sowjetunion gedrängt hatte, bei der medizinischen Untersuchung des Leichnams in der Klinik zu suchen hatte, ist kaum nachvollziehbar – es sei denn, ihm oblag, was die Nachbereitung des Attentats betrifft, eine Art Kommandofunktion. Also das zu bewerkstelligen, was weder die Mafia, noch irgendwelche kubanischen oder sowjetischen Attentäter oder sonst ein sinistrer Verschwörer hätte bewerkstelligen können: die Aufsicht über die Manipulation und das Ergebnis des medizinischen Befunds qua Befehlsgewalt zu garantieren. Die von Douglas Horne, dem ARRB und William M. Law dargelegten Beweise für die Fälschungen der Autopsie- und Obduktionsdokumente sind der vielleicht deutlichste Beleg für die Mittäterschaft des Militärs, denn ohne sie hätte allein der medizinische Befund ausgereicht, um einen Tag nach dem Mord unumstößlich klarzumachen, dass mehr als ein Schütze am Werk gewesen ist, dass es sich somit um eine Verschwörung gehandelt hat.

Eine weitere Spur für die Beteiligung des Militärs an der Verschwörung liefert der merkwürdige Fall von General Edwin Walker, auf den Lee Harvey Oswald am 10. April 1963 angeblich geschossen haben soll. Als Kommandeur der 24. Infanteriedivision in Augsburg hatte er an seine Truppe ein rüdes Manifest der John Birch Society verteilen lassen, in dem der Kommunismus als »satanischer Gegner der Menschheit« bezeichnet wurde, der durch »konzentrierte und entschlossene Anstrengung aller gottesfürchtigen Menschen vernichtet« werden müsse. Daraufhin veranlasste Verteidigungsminister McNamara eine Untersuchung wegen »Indoktrination« und entzog dem General das

Kommando, der daraufhin im November 1961 empört zurücktrat. Nach einem erfolglosen Versuch, bei der Gouverneurswahl in Texas anzutreten, machte der Exgeneral im September 1962 weltweit Schlagzeilen, als er die gewalttätigen Proteste gegen die Einschreibung von James Meredith, des ersten Afroamerikaners an der Universität Mississippi, anführte, bei denen zwei Menschen zu Tode kamen und 70 weitere verletzt wurden. Von der von Kennedy aktivierten Nationalgarde wurde Walker tags darauf verhaftet und einer psychiatrischen Untersuchung zugeführt. Gegen eine Kaution von 50 000 Dollar aus der Haft entlassen, wurde er bei seiner Rückkehr nach Dallas von der rassistischen Rechten als Held gefeiert.

Am Abend des 10. April 1963 wurde auf den General, der in seinem hell beleuchteten Arbeitszimmer saß, geschossen, Nachbarn sahen drei Männer in zwei Autos fliehen. Der Anschlag, der nur ein Loch im Fensterrahmen hinterlassen hatte, wurde nicht aufgeklärt – bis Marina Oswald, seit dem Kennedy-Mord im Dauerverhör des Militärgeheimdiensts und des Secret Service, ihren Mann bezichtigte. »Das FBI hatte keinerlei Kenntnisse, dass Oswald für den Anschlag verantwortlich war, bis Marina Oswald darüber am 3. Dezember Informationen preisgab«, heißt es im Warren-Report. Dieses Zeugnis der 22-jährigen verunsicherten und mittellosen Mutter zweier Kleinkinder und Ehefrau des vermeintlichen Präsidentenmörders ist der einzige Beleg, der Oswald mit dem Walker-Anschlag in Verbindung brachte, und wie viele andere ihrer Aussagen kein wirklicher Beweis. Ebensowenig wie der undatierte Zettel, den ihre mysteriöse Betreuerin und Mitbewohnerin Ruth Paine zusammen mit weiteren »Beweisen« später angeblich in ihrer Garage entdeckte – ein Zettel, auf dem angeblich Oswald auf Russisch etwas über den Schuss auf Walker geschrieben haben soll.

Der Anschlag auf den Exgeneral diente im Warren-Report und allen den Einzeltäter Oswald nachzeichnenden Medienberichten zwar als hilfreiches Argument für das psychologische Profil eines zum Mord fähigen Schützen, verströmt allerdings wie viele andere »Beweise« den deutlichen Geruch einer vorbereiteten, konstruierten Spur, die einmal mehr in rechtsgerichteten Kreisen der militärischen Nachrichtendienste ihren Ursprung zu haben scheint. Denn während laut Warren-Report das FBI erst am 3. Dezember durch die Aussage von Mariana von dem Zusammenhang des Walker-Anschlags und Oswald erfahren hat, wird es schon vier Tage zuvor, am 29. November, erstmals öffentlich erwähnt – und zwar ausgerechnet in der *Deutschen National-Zeitung* des rechtsradikalen Verlegers Gerhard Frey. Als der Kennedy-Forscher Dick Russell den Exgeneral 1976 zu dieser merkwürdigen Diskrepanz befragte, gab der sich überrascht: »Das ist interessant – aber natürlich haben die Deutschen hervorragende Quellen hier.«[62]

Eine dieser Quellen war, wie Peter Dale Scott herausfand, ein weiterer Exgeneral, Charles Willoughby, der von 1941 bis 1951 Chef des Militärgeheimdiensts von General McArthur in Asien war und wegen seiner Bewunderung für Benito Mussolini und General Franco von McArthur »mein kleiner Faschist« genannt wurde. Der, eigenem Bekunden nach, 1892 in Deutschland als Adolf Karl Tscheppe-Weidenbach geborene Willoughby betrieb nach seiner Pensionierung den *Foreign Intelligence Digest* (*FID*) und war eine führende Figur in zahlreichen rechtsextremen Organisationen wie dem vom Ölmilliardär Hunt finanzierten International Committee for the Defence of Christian Culture.

Am 24. November 1963 informierte eine Telefonistin in Mexico City die US-Behörden über ein Ferngespräch, das Emilio Portuondo, den ehemaligen Botschafter des kubanischen Batista-Regimes und Lateinamerikakorrespondenten von Willoughbys *FID* erreicht hatte: »Der Castro-Plan wird durchgeführt. Bobby ist der Nächste. Bald wird es Atombomben regnen, und sie werden nicht wissen, woher.« Am anderen Ende der Leitung war ein José Cabarga – ein »Investigator« mit angeblich engen Verbindungen zur US-Botschaft Mexico City, wo auch ein guter

Bekannter Portuondos residierte: der CIA-Kuba-Spezialist David Atlee Phillips.[63] Aus dem Umfeld und von Autoren des *FID* kamen dann in der Folge zahlreiche Artikel, die Oswald als Agenten des KGB und/oder Castros bezeichneten, und angesichts der zahlreichen Alt- und Neonazis, die sich in Willoughbys Netzwerk tummelten[64], ist es höchst wahrscheinlich, dass auch die *Deutsche National-Zeitung* ihre exklusive Information über Lee Harvey Oswalds angeblichen Anschlag auf General Walker aus diesen Kreisen erhielt. General McArthurs »kleiner Faschist« Willoughby zählte Anfang der 60er Jahre auch zu den prominenten Vertretern der größten rüstungspolitischen Lobby des Landes, dem American Security Council (ASC), das lautstark für militärische Interventionen in Kuba und Vietnam plädierte. Ebenfalls Mitglieder des ASC waren die Joint Chiefs und Generäle Curtis LeMay, der den nuklearen Erstschlag gegen Russland und China propagierte, und Lyman Lemnitzer, der Architekt der Operation Northwood.

Neben der Lobbyarbeit für die Rüstungsindustrie hatte der ASC seit Mitte der 50er Jahre eine umfangreiche Datenbank über »subversive Elemente« in den USA angelegt und bot über einen Ableger, die vom ehemaligen FBI-Agenten geleitete Firma Fidelafax, Unternehmen Hintergrundrecherchen über Personen an. Einer der Zuträger und Nutzer dieser Quellen war – laut der Aussage seines ehemaligen Mitarbeiters Joseph Oster vor dem HSCA – niemand anderes als Guy Banister, der Führer des Agenten Lee Harvey Oswald in New Orleans.[65]

Wie diese Zusammenhänge zeigen, bestand der militärisch-industrielle Komplex, vor dessen Machtübernahme Präsident Eisenhower in seiner Abschiedsrede gewarnt hatte, also nicht nur aus bellizistischen Joint Chiefs of Staff wie LeMay und Lemnitzer und auch nicht nur aus den Magnaten der großen Rüstungsfirmen, sondern auch aus einem Untergrundnetzwerk von Offizieren wie der 488. Geheimdienstreserve in Dallas, dem die Hälfte aller Beamten des Dallas Police Departments angehörte, sowie aus privat finanzierten und von faschistoiden Exgenerälen wie Willoughby und Walker geführten Organisationen und Nachrichtendiensten. Diese wiederum arbeiteten eng mit dem FBI und J. Edgar Hoover zusammen, der ihnen nicht nur ideologisch nahestand, sondern auch auf ihre Recherchen und Aktivitäten im Kampf gegen die »rote Gefahr« zurückgriff und mit den gewonnenen Informationen Politiker und Senatoren versorgte.

Die in der McCarthy-Ära losgetretene Politik der manischen Kommunistenhatz war insofern weniger ihrem Sprachrohr, dem Senator Joseph McCarthy, als vielmehr Hoover und diesem Netzwerk des ultra-rechten Untergrunds geschuldet. Am Beginn ihrer politischen Karrieren hatten die beiden Kennedy-Brüder noch in den Ausschüssen McCarthys, eines Freundes ihre Vaters Joe, mitgearbeitet – ohne zu ahnen, dass es nach ihrem Aufstieg und nach dem Wandel ihrer Politik der Untergrund dieser Kreise sein sollte, der ihrer Karriere und ihrem Leben ein Ende setzen würde.

Dass es, wie in Oliver Stones Film *JFK*, ein hoher Militär war, der das definitive »Go!« für den Anschlag auf Kennedy gegeben, lässt sich nicht beweisen, doch liefern die oben dargelegten Hintergründe mehr als nur vage Indizien, dass die Tat ohne massive Hilfe aus militärischen Kreisen nicht durchführbar gewesen wäre. Angefangen von dem als Sündenbock inszenierten Ex-Marine und Exmilitärgeheimdienstler Lee Harvey Oswald, über die Netzwerke der faschistoiden, von rechtsradikalen Milliardären gefütterten Exgeneräle Willoughby und Walker, bis hin zu der zigarrerauchenden Anwesenheit des Generals und Air-Force-Chefs Curtis LeMay bei der Obduktion des Präsidenten ziehen sich die Abdrücke von Militärstiefeln durch diesen Fall. Und weder die Exilkubaner, die ihre Insel nicht zurückbekamen, noch die Mafia, die auf ihre kubanischen Casinos und Bordelle weiter verzichten musste, gehörten zu den Profiteuren dieses Mords. Das waren vielmehr die Militärs, die mit Vietnam ihren ersehnten Krieg bekamen. Daraus *ex post* abzuleiten, dass sie deshalb als Hauptverantwortliche des Präsidentenmords zu gelten haben, wäre freilich ein Kurzschluss, und auch wenn sämtliche der noch gesperrten Dokumente und Akten in einigen Jahrzehnten ans Licht kommen, wird sich ein definitiver Beweis für die Täterschaft von Top-Militärs niemals finden lassen.

Die enttäuschten exilkubanischen Extremisten, die rachsüchtigen, gewaltbereiten Mafiabosse, die wütenden, bellizistischen Top-Militärs, die rechtsradikalen texanischen Milliardäre – keiner von ihnen konnte den Coup alleine durchziehen. Sie brauchten eine Verbindung, und diese Rolle fiel einer Institution zu, die Oliver Stone in seinem Film und Jim Garrison in seinem Prozess zu Recht – aber mit der eher unbedeutenden Randfigur Clay Shaw – auf die Anklagebank gesetzt hatten und die seit je für die Tiefenverbindung von Unterwelt und Oberklasse zuständig war und ist: die CIA.

Auch hier wird sich in den zahlreichen, noch immer geheim gehaltenen Dokumenten aus der Kennedy-Ära selbstverständlich keine »smoking gun« finden, mit der ein CIA-Direktor den Befehl gab, den Präsidenten zu erschießen, ebensowenig wie ein weiterer Bericht über die erfolgreichen Ausführung von den Hauptverdächtigen William Harvey, David Atlee Phillips und David Sánchez Morales. Diese drei wurden, neben Lyndon B. Johnson und Cord Meyer, von E. Howard Hunt – dem legendären CIA-Offizier, Experten für verdeckte Operationen und späteren Watergate-Einbrecher – 2004 auf dem Sterbebett als die Verschwörer genannt, die den »big event« vorbereiteten. Er selbst, den viele Kennedy-Forscher für einen der »drei Tramps« halten, die nach den Schüssen auf der Dealey Plaza festgenommen und unidentifiziert wieder laufen gelassen wurden – was Hunt bestreitet –, sei bei der Operation nur ein »Bankwärmer« gewesen.[66]

Nicht nur die Bekenntnisse des E. Howard Hunt, einem engen Vertrauten von James Angleton und Allen Dulles, an dessen Autobiographie *The Craft of Intelligence* er mitgeschrieben hatte, widerlegen den gegen die Kritik an der Einzeltäterlegende des

Warren-Reports immer wieder vorgebrachten Einwand, dass eine Verschwörung zum Kennedy-Mord längst aufgeflogen wäre, weil irgendwer geredet hätte. Auch andere CIA-Agenten haben geredet, wie zum Beispiel Richard Case Nagell, dessen Geschichte Dick Russell auf 600 Seiten akribisch recherchierte. Im Auftrag der CIA hatte sich Nagell dem KGB als Spitzel angedient und von seinem sowjetischen Kontaktmann den Auftrag bekommen, Lee Harvey Oswald zu beschatten – und ihn dann zu ermorden, nachdem den Russen nach dessen Auftritt in der Botschaft in Mexiko dämmerte, dass er in ein Mordkomplott gegen Kennedy verwickelt sein könnte. Als das FBI auf seine Hilferufe nicht reagierte und sein CIA-Kontaktmann ihn in der Luft hängen ließ, brachte sich der verzweifelte Undercover-Agent Nagell wenige Wochen vor dem Attentat mit zwei Schüssen in die Decke einer Bank in Arizona selbst ins Gefängnis, »um nicht in Dallas sein zu müssen«.[67]

Ein weiterer hochrangiger CIA-Mann, der geredet hatte und passenderweise 1978 an einem Herzinfarkt verschied, nachdem er vom HSCA vorgeladen worden war, ist David Sánchez Morales, den E. Howard Hunt in seinem Buch als »kaltblütigen Killer« bezeichnet. Sein bester Freund seit Kindertagen, Ruben Carbajal, gab nach Morales' Tod eine Aussage wieder, die dieser während eines Gesprächs über John F. Kennedy machte: »Well, we took care of that SoB, didn't we?« – »Wir haben uns um diesen Hurensohn gekümmert, oder?«[68] Morales' Anwalt, Robert Walton, gab in einer BBC-Dokumentation 2006 eine ähnliche Aussage des ehemaligen Vizechefs der CIA-Station Miami wieder: »Ich war in Dallas, als wir den Hurensohn kriegten, und ich war in Los Angeles, als wir den kleinen Bastard kriegten.«[69] Der »kleine Bastard« war niemand anderes als Robert F. Kennedy.

Auch wenn solche Aussagen nicht als Geständnis gewertet werden können – und die 62-seitige CIA-Akte über Morales, die zwar nicht über seine verdeckten Tätigkeiten, aber über seine Reisen und Kontakte Auskunft geben würde, noch immer gesperrt ist –, sind sie wohl mehr als haltlose Prahlerei. Denn Morales war in der Tat einer der führenden Bluthunde der CIA und übte sein mörderisches Handwerk unter anderem bei den Regimewechseln in Guatemala, Chile und der berüchtigten Mord- und Folteroperation Phoenix in Vietnam aus. Dass er von seinen Kumpels William Harvey und Dave Atlee Phillips auch für den Regimewechsel in den USA herangezogen wurde, ist deshalb naheliegend. Bewiesen ist das nicht, und beweisbar wird es allenfalls durch weitere Indizien, wenn in den freizugebenden CIA-Personalakten dieser Herren ihre Reisetätigkeiten recherchiert werden können. Dass sie aber als Top-Kandidaten für das Bindeglied zwischen den bezahlten Killern von unten und den Profiteuren von oben gelten können, ist kaum bestreitbar.

Etwas fragwürdiger ist allerdings die Aussage von E. Howard Hunt, die die Planung und Leitung der Operation dem Vizepräsidenten Lyndon B. Johnson und Cord Meyer zuschiebt, und die Vermutung liegt nahe, dass der Top-Spion hier noch auf dem Sterbebett Desinformationen und Nebelkerzen streute, um seine eigene Rolle als »Bankwärmer« herunterzuspielen. Denn nicht nur weist einer der drei an der Dealey Plaza fotografierten »Tramps« tatsächlich bestechende Ähnlichkeit mit Hunt auf[70]; in einem Gerichtsverfahren, das er 1985 gegen eine Zeitschrift anstrengte, wurde auch nachgewiesen, dass er über seine Nicht-Anwesenheit in Dallas am 22. November 1963 gelogen hatte. Die Vorsitzende der Jury, Leslie Armstrong, kam in diesem von den Mainstream-Medien nahezu totgeschwiegenen Verfahren zu dem Schluss: »Die Beweise waren eindeutig. Die CIA hat Präsident Kennedy ermordet, Hunt war daran beteiligt, und diese so akribisch dargelegten Beweise müssten jetzt von den zuständigen Institutionen der Regierung der Vereinigten Staaten geprüft werden, damit die Verantwortlichen für das Attentat vor Gericht gebracht werden können.«[71]

Die akribische Darlegung der Beweise in diesem Prozess verdankte sich Mark Lane, dem Rechtsanwalt und Bürgerrechtler, der mit seinem Buch *Rush to Judgment* 1966 als einer der Ersten die skandalösen Auslassungen und Vertuschungen des Warren-Reports dargelegt hatte und zum ersten Opfer der von der CIA daraufhin gestarteten Propagandakampagne wurde, jeden Kritiker der offiziellen Legende als unseriösen »Verschwörungstheoretiker« zu diffamieren.[72]

Der allererste Publizist aber, der im Sommer 1964 noch vor Erscheinen des Warren-Reports sämtliche Ungereimtheiten des Falls überzeugend offenlegte, war der Deutschamerikaner Joachim Joesten (1907–1975), der als Autor von Carl von Ossietzkys *Weltbühne* 1933 zuerst nach Skandinavien und 1941 in die USA emigriert war. Er arbeitete für *Newsweek* und viele internationale Zeitungen und schrieb zahlreiche Bücher. Weil er in den 20er Jahren Mitglied der Kommunistischen Partei gewesen war und sich auf seiner Flucht vor den Nazis auch in der Sowjetunion aufgehalten hatte, wurde sein Buch *Oswald. Assassin or Fall Guy?* in den USA als sowjetische Propaganda denunziert. Doch Joesten hatte sich bei den Recherchen und seiner Schlussfolgerung, dass der Präsident einem Plot ultrarechter Kreise und der Geheimdienste zum Opfer gefallen war und Oswald ein Agent des FBI und der CIA gewesen sein muss, nur auf öffentlich zugängliches Material und Presseartikel gestützt – und nicht wie der Mainstream der Medien einfach die offiziellen Verlautbarungen unhinterfragt übernommen. Deshalb ist dieses Buch, das 2012 nachgedruckt wurde – wie auch die weiteren Werke, die Joesten über diesen Fall verfasste –, noch heute absolut lesenswert, denn es zeigt unverfälscht und authentisch die haarsträubenden Ungereimtheiten der offiziellen Legende des Einzeltäters Oswald (und die Indizien für die Hintergründe und die Akteure des Mords), die von Anfang an für jeden Journalisten offensichtlich waren, der sich nicht als Stenograph und Erfüllungsgehilfe der Regierung verstand. In Deutschland hatten der *Stern* und die *Zeit*, in denen Joestens Artikel bisweilen erschienen, seine Beiträge über den Sündenbock Oswald abgelehnt; sie wurden dann im Herbst 1964 in der *Schweizer Weltwoche* gedruckt und erregten internationales Aufsehen.[73]

Joesten machte schon in seinen 1964 und 1966 erschienenen Büchern neben den rechtsextremen texanischen Ölbaronen als Finanziers zwei Hauptverdächtige aus, die zwar nicht als Schützen, aber als unverzichtbare Ermöglicher der Tat bis heute prominent auf der Anklagebank der Kennedy-Forschung sitzen: FBI-Direktor Hoover und seinen Freund und Nachbarn in Maryland, Vizepräsident Johnson. Einen neuen Schub bekam dieser Verdacht in neuerer Zeit durch den Bericht von Madeleine Brown, einer Geliebten und Mutter eines Sohnes von Lyndon B. Johnson, über eine Party auf dem Anwesen des Ölmagnaten Clint Murchinson am Abend vor dem Mord, an dem – neben ihrem Liebhaber und ihr selbst – unter anderem J. Edgar Hoover, sein Stellvertreter und Lebenspartner Clyde Tolson, Richard Nixon, der Ölmilliardär H.L. Hunt und der Rüstungsindustrielle George Brown teilgenommen haben sollen. Johnson habe nach einem Gespräch zu ihr gesagt: »Nach dem morgigen Tag werden mich diese gottverdammten Kennedys nie wieder in Verlegenheit bringen. Das ist keine Drohung, das ist ein Versprechen.«[74] Da es außer Browns Schilderung keine Belege gibt, dass dieses Treffen stattgefunden hat – und von anderen Zeugen Nixon an diesem Abend in Dallas bei der Pepsi-Cola-Aktionärsversammlung und Johnson mit Kennedy in Fort Worth gesehen wurden –, ist auch dieses Zitat äußerst zweifelhaft. Bestätigt und übertroffen wird es allerdings noch von Barr McClellan, der als Anwalt in der Kanzlei von Ed Clark, des langjährigen Anwalts und Vertrauten von Johnson, arbeitete und in seinem 2003 erschienenen Buch *Blood, Money & Power* behauptet, dass sein ehemaliger Chef Ed Clark den Kennedy-Mord im Auftrag Johnsons organisiert hätte. Das Werk McClellans – des Vaters von Scott McClellan, dem ehemaligen Pressesprecher von George W. Bush – kam durchaus autoritativ daher, stimmte aber Madeleine Brown darin zu, dass Mac Wallace, Johnsons Mann fürs Grobe, einer der Schützen an der

Dealay Plaza gewesen sei. Jedoch blieb er definitive Beweise schuldig. Und beim Erscheinen des Buchs war keiner der von ihm Beschuldigten mehr am Leben, um seiner phantastischen Story widersprechen, geschweige denn sie bestätigen zu können.

Dass der überaus ehrgeizige und vom Glanz John F. Kennedys marginalisierte und frustrierte Vize Lyndon B. Johnson ein Motiv für den Mord hatte, ist zwar ebenso unbestritten wie die Tatsache, dass er seinen politischen Aufstieg seiner Funktion als Marionette der texanischen Ölmagnaten und des Bau- und Rüstungskonzerns Brown & Root verdankt. Auch dass er die Warren-Kommission installierte und mit J. Edgar Hoover federführend bei der Vertuschung des Verbrechens war, ist unzweifelhaft, und insofern gehören diese beiden Herren in Sachen JFK zu Recht auf die Anklagebank – aber eben nicht als Rädelsführer und Täter. Auch in dieser Richtung lag Joachim Joesten mit seinen Arbeiten in den ersten Jahren nach dem Mord richtiger als vieles, was seitdem zur »Texas Connection« und der Komplizenschaft Johnsons veröffentlicht wurde – was sich vermutlich erübrigt hätte, wenn die geplanten Plots in Chicago und Miami und nicht erst in Dallas stattgefunden hätten.

Gewidmet hatte Joesten sein erstes Buch *Oswald. Assassin or Fall Guy?* dem frühen und unermüdlichen Mitstreiter in Sachen Aufklärung Mark Lane, dessen Autobiographie *Citizen Lane* 2012 erschien. Der musste selbst Gerald Posner, der fast zwanzig Jahre zuvor *Case Closed*, seine vom Mainstream hochgejubelte Apologie des Warren-Reports und des Einzeltäters Oswald, publiziert hatte, Tribut zu zollen: »Obwohl meine Ansichten zu Lee Harvey Oswald und der Ermordung Präsident Kennedys wohlbekannt sind, bin ich überzeugt, und das seit längerer Zeit, dass, wenn Mark Lane mit seinen Fähigkeiten und seinem Wissen über diesen Fall ihn vor Gericht verteidigt hätte, Oswald freigesprochen worden wäre.«[75]

Der Fall ist also nicht abgeschlossen, Lee Harvey Oswald hat den Mord an John F. Kennedy nicht begangen, und ein halbes

Jahrhundert später ist es endlich an der Zeit, die Geschichtsbücher und Lexika, wenn nicht umzuschreiben, dann doch zumindest mit dem Hinweis zu versehen, dass der posthum und ohne die Möglichkeit einer Verteidigung zum Täter gestempelte Oswald in einem ordentlichen Gerichtsverfahren freigesprochen worden wäre – und dass die wahren Täter bis heute nicht zur Rechenschaft gezogen wurden.

Wo sie zu suchen sind – und wo nicht –, sollte in unserem kurzen Parforceritt durch das scheinbar undurchdringliche Labyrinth der Verschwörungstheorien einigermaßen deutlich geworden sein. Und es kann weiter verdeutlicht werden, wenn wir den Mord an John F. Kennedy in seinem Kontext und den Folgen betrachten – nämlich den ebenfalls ungeklärten Morden an seinem Bruder Robert und an Martin Luther King. Auch hier wurden Einzeltäter verantwortlich gemacht, und auch hier deuten die Tatsachen auf eine Verschwörung hin, die nicht von durchgeknallten Verrückten oder rachsüchtigen Kriminellen inszeniert wurde, sondern wie im Falle JFK dem Herz der Finsternis entsprangen, aus den Tiefen und im Namen der Macht und des Staats.

Teil 4

Regimechange in Amerika

Robert F. Kennedy

Am 4. Juni 1968 wurde Harold Weisberg, mit seinem Buch
Whitewash. The Report on the Warren Report (1965) einer der
ersten und akribischsten Kritiker der Ermittlungen des Ken-
nedy-Mordes, in einer kleinen Fernsehstation in Washington
interviewt. Schon zuvor hatte er sich heftig darüber empört,
dass die Kennedy-Familie und namentlich der von ihm ge-
schätzte Robert F. Kennedy die Einzeltäterthese der Warren-
Kommission anscheinend widerspruchslos hingenommen und
so dem haltlosen Ergebnis des Reports öffentliche Akzeptanz
verschafft hätten. In dem Interview berichtete er von einem
Gespräch, das er mit einem Vertrauten des Justizministers darüber geführt und den er gefragt habe, wie man die 26 Bände
mit den Aufzeichnungen der Warren-Kommission lesen könne,
ohne zu dem Schluss zu kommen, dass die Einzeltäterbehaup-
tung falsch sei. »Das ist doch ganz einfach«, habe der Freund
gesagt, »Bobby will leben ... Es gibt einfach zu viele Schusswaffen zwischen Bobby und dem Weißen Haus.« Auf Weisbergs
Nachfrage: »Wessen Schusswaffen?«, habe Kennedys Freund
geantwortet: »Die der CIA.«[1]

Am nächsten Abend wurde Robert F. Kennedy nach seiner
Dankesrede zu den gewonnenen Vorwahlen in South Dakota
und in Kalifornien, die ihm die Rolle des demokratischen Kandidaten für die nächste Präsidentschaftswahl gesichert hätte, im
Ambassador-Hotel in Los Angeles angeschossen und schwer verletzt. Er starb 26 Stunden später.

Anders, als es die verborgenen Schützen beim Mord an seinem Bruder getan hatten, lauerte der Täter dieses Mal nicht in einem Versteck. Nach der Rede nahmen der Senator und seine Entourage den Weg zur Pressekonferenz – statt durch die Masse der jubelnden Anhänger im Ballsaal – durch die dahinter liegende Küche des Hotels. Der Küchenchef Karl Uecker fasste Kennedy am Arm und leitete ihn durch sein Reich, in dem 70 Angestellte arbeiteten, als plötzlich ein junger Mann mit einer Pistole vortrat. Er rief: »Kennedy, du Hurensohn!«, und feuerte. Kennedy brach zusammen, und die Umstehenden überwältigten den Mann, der später als der 25-jährige Sirhan Sirhan identifiziert wurde, der elf Jahre zuvor aus Jordanien in die USA gekommen war.

Sirhan wurde verhaftet und nach einem kurzen Prozess am 23. April 1969 zum Tod in der Gaskammer verurteilt, wobei das Urteil wegen der kurz danach in Kalifornien aufgehobenen Todesstrafe in lebenslängliche Haft umgewandelt wurde. Nach Jahrzehnten im Hochsicherheitstrakt der kalifornischen Strafanstalt Corcoran ist Sirhan seit 2009 im Pleasant Valley State Prison in Coalinga, ebenfalls Kalifornien, inhaftiert. Er hat seitdem 14 Begnadigungsgesuche gestellt, die ebenso abgelehnt wurden wie seine Anträge, in einem neuen Prozess seine Unschuld zu beweisen. Paul Schrade, ein einstiger Wahlhelfer Kennedys, unterstützt ihn dabei. Er stand hinter Kennedy und wurde von einer Kugel getroffen, die laut den Ermittlungen des Los Angeles Police Departments zuerst Kennedys Schulter durchdrang und dann Schrades Kopf traf, der daraufhin bewusstlos wurde. Wenn Sie jetzt den Kopf schütteln, weil hier schon wieder eine »magische Kugel« am Werk gewesen sein soll, kann ich Sie leider nicht beruhigen: Es waren sogar mehr als eine.

Vom Tatort konnten acht Projektile geborgen werden. Fünf wurden aus den Verletzten herausoperiert, die neben Kennedy gestanden hatten, er selbst war von drei Schüssen getroffen worden, ein vierter hatte nur sein Jackett durchschlagen. In der

Decke und in einem Türrahmen befanden sich weitere Einschusslöcher, die von der Polizei fotografiert wurden. Sirhans Pistole aber hatte nur acht Schüsse. Und die Kugel, die Bobby Kennedys Leben ein Ende setzte, hatte ihn hinter dem rechten Ohr getroffen – Sirhan aber stand einen Meter vor ihm. Der amtliche Leichenbeschauer Thomas Noguchi kam in seinem Autopsiebericht zu dem Schluss, dass der tödliche Schuss aufgrund der reichlichen Pulverrückstände aus drei bis fünf Zentimetern Entfernung und aufgrund des Einschusswinkels von unten abgegeben worden sein musste. Als der Distriktstaatsanwalt daraufhin den Arzt aufforderte, die in seinem Gutachten angegebene Entfernung von »Inches« in »Feet« zu vergrößern, und dieser sich weigerte, wurde er einer Mobbingkampagne ausgesetzt und als Leiter des Gerichtsmedizinischen Instituts von Los Angeles suspendiert – musste nach einer Klage aber wieder eingestellt werden.

In der Gerichtsverhandlung wurden diese Unstimmigkeiten und die überzähligen Kugeln, die für mindestens einen zweiten Schützen sprechen, ignoriert. Sirhans Anwalt war Grant Cooper, der ansonsten satte Honorare einstrich, bereits als Rechtsbeistand des Mafioso und CIA-Kontaktmanns Johnny Roselli in Erscheinung getreten war und sich jetzt erstaunlicherweise bereit erklärt hatte, den mittellosen Angeklagten zu verteidigen. Cooper ließ die überzähligen Kugeln ebenso durchgehen wie die Nicht-Anhörung von Zeugen, die von einem »Feuerwerk« von Schüssen in der Küche sprachen, das nicht von einem Einzelschützen stammen konnte. Auf die Einführung der Autopsiefotos in das Verfahren, die den Einschuss von hinten hätten zeigen können, verzichtete Cooper mit dem merkwürdigen Argument, diese würden die Sympathien für Kennedy und die Wut auf seinen Klienten erhöhen. Sirhan selbst leugnete vor Gericht die Tat und behauptete, keinerlei Erinnerung an die Mordtat und die Zeit davor und danach zu haben, erst nach seiner Festnahme sei er wieder zu Bewusstsein gekommen. Gleichzeitig allerdings forderte er vom Gericht die Todesstrafe für sich selbst, weil er seit 20 Jahren nichts anderes im Sinn gehabt hätte, als Robert Kennedy zu töten. In seinem Zimmer wurde ein Tagebuch gefunden, in das er unter dem Datum des 18. Mai und unter der Überschrift »Meine Bestimmung, RFK zu eliminieren, wird mehr und mehr zur Obsession« seitenlang den Satz »RFK must die« (RFK muss sterben) geschrieben hatte.[2] Zusammen mit einem aktuellen Zeitungsartikel in seiner Jackentasche, in dem es darum ging, dass sich Kennedy wenige Tage vor dem Mord positiv über Waffenlieferungen an Israel ausgesprochen hatte – was zum Zeitpunkt der Niederschrift der »RFK must die«-Litanei allerdings noch nicht bekannt war –, wurden diese Belege angeführt, den Täter im Prozess als »geistesgestörten religiösen Fanatiker« zu bezeichnen. Dazu trug auch bei, dass er dem Gericht erzählte, er habe seit 20 Jahren nichts anderes im Sinn gehabt, als Kennedy zu töten.

Nach dem Prozess widerrief er seine Aussagen vor Gericht und gilt seit nunmehr 45 Jahren als mustergültiger Gefangener. Das hat seinen Begnadigungsgesuchen bisher nicht zum Erfolg verholfen. In jüngster Zeit aber sind dank Sirhans neuer und engagierter Rechtsbeistände Zeugen und Beweise an die Öffentlichkeit gekommen, die Bewegung in den Fall bringen könnten. Da ist zum einen Nina Rhodes-Hughes, die damals zum Wahlkampfteam RFKs gehörte und darauf besteht, dass ihre Aussage, zwölf bis 14 Schüsse in der Küche gehört zu haben, im Protokoll des FBI auf acht reduziert wurde.[3] Des weiteren ist 2008 eine wieder aufgetauchte Tonbandaufzeichnung des Journalisten Stanislaw Pruszynski aus dem Ambassador-Hotel akustisch analysiert worden, mit dem Ergebnis, dass darauf nicht weniger als 14 Schüsse zu hören sind.[4]

Ob Sirhan allerdings mit diesen neuen Beweisen eine Wiederaufnahme des Verfahrens erreichen kann, ist fraglich. Dem entgegen steht, dass die Polizei in Los Angeles (LAPD) und die ermittelnde Sonderkommission Special Unit Senator schon nach dem Prozess 90 Prozent der aufgenommenen Zeugenaussagen und Tatortfotos vernichtet haben – darunter alle jene, die der Einzeltäterthese widersprechen. Dazu zählen etwa die Fotos des damals 15-jährigen Jamie Scott Enyart, der sich mit einem Presseausweis in das Hotel geschmuggelt und beim Abgang Kennedys durch die Küche über 100 Bilder geschossen hatte, darunter auch von dem Wachmann Thane Eugene Cesar, der hinter dem Senator stand und nach der Überwältigung Sirhans einen Revolver in der Hand hielt. Die Fotos wurden von der Polizei nach der Tat konfisziert, angeblich weil sie für das Gerichtsverfahren gebraucht würden, wo sie aber nicht gezeigt wurden. Als er nach dem Prozess die Fotos zurückverlangte, erhielt er nur 18 Abzüge, keine Negative und die Auskunft, die anderen Bilder müssten für 20 Jahre unter Verschluss bleiben. Und als er sie nach dieser Frist 1988 erneut zurückverlangte, behauptete das LAPD, sie seien verbrannt worden. Er reichte eine Klage ein, die sechs Jahre lang hinausgezögert wurde. Dann, kurz vor dem anberaumten Gerichtstermin, entdeckte die Polizei die Fotos angeblich wieder und händigte sie dem Kläger aus – es waren allerdings nur die Fotos aus dem Ballsaal, nicht die entscheidenden aus der Küche. Schließlich kam es 1996 dann doch zu einem Gerichtsverfahren. Nun behauptete der Anwalt des LAPD, die Fotos seien im Archiv in Sacramento gefunden worden und würden jetzt per Kurier zum Gericht gebracht. Am folgenden Tag traf der Kurier ein, ohne die Fotos, denn angeblich war ihm kurz zuvor die Tasche mit den Bildern aus dem Auto entwendet worden. Scott Enyart wurden 450 000 Dollar Schadensersatz zugesprochen – der »Zapruder-Film« des RFK-Mords ist bis heute verschwunden.

Dies ist nur eine ebenso bezeichnende wie haarsträubende Episode über die Ermittlungen und den Umgang mit Beweismitteln in diesem Fall – etliche andere haben Forscher und Autoren vom ersten Tag an bis heute zusammengetragen.[5] Und die von den Ermittlern übersehenen oder auch willentlich übergangenen Fakten zeigen überdeutlich, dass auch Robert F. Kennedy nicht zum Opfer eines verwirrten Einzelschützen wurde.

Zeugen wie der Polizist, der nach der Tat als Erster vor dem Hotel eintraf, und das konsternierte Ehepaar, das ihm aufgeregt von einer Frau in einem weißen, blau gepunkteten Kleid und einem Mann berichtete, die eine Minute zuvor lachend die Treppe hinunter gelaufen seien und begeistert: »Wir haben ihn erschossen! Wir haben ihn erschossen!« gerufen und auf ihre Frage, wer erschossen worden sei, strahlend: »Kennedy!« geantwortet hätten, sowie weitere Zeugen, die dieses Paar am Abend im Hotel und zusammen mit Sirhan gesehen hatten, wurden im Prozess nicht gehört oder schon bei den Polizeiverhören so unter Druck gesetzt, dass sie ihre Aussage relativierten oder zurückzogen. Dass die Frau in dem auffälligen Kleid von so vielen Zeugen gesehen worden war, begründete die Ermittlungskommission vor Gericht mit einer Verwechslung. Eine junge TV-Praktikantin habe ebenfalls ein gepunktetes Kleid getragen. Doch deren Kleid war gelb mit roten Punkten, und sie ging wegen einer Beinverletzung an einer Krücke, was keinem der Zeugen aufgefallen war. Der ballistische Experte der Kommission präsentierte ein Gutachten der drei Projektile, die Kennedy angeblich getroffen hatten, wobei sich später herausstellte, dass diese nicht aus Sirhans Waffe stammten – was bei einer neuerlichen Anhörung 1975 als eine einfache Verwechslung falsch beschrifteter Couverts dargestellt wurde.

Der hinter Kennedy stehende Wachmann Thane Eugene Cesar, den Zeugen mit gezogener Waffe hinter dem niedergestreckten Senator gesehen hatten, wurde weder verhört noch wurde seine Waffe beschlagnahmt und ballistisch untersucht. Sie hatte dasselbe Kaliber wie die Waffe Sirhans, doch drei Jahre später behauptete Cesar, er habe sie schon vor dem Attentat verkauft. Ein privater Ermittler fand jedoch den Käufer und die Quittung des Verkaufs, datiert auf den September 1968, drei Monate nach den Schüssen. Cesar war erst zwei Tage zuvor vom Ambassador-Hotel über die der Sicherheitsfirma Ace Guard Security enga-

giert worden und hatte davor für die Flugzeug- und Rüstungs-
konzerne Lockheed und Hughes Aircraft gearbeitet (was er
später auch wieder tat) – mit höchster Sicherheitsstufe des Verteidigungsministeriums. Wie Lisa Pease gezeigt hat, waren die
Beamten der zur Aufklärung des Mordes eingesetzten Ermittlungskommission überwiegend Mitglieder der verschiedenen
Militärgeheimdienste oder standen in enger Verbindung mit der
CIA.[6] Mike Ruppert, der 1969 in das LAPD eintrat und seinen
Job 1990 verlor, als er aufdeckte, dass seine Vorgesetzten den von
der CIA betriebenen Drogenhandel vertuschten, fand beim Studium der Akten 1998 heraus, dass dies dieselben LAPD-Oberen
waren, die seinerzeit die RFK-Ermittlungen geführt (bzw. sabotiert) hatten.[7]

Wie wir schon im Mordfall JFK gesehen haben, waren die Militärgeheimdienste auch hier in die Bearbeitung wichtiger Zeugen involviert. Der Journalist und Augenzeuge Don Schulman,
der unmittelbar nach den Schüssen von Radio- und Fernsehre-
portern interviewt wurde und gesagt hatte, dass einer der Wach-
männer geschossen hätte, wurde im Verhör danach sehr stark
unter Druck gesetzt – man bezichtigte ihn, an einer Verschwörung zum Mord RFKs beteiligt zu sein, und drohte mit Verhaftung – sodass er zugab, sich möglicherweise geirrt zu haben. Bei
einer weiteren Anhörung 1973 jedoch kam er zu seiner ur-
sprünglichen Version des Ereignisses zurück und bestand darauf, »absolut sicher« zu sein, dass der Ace-Guard-Security-Wach-
mann Cesar gefeuert habe – und ließ sich von seinen Vernehmern
im Büro des Staatsanwalts, die insistierten, dass keine weiteren
Schüsse gefallen seien, nicht davon abbringen.[8] Auch der verdächtige Schütze Thane Eugene Cesar wurde in späteren Jahren mehrfach interviewt und bestritt immer wieder, in der Küche geschossen zu haben, auf Nachfrage recherchierender
Journalisten aber musste er indessen zugeben, mit rechtsradikalen Gruppen in Verbindung gestanden und ein echter Kennedy-
Hasser gewesen zu sein.[9]

Wie in Dallas wird auch bei dem Kennedy-Mord in Los Angeles das Herz der Finsternis deutlich – die unheilige Liaison von Militärs, Geheimdiensten und paramilitärischen Rechtsextremen –, dem dieser Anschlag aller Wahrscheinlichkeit nach entsprang und das den Grund für die nachfolgenden Tarnungen, Täuschungen und Vertuschungen – die Nicht-Aufklärung des Verbrechens – darstellt. Wäre hier nur ein einsamer Irrer am Werk gewesen, wäre auch in diesem Fall der Mord längst bis ins letzte Detail geklärt und der vermeintliche Mörder wegen guter Führung im Zuchthaus nach 45 Jahren schon längst entlassen.

Dass Sirhan Sirhan, der sich bis heute an seine Tat nicht erinnern kann, diese Entlassung verwehrt wird, deutet auf eine weitere dunkle Seite dieses Verbrechens, die außer der Tatsache von mehreren Schützen und einer Verschwörung verborgen bleiben muss: die Frage, ob es sich bei diesem Täter um einen »mandschurischen Kandidaten« handelt, einen Täter, der durch Hypnose und mentale Programmierung zu seiner Tat gebracht wurde. In dem 1959 veröffentlichten Politthriller *The Manchurian Candidat* von Richard Condon wird ein gefangener US-Soldat vom KGB einer Gehirnwäsche und hypnotischen Programmierung unterzogen, die ihn, als »Schläfer« in die USA zurückgekehrt, auf ein bestimmtes Zeichen hin, Morde begehen lassen, an die er sich nicht erinnern kann. Der Roman wurde 1962 mit Frank Sinatra in der Hauptrolle verfilmt – von John Frankenheimer, einem guten Freund Robert Kennedys, der mit seinem Wagen vor dem Ambassador-Hotel auf ihn wartete, bis er von dem Mord erfuhr. Die CIA führte in den 50er und 60er Jahren das bereits erwähnte millionenschwere Geheimprogramm MK *Ultra* durch, in dem Methoden der Gehirnwäsche und mentalen Programmierung mithilfe von Drogen und/oder Hypnose entwickelt wurden.[10] Vor dem Prozess gegen Sirhan wurde dieser von zwei Psychiatern – der eine von der Anklage, der andere von der Verteidigung bestellt – untersucht, die beide feststellten, dass sein Gedächtnisverlust über die Tat echt und nicht vorgetäuscht war. Beiden Ärzten fiel dabei auch auf, das Sirhan sehr leicht auf Hypnose ansprach; schon den Polizisten, die ihn festnahmen, waren sein sehr entspannter Gesichtsausdruck, völlig ruhige Augen und sein freundliches Lächeln aufgefallen. Bei seinem ersten Verhör nannte Sirhan seinen Namen nicht, schwieg auch auf alle Fragen zu der Tat und antwortete nur auf Smalltalk. Er wirkte auf alle Beteiligten wie in Trance, war aber nicht betrunken.

Deshalb glauben nicht nur seine heutigen Anwälte und glaubte nicht nur Herbert Spiegel, einer der damals führenden Experten für Hypnose und Psychiatrieprofessor an der Columbia-Universität, der Sirhan in den 90er Jahren untersuchte, dass dieser zur Tatzeit hypno-programmiert war – und die Frau in dem blau gepunkteten Kleid seine Kontrolleurin, die den Hypnosebefehl auslöste. Tatsächlich ist das Letzte, an das sich Sirhan bei allen seinen Aussagen über den Tag des Mordes erinnern konnte, dass er eine Frau fragte, ob sie mit ihm einen Kaffee trinken wolle. Ein weiterer renommierter Psychologe, Daniel Brown von der Harvard-Universität, der Sirhan in den letzten Jahren mehr als 70 Stunden interviewte, kommt zu einem ähnlichen Schluss: Sirhan sei nicht schizophren – wie sein (Nicht-)Verteidiger Grant Cooper in dem Prozess behauptet hatte –, sondern extrem empfänglich für Hypnose, sogar dann, wenn diese nicht durch einen menschlichen Hypnotiseur, sondern über Radio induziert wird. Konkrete Beweise, ob und wie Sirhan Sirhan vor der Tat zum Opfer des MK-ULTRA-Projekts der CIA geworden sein könnte, existieren selbstverständlich nicht und werden auch nie auftauchen.

Gestützt auf die Gutachten von Professor Brown und seines Kollegen Alan Scheflin von der Georgetown-Universität sowie auf die Zeugenaussage von Nina Rhodes-Hughes und die akustische Analyse der Tonbandaufnahmen von Stanislaw Pruszynski haben die Anwälte Sirhan Sirhans, William Pepper und Laurie Dusek, im März 2013 eine Petition zur Wiederaufnahme des Verfahrens eingereicht.[11]

Doch wie im Falle seines Bruders John muss man auch im Fall Robert F. Kennedy skeptisch bleiben, ob eine Justiz, die sich über Jahrzehnte nicht als Förderer, sondern als Verhinderer einer Verbrechensaufklärung erwiesen hat, jetzt tatsächlich dafür sorgen wird, diese politischen Morde endlich aufzuklären. Ja, Sirhan Sirhan hat in der Nacht des 5. Juni im Ambassador-Hotel auf Bobby Kennedy geschossen, das steht fest. Dass es aber die von ihm abgefeuerten Schüsse waren, die den so gut wie sicheren Präsidentschaftskandidaten töteten, dass er das Attentat alleine plante und durchführte, ist indessen ebenso unwahrscheinlich wie die Behauptung, dass der amtierende Präsident John F. Kennedy fünf Jahre zuvor dem Einzeltäter Lee Harvey Oswald zum Opfer fiel. Und wie im Falle JFK konnte auch bei RFK diese offensichtliche Unwahrheit als historische Tatsache nur durchgesetzt werden, weil die Spitzen des Staats – der Regierung, der Polizei, der Geheimdienste und der Justiz – mit Hilfe willfähriger Massenmedien die Aufklärung dieser Verbrechen verhinderten.

Mit dem Tod John F. Kennedys wurde die von ihm initiierte Wende der amerikanischen Politik schlagartig gestoppt. Zwei Tage nach dem Mord verkündete sein Nachfolger Johnson seinem Stab im Weißen Haus: »Ich werde Vietnam nicht aufgeben!«, einen Monat später sagte er den Joint Chiefs of Staff: »Lasst mich erst wiedergewählt werden, dann bekommt ihr euren Krieg.« Fünf Jahre später kämpften über 500 000 US-Soldaten in Südostasien, und Robert F. Kennedy hatte in seiner letzten Rede im Ambassador-Hotel (wie im Wahlkampf zuvor) seine Entschlossenheit klar gemacht, diesen Krieg zu beenden: »Ich will einen Richtungswechsel. Ich will Frieden in Vietnam.« Wenige Minuten später bezahlte er diese Entschlossenheit mit seinem Leben.

Martin Luther King

Es war nicht allein die Entschlossenheit Robert F. Kennedys, den Kriegskurs rückgängig zu machen, den die Vereinigten Staaten nach dem Mord an seinem Bruder eingeschlagen hatten und der in der Folge 1,5 Millionen Menschen in Südostasien und 58 000 amerikanische Soldaten das Leben kostete. Es war auch sein engagierter Einsatz für die Gleichstellung der afroamerikanischen Bevölkerung und soziale Gerechtigkeit, die seinem Wahlkampf dieses gewaltsame, tragische Ende setzte. Nach seinem Sieg in Kalifornien bestanden kaum noch Zweifel, dass er zum Kandidaten der Demokraten und zum nächsten US-Präsidenten gewählt – und als solcher, wie er Freunden gegenüber immer wieder geäußert hatte, auch den Mord an seinem Bruder aufklären würde. Für die Feinde jeder innen- und außenpolitischen Reform war es höchste Zeit zu handeln. Drei Monate zuvor hatten sie den charismatischen friedensbewegten Nobelpreisträger und Führer der afroamerikanischen Community, Martin Luther King, beseitigt – und einmal mehr einen einsamen Irren und eine magische Kugel erfolgreich in Stellung und zu einem Geständnis gebracht. Dieses Mal keinen »Kommunisten« wie Oswald, keinen »religiösen Fanatiker« wie Sirhan, sondern einen »rassistischen Soziopathen«: James Earl Ray. Dieser soll am 4. April 1968 den auf einem Balkon des Lorraine Motel in Memphis stehenden King mit einem Schuss aus dem Toilettenfenster einer gegenüberliegenden Pension getötet und danach die Flucht ergriffen haben. Ein Gewehr mit zwei seiner Fingerabdrücke wurde kurz darauf im Eingang zum Nachbarhaus gefunden. Zwei Monate später, am 8. Juni, wurde Ray am Flughafen Heathrow in London festgenommen und später in Memphis vor Gericht gebracht. Wegen Raub und Überfällen war er seit 1949 mehrfach vorbestraft und inhaftiert worden, bis er 1967 aus einem Gefängnis in Missouri ausbrach. Seitdem war er auf der Flucht. Unbestritten und von Zeugen belegt waren neben Rays notorischem Hass auf Schwarze der Kauf des Gewehrs und die Anmietung des Pensionszimmers, sodass ihm sein Pflichtverteidiger riet, sich schuldig zu bekennen, um die Todesstrafe zu vermeiden.

Schon wenige Tage nach seiner Verurteilung widerrief Ray dieses Geständnis und versuchte bis zu seinem Tod im Gefängnis 1998 vergeblich, eine Wiederaufnahme des Verfahrens zu erreichen. Das HSCA, das 1978 auch die Umstände des Mordes an Martin Luther King unter die Lupe nahm, kam wie im Fall JFK zwar zu dem Ergebnis, dass höchstwahrscheinlich eine Verschwörung mehrerer Täter dahinter steckte, hielt aber Ray weiterhin für den Todesschützen und schenkte seiner seit der Verurteilung vorgebrachte Geschichte, ein Mann namens »Raul« habe ihn zum Kauf des Gewehrs und zur Anmietung des Zimmers angestiftet, keine weitere Beachtung. Dass das FBI keinen ballistischen Beweis dafür vorlegen konnte, dass die tödliche Kugel aus dem im Hauseingang gefundenen Gewehr mit Rays Fingerabdrücken stammte und dass einige Augenzeugen einen anderen Standort des Schützen als das gegenüberliegende Fenster wahrgenommen hatten – all das half dem Verurteilten nicht. Erst 1993 kam sein Fall wieder in die Schlagzeilen, als Loyd Jowers, ein ehemaliger Polizist und Besitzer des dem Lorraine Motel gegenüberliegenden Grillrestaurants, der Ray eines der darüberliegenden Gästezimmer vermietet hatte, in der TV-Sendung *Prime Time Live* eine höchst brisante Aussage machte. Ein mit der Mafia verbundener Geschäftsmann aus Memphis, Frank Liberto, habe ihm über einen Kurier 100 000 Dollar gezahlt, um bei dem Mord zu helfen. Einen Tag zuvor sei ihm von einem

Mann namens »Raul« ein Gewehr gebracht worden. Zur Mordzeit habe er die Hintertür seines Restaurants, die auf einen mit hohen Büschen bestandenen Hof führt, offen gelassen. Diese Büsche waren von etlichen Augenzeugen als der Standort des Schützen ausgemacht worden. Sie wurden am Tag nach dem Mord von der Polizei Memphis' entfernt. Nach dem Schuss auf King sei das noch rauchende Gewehr an seiner Hintertür abgelegt worden, und er habe es aufbewahrt, bis es am folgenden Tag von »Raul« abgeholt worden sei. Wer den Schuss abgegeben habe, wisse er nicht genau, sagte Jowers, er vermute aber, dass es der (1987 verstorbene) Earl Clark, Lieutenant des Memphis Police Department (MPD), gewesen sei, der mit einem Kollegen, dem verdeckten MPD-Offizier Marrell McCollough (und Mitglied der 111th Military Intelligence Group) sowie zwei weiteren Männern, die er für Agenten der Bundespolizei hielt, den Anschlag in seinem Restaurant besprochen hätten.

Nach diesem sensationellen Geständnis kam das Gericht in Memphis nicht mehr umhin, ein neues Verfahren zuzulassen. Dort berief sich Jowers, da er selbst angeklagt war, auf sein Aussageverweigerungsrecht und wiederholte seine Aussage nicht. Der Jury wurde die Aufnahme seines zweistündigen Geständnisses vorgespielt, die die Richter unglaubwürdig fanden, weil Jowers sie nicht unter Eid abgegeben hatte.[12]

Auch die Mainstream-Medien beeilten sich, das sensationelle Geständnis als unglaubwürdig darzustellen – und einmal mehr waren es die üblichen Verdächtigen, die in Artikeln und Büchern die offizielle Version verteidigten: Priscilla Johnson McMillan, die mit *Marina and Lee* schon das Oswald-Märchen melodramatisch ausgesponnen hatte – und von der es in einem CIA-Memo heißt, dass sie »ziemlich genau die Artikel schreiben kann, die wir wünschen«[13] –, sowie der unvermeidliche Gerald-*Case Closed*-Posner, der mit *Killing the Dream* jeden Zweifel an einem Einzeltäter und einer magischen Kugel vom Tisch zu wischen versuchte und das Ganze als »Küchenverschwörung« von Ray und seinen Brüdern John und Jerry hinstellte. Jowers, so wurde in der Presse außerdem behauptet, habe seine Aussagen erfunden, weil ihm 300 000 Dollar für eine Hollywood-Produktion angeboten worden seien, doch weder diese Zahlung noch gar ein Film mit/über den 2000 gestorbenen Jowers hat es je gegeben.

Stattdessen meldete sich ein weiterer Zeuge, der die Rolle jenes Unbekannten namens »Raul« bestätigte: der ehemalige FBI-Agent Donald G. Wilson. Er hatte einige Monate vor dem Mord seinen Dienst im FBI-Büro Atlanta angetreten und fühlte sich dort wie schon zuvor in seinem Ausbildungstraining äußerst unwohl – wegen des Klimas der Angst vor Fehlern, das J. Edgar Hoover und sein Direktorat unter den jungen Agenten verbreitete, und wegen des allfälligen Rassismus, den er unter seinen Kollegen bemerkte. Am Tag nach der Ermordung Kings hätte in seinem Büro »eine Stimmung von hämischer Begeisterung« geherrscht, so Wilson in einem Interview mit James Douglass im Jahr 2000[14], und er sei mit einem älteren Kollegen zu einem verdächtigen Fahrzeug – dem überall im Land gesuchten Ford Mustang des flüchtigen James Earl Ray – gerufen worden. Während der Kollege mit den anwesenden Polizisten redete, sei beim Öffnen der Tür ein Briefumschlag herausgefallen, in dem ein Ausriss aus einem Telefonbuch und ein Blatt mit Namen und Telefonnummern steckten. Darauf sei die Nummer des FBI in Atlanta notiert gewesen, die er kannte, sowie weitere Nummern unter anderem mit den Namen »Raul« und »H.L. Hunt«. Aus Angst, einen Fehler gemacht zu machen – und möglicherweise einen verdeckten FBI-Agenten zu enttarnen –, habe er das Kuvert wieder eingesteckt, seinem Kollegen nichts davon erzählt und es nicht zu den im Auto sichergestellten Dingen gegeben. Danach sei er mit dem Kollegen zur Observation einer in der Nähe gelegenen Wohnung abgestellt worden, die aufgrund der Autonummer ausfindig gemacht worden sei und die sie bis zum Ende ihrer Schicht beobachtet hätten. Als sie gegen Mitternacht in ein nahegelegenes Lokal gegangen seien, um etwas zu essen, habe er,

Wilson, dort einen Mann gesehen, den er aufgrund der Fahndungsfotos, die sie dabeigehabt hätten, als den gesuchten Earl James Ray erkannt habe. Er habe dies per Funk sofort an dass FBI-Büro gemeldet und gefragt, ob er den Mann nach einer Identifikation fragen solle. Nach einer Weile habe er die Antwort erhalten: »Abbrechen. Kehren Sie zur Zentrale zurück.« Konsterniert habe er seinen älteren Kollegen gefragt, was das denn solle. »Don, spiel das Spiel mit«, habe dieser ihm geraten. Als er am folgenden Tag seinen Vorgesetzen gefragt habe, ob er den Vorfall melden solle, habe dieser geantwortet: »Nein. Das ist nicht notwendig. Du bist ein neuer Agent. Du wirst in eine anderes Büro versetzt.«

Zwei Monate später wurde Earl James Ray in London verhaftet und bekannte sich des Verbrechens schuldig. Bald darauf kündigte Donald G. Wilson beim FBI und arbeitete seitdem als Lehrer an einer Highschool für verhaltensauffällige Jugendliche. Die gefundenen Papiere behielt er und erzählte dreißig Jahre niemandem davon – bis er zufällig im Fernsehen sah, dass Martin Luther Kings Ehefrau Coretta einen Prozess gegen Loyd Jowers und seine Mitverschwörer anstrengte. Er setzte sich mit den Kings und ihrem Anwalt William Pepper – der auch im Fall des Sündenbocks Sirhan Sirhan ein Wiederaufnahmeverfahren anstrengte – in Verbindung und nahm an einer Pressekonferenz in Atlanta teil, worauf seitens des FBI und der Justizbehörden ein Sturm über ihn hereinbrach. Die Dokumente wurden als Fälschung und er selbst als Lügner bezeichnet, der bei der Durchsuchung des Wagens 1968 gar nicht dabei gewesen sei. Doch die Fälscher und Lügner, das zeigte das von der Familie King durchgesetzte Verfahren 1999, in das 70 Zeugen unter Eid und 4 000 Seiten Transkripte eingebracht wurden, waren und sind andere. Nach nur 59 Minuten kam die Jury in dem Zivilverfahren zu ihrem Urteil: Sie sprach der Familie die verlangten 100 Dollar Entschädigung zu und stellte fest, dass Martin Luther King einer »Verschwörung unter Beteiligung von Regierungsbehörden« zum Opfer gefallen ist.[15]

Die Dokumente und beeideten Aussagen dieses Verfahrens liegen vor und lassen keine Zweifel mehr zu, dass der eindeutige Spruch dieser Jury gerechtfertigt und auch der Mord an Martin Luther King eine Staatsaktion war. Nicht erst seit dem von ihm 1963 organisierten Marsch auf Washington, bei dem er vor Hundertausenden Menschen seine berühmte »I have a dream«-Rede hielt, war der Pastor und Bürgerrechtsadvokat zu einer Obsession des Establishments in Washington und namentlich des FBI-Direktors Hoover geworden – zum Staatsfeind Nr. 1. Seit 1961 hatte das FBI King auf Schritt und Tritt beschattet, seine Telefone abgehört, die Post und seine Kontakte überwacht und ihn – Hoovers Spezialität – bei außerehelichen Intimitäten abgehört. Robert Kennedy als Justizminister hatte diese Überwachung anfangs absegnet, weil in Kings Stab einige Mitglieder der Kommunistischen Partei arbeiteten. Paralysiert vom Mord an seinem Bruder kümmerte er sich danach aber nicht mehr um die FBI-Wanzen und hätte sicher nicht akzeptiert, dass Hoover King weiterhin rund um die Uhr abhörte – und schon gar nicht, was er mit den Aufzeichnungen anstellte. Einen Monat vor der Verleihung des Friedensnobelpreises an King im Dezember 1964 ließ der FBI-Direktor eines dieser Tonbänder an Kings Büro schicken, mit einer Empfehlung, Selbstmord zu begehen: »Es gibt nur einen Ausweg für dich. Du hast noch 34 Tage Zeit. Du wählst ihn besser, bevor dein schmutziges, abnormales, betrügerisches Selbst vor der Nation ausgebreitet wird.«[16]

Auch wenn MLKs außereheliche Eskapaden ebenso bekannt waren wie die JFKs, scheint auf der Hand zu liegen, dass der verkappte Homosexuelle Hoover in diesem Erpresserbrief sein »schmutziges, abnormales, betrügerisches« Eigenleben beschreibt. Der Mafiaboss Meyer Lansky und der CIA-Gegenspionagechef James Angleton hatten mit diskriminierenden Fotos von Hoover den FBI-Chef bis zu seinem Tod in der Hand.[17]

Im Rahmen des Unterwanderungs- und Zermürbungsprogramms COINTELPRO ließ Hoover diffamierendes Material über King nicht nur in Washington und unter befreundeten Journalisten kursieren, sondern sorgte auch dafür, dass die von King unter dem Motto der Gewaltlosigkeit angeführten Demonstrationen mit Agents provocateurs bestückt wurden, die Gewalt anzettelten und Polizei und Militär Gründe lieferten, ihrerseits gewalttätig zurückzuschlagen. Diese Strategie der Eskalation führte 1966 zur Gründung von radikaleren Gruppen wie Black Power oder der Black Panthers, die Kings Pazifismus kritisierten und zur gewaltsamen Gegenwehr aufriefen, was Hoover wiederum Argumente lieferte, die gesamte Bürgerrechtsbewegung als gewalttätige kommunistische Unterwanderung zu diffamieren.

Am Tag vor seiner Ermordung war King nach Memphis gereist, um auf dem Poor Peoples March zu sprechen, einer Massendemonstration für ökonomische Gleichberechtigung, die seine Organisation Southern Christian Leadership Conference (SCLC) initiiert hatte. Nachdem das FBI die ursprünglich reservierte Übernachtung im Holiday Inn an Journalisten ausgeplaudert hatte, damit die sich darüber entrüsten sollten, dass der schwarze Führer der Armen in einem weiß geführten besseren Hotel nächtigte, wurde ein Zimmer in dem im Schwarzenviertel liegenden Lorraine Motel für King gebucht – im Erdgeschoss, zur Straße hin. Am Nachmittag tauchten zwei vermeintliche Mitarbeiter mit falschen SCLC-Ausweisen auf und buchten auf ein nach hinten herausgehendes Zimmer im zweiten Stock mit Balkon um, weil King angeblich auf den (leerstehenden) Swimmingpool schauen wollte. Als er dann um 18 Uhr mit seinen Kollegen Andrew Young und Jesse Jackson auf diesen Balkon heraustrat, fiel der tödliche Schuss. Als erster »Polizist« am Tatort war der erwähnte Marrell McCollough, Offizier der Military Intelligence und ab 1974 der CIA, den Loyd Jowers als Mitverschwörer benannt und den Andrew Young, der spätere UN-Botschafter, auf einem Foto identifiziert hatte, auf dem er sich über den tödlich verwundeten King beugt.

Auch bei diesem Staatsakt zur Ermordung eines politischen Reformers sind also alle mit im Boot: Geheimdienst, Militär, FBI, ein ebenso passender wie unwissender Sündenbock und eine nicht wirklich ermittelnde lokale Polizei. Sowie, wenn man den glaubhaften Aussagen des ehemaligen FBI-Mannes Donald Wilson über die Papiere aus dem Wagen des angeblichen Täters folgt, ein Hinweis auf den Finanzier der Operation, den ultrarechten Ölmilliardär H.L. Hunt.

Wer die tödlichen Schüsse in Dallas, in Memphis und in Los Angeles tatsächlich abgegeben hat, ist bis heute ungeklärt. Klar ist nur: Lee Harvey Oswald, Sirhan Sirhan und James Earl Ray haben diese Operationen weder alleine geplant noch alleine durchgeführt. Und es ist weder ein Zufall, dass im Hintergrund dieser vorgeschobenen Sündenböcke stets die gleichen Institutionen und Figuren auftauchen, noch eine unseriöse »Verschwörungstheorie«.

Staatsverbrechen gegen die Demokratie

Nicht zuletzt wegen der starken Indizien, die den Einzeltäterlegenden in den Fällen JFK, RFK und MLK widersprechen, hat der Politologe Lance DeHaven-Smith, Professor an der Universität Florida, in seinen jünst erschienenen Arbeiten dafür plädiert, den pejorativ und diffamierend eingesetzten Begriff »Verschwörungstheorie« nicht länger zu verwenden, wenn es um Verbrechen unter Beteiligung staatlicher Behörden geht, um »konzertierte Aktionen (oder Unterlassungen) von Insidern der Regierung, mit der Absicht, demokratische Prozesse zu manipulieren und die Volkssouveränität zu untergraben«. DeHaven-Smith schlägt für diese Kategorie der Kriminalität den Begriff »State Crimes Against Democray« (SCAD) vor:

> »Anders als Verschwörungstheorien, die über jedes verdächtige Ereignis isoliert spekulieren, skizziert das SCAD-Modell eine allgemeine Kategorie der Kriminalität und fordert, Verbrechen in dieser Kategorie vergleichend zu untersuchen. Mit diesem Ansatz kann eine Analyse von SCADs nach dem Zweiten Weltkrieg eine Reihe von Gemeinsamkeiten bei den Zielen, den Zeitpunkten und den politischen Konsequenzen herausstellen. SCADs ereignen sich häufig, wenn sich präsidiale Politik und Außenpolitik kreuzen. SCADs unterscheiden sich von früheren Formen politischer Korruption dadurch, dass oft politische, militärische und/oder ökonomische Eliten auf der höchsten Ebene der sozialen und politischen Ordnung beteiligt sind.«[18]

Auch wenn die Kategorie »Staatsverbrechen gegen die Demokratie« nach wie vor begrifflich unscharf ist, weil der »Staat« oder Teile des Staats ja durchaus auch Opfer solcher Verbrechen werden können[19], hat SCAD gegenüber dem von der CIA seit 1967 missbräuchlich inflationierten Begriff »Verschwörungstheorie« nicht nur den Vorteil der Neutralität, sondern auch den der Kategoriesierbarkeit. Statt mit Phantasien, Mythen und ausgemachtem Nonsens in einen Topf geworfen, zusammengerührt und unkenntlich oder lächerlich gemacht zu werden – wie es den »Verschwörungstheorien« zum Kennedy-Mord ständig widerfahren ist, wenn sie mit dem Glauben an einen lebenden Elvis, gelandete Außerirdische oder die gefälschte Mondlandung zusammengebracht werden –, können »Staatsverbrechen gegen die Demokratie« anhand vergleichbarer Muster definiert und analysiert werden.

Auch wenn wir mit den dargelegten Hintergründen der Morde an John und Robert Kennedy und Martin Luther King nicht den Anspruch erheben, eine vollständige vergleichende Untersuchung geleistet zu haben, lassen die Ähnlichkeiten dennoch ein gemeinsames Muster – an Zielen, Zeitpunkten und politischen Konsequenzen – erkennen, sodass es sehr wohl berechtigt ist, bei diesen Morden von SCAD zu sprechen. Innerhalb von viereinhalb Jahren wurden die drei populärsten Vertreter fundamentaler außen- und innenpolitischer Reformen der Politik der Vereinigten Staaten durch kriminelle Anschläge beseitigt, die sowohl wegen ihrer Durchführung als auch wegen ihrer anschließenden (Nicht-)Aufklärung darauf schließen lassen, dass »politische, militärische und/oder ökonomische Eliten auf der höchsten Ebene der sozialen und politischen Ordnung« involviert waren. Dabei wurde – anders als bei einem klassischen Putsch von subalternen Offiziersgruppen, bei einem klassischen Staatsstreich oder Coup d'État – die Regierung von Teilen der Staatsorgane nicht offen und gewaltsam gestürzt, vielmehr erfolgte die Machtergreifung in Form von verdeckten Operationen, die nach dem Zweiten Weltkrieg im Zuge des atomaren »Gleichgewichts des Schreckens« als neue Methode der Kriegsführung entwickelt wurden.

Die erstmals 1943 beim Einmarsch in Sizilien und Italien geschmiedete Koalition mit organisierten Kriminellen hatte sich in den 50er Jahren – ergänzt durch paramilitärische Terroristen/ Freiheitskämpfer sowie psychologische Operationen und Propaganda – als äußerst effektives Mittel erwiesen, erwünschte Regimewechsel und Machtverschiebungen herbeizuführen. Anfangs im mittelamerikanischen »Hinterhof« der USA, dann auch im Mittleren Osten (Iran) und in Afrika hatten diese verdeckten Operationen den großen Vorteil, dass sie sich offiziell abstreiten ließen, dass sie nicht als Kriegsführung oder Bruch des Völkerrechts angeklagt werden konnten und dass die USA zumindest formell ihren Nimbus als freiheitliche, friedliebende Nation aufrechterhielt. Dabei ging es *de facto* bei diesen Interventionen selten um Freiheit und Frieden, sondern in aller Regel um Geschäftsinteressen. Der eminente Historiker Arnold Toynbee stellte schon 1961 fest: »Amerika ist heute der Führer einer weltweiten antirevolutionären Bewegung zur Verteidigung seiner Besitzinteressen. Es steht für das, für was einst Rom stand. Rom unterstützte in allen fremden Gesellschaften, die unter seinen Bann fielen, die Reichen gegen die Armen; und da die Armen überall sehr viel zahlreicher waren als die Reichen, sorgte Roms Politik für Ungleichheit, Ungerechtigkeit und für das geringste Glück der Allermeisten.«[20]

Auch wenn John F. Kennedy als Sprössling eines Multimillionärs wahrlich kein Revolutionär und Robin Hood der Armen war, ging der Wandel der Politik, die er in den tausend Tagen seiner Amtszeit initiierte, eindeutig weg von diesem imperialen, plutokratischen »Rom«, als das Toynbee das amerikanische Imperium beschreibt: mit seinen Plädoyers für eine generelle Abrüstung und ein Ende des Kalten Kriegs; mit seinen Versuchen, die als Verlängerung von Wall Street und Big Business fungierenden verdeckten Operationen der CIA unter Kontrolle zu bekommen; mit seinem Einsatz für die Bürgerrechte, Gewerkschaften und soziale Gerechtigkeit im eigenen Land. Die große »Stahlkrise« 1961, als er sich auf die Seite der United Auto Workers schlug und sein Bruder als Justizminister die Kartelle und Preisabsprachen der Stahlindustrie aufs Korn nahm, definierte, wie James Douglass schreibt, »John und Robert Kennedy als Feinde von Wall Street. Der Präsident wurde als Staatsdiktator gesehen.«[21] Und die Beseitigung von »Diktatoren« – auch wenn sie demokratisch gewählt waren, wurden sie als solche gebrandmarkt, sobald sie US-Geschäftsinteressen zuwider standen – war nun einmal die Spezialität verdeckter Operationen der CIA. In Guatemala, in Costa Rica, in Puerto Rico, in Indonesien, im Iran und anderswo hatten sie solche »Staatsverbrechen gegen die Demokratie« schon häufig begangen[22] – und hätte John F. Kennedy bei der Schweinebucht-Operation nicht so viel Mut und Rückgrat gegenüber seinen Militärs und Geheimdienstchefs bewiesen, wäre mit dem Einmarsch in Kuba nicht nur ein weiteres hinzugekommen, sondern wegen der dort stationierten sowjetischen Atomwaffen wahrscheinlich ein katastrophaler Weltkrieg ausgebrochen. Dass John F. Kennedy einen solchen Krieg und damit Millionen von Menschenopfern verhinderte, machte ihn – und dies ist die tragische Ironie seines Schicksals – selbst zum Opfer, und zwar zum Opfer jener Methode, die erfunden wurde, um nukleare Kriege zu vermeiden und dennoch imperiale und ökonomische Interessen durchzusetzen: der verdeckten Kriegsführung, des »regime change« durch »covert operations«.

Schon drei US-Präsidenten vor Kennedy waren ermordet worden. Und um die Warren-Kommission auf das vorab feststehende Ergebnis ihrer Pseudoermittlung einzustimmen, hatte Allen Dulles, der Vater der gewaltsamen verdeckten Friedensoperationen, der der Kommission selber angehörte, seinen Kollegen in der ersten Sitzung ein Buch mit der dubiosen These eines Historikers mitgebracht, nach der diese drei Präsidentenmorde von fanatischen Einzeltätern begangen worden seien[23]. Doch der Mord am 35. Präsidenten der USA war nicht die Tat eines einzelnen Verrückten, er war auch nicht das Werk einer Handvoll feindlicher Verschwörer, er war ein konzertiertes Staatsverbrechen unter Beteiligung der politischen, militärischen und ökonomischen Eliten.

Dass auch zum 50. Jahrestag dieses Verbrechens weiterhin behauptet wird, es habe gar nicht stattgefunden, weil nur ein einsamer Irrer drei Mal geschossen hätte, sollte niemanden davon abhalten, sich seines eigenen Verstandes zu bedienen und der historischen Wahrheit ins Auge zu sehen: Auch hinter der Fassade eines demokratischen Rechtsstaats kann sich ein Leviathan verbergen, der Morde begeht und Terror verbreitet. Und die höchst zweifelhaften Ermittlungen und die allzu offensichtlichen Vertuschungen in diesem Mordfall sind weder Zufälligkeiten noch den Nachlässigkeiten seitens staatlicher Behörden geschuldet, sondern ihrer tiefen Verstrickung in das Verbrechen selbst. Wäre für die Ermordung John F. Kennedys tatsächlich nur der Einzeltäter Lee Harvey Oswald verantwortlich, wäre das Verbrechen schon seit Jahrzehnten bis in jede Einzelheit geklärt, wären sämtliche Akten und Dokumente dazu offengelegt und wären vor allem in der Folge nicht Dutzende möglicher Zeugen und Kontaktpersonen von Oswald bis Ruby auf unnatürliche Weise ums Leben gekommen.

Richard Belzer hat diese Todesfälle in einer im April 2013 erschienenen, akribisch recherchierten Arbeit untersucht, in einem regelrechten »Who's Who in the Kennedy Assassination«. Von den 1 400 Personen, die seine *Hit List* im Zusammenhang mit dem Attentat aufführt, kamen allein in den ersten drei Jahren nach dem Mord 33 auf unnatürliche Weise ums Leben. Die statistische Wahrscheinlichkeit, dass es sich bei dieser Häufung um einen Zufall handelt, liegt bei 1 zu 137 Billionen[24] – womit die immer wieder als Beleg für die Einzeltäterschaft angeführte Behauptung, dass im Falle einer großen Verschwörung doch »längst jemand geredet hätte«, zumindest teilweise entkräftet ist. Weitere Widerlegungen dieses Arguments liefern Zeugen wie E. Howard Hunt oder Thomas Nagell, die wir in diesem Buch zitiert haben – sowie die handfesten und definitiven Beweise, die dank der Arbeit des ARRB in den letzten Jahren vorgelegt wurden und die keinerlei Zweifel mehr daran lassen, dass die Obduktionsberichte und die Autopsiefotos des ermordeten Präsidenten manipuliert worden sind.[25] Nicht zuletzt diese Manipulationen, die kein Einzeltäter, kein Mafioso und auch kein radikaler Exilkubaner hätte bewerkstelligen können, beweisen, dass es sich bei dem Mord an JFK nicht nur um eine simple kriminelle Verschwörung, sondern tatsächlich um ein SCAD, um ein Staatsverbrechen, handelt.

Auch wenn sich eine Mehrheit der akademischen Historiker dieser These noch nicht anschließt, haben in den vergangenen Jahren doch etliche anerkannte Geschichts- und Politikwissenschaftler begonnen, sich von der offiziellen Legende des Einzeltäters und seiner magischen Kugel zu verabschieden, und die Tatsache einer Verschwörung zur Ermordung Kennedys ins Auge gefasst. Darunter David Wrone von der Universität Wisconsin mit einer Analyse des Zapruder-Films, Gerald McKnight mit einer Untersuchung über die (Nicht-)Ermittlung der Warren-Kommission, Michael Kurtz von der Universität Louisiana und David Kaiser vom Naval War College in Rhode Island.[26] Zusammen mit den hervorragenden und solide recherchierten Arbeiten wie James Douglass' *JFK and the Unspeakable* (2010) und David Talbots *Brothers* (2008) deutet sich hier ein langsamer Paradigmenwechsel in der autoritativen veröffentlichten Meinung über den Kennedy-Mord an, der freilich auch zum 50. Jahrestag noch nicht in der Lage sein wird, die offizielle Propaganda und die faktenfreien Verlautbarungen der Glaubensgemeinschaft der magischen Kugel zu übertönen.

Ein Beispiel, was da auf allen Kanälen auf uns zukommen wird, lieferte Anfang Mai 2013 ein langes Feature der Nachrichtenagentur Associated Press (AP), das in der *New York Times*, der *Washington Post* und zahlreichen weiteren Zeitungen gedruckt wurde. Dessen These: Es sei allein die »Verschwörungstheorie-

Industrie«, die die Zweifel am Einzeltäter Oswald hochhalte und damit seit 50 Jahren »Kasse macht«. Ganz im Sinne der CIA-Anweisung von 1967 wird hier schon in der Überschrift (»Five decades after JFK's assassination, the lucrative conspiracy theory industry hums along«) die Pejorativvokabel »Verschwörungstheorie« mit dem niederen Motiv der Geldmacherei zusammengebracht – um dann aber mit ganzen zwei Beispielen für die angeblich brummende Industrie aufzuwarten: Mark Lanes Bestseller *Rush to Judgment* von 1966 und Oliver Stones Film *JFK* von 1992. Diese Jahrzehnte alten Werke sind zwar durchaus nach wie vor empfehlenswert, aber man tut ihnen zu viel Ehre an, wenn man den Unglauben der Bevölkerung an den Einzeltäter Oswald auf sie zurückführt. Andere Beispiele lukrativer Verschwörungsbestseller hat der AP-Autor Allen Breed offenbar nicht auftun können, und eine kurze Recherche über die Entwicklung des Glaubens bzw. Unglaubens an die offizielle Legende hätte die Behauptung seiner Überschrift denn auch sofort *ad absurdum* geführt.

Nach einer Umfrage, die Ende November 1963 wenige Tage nach dem Mord von Demographen der Uni Chicago durchgeführt wurde – als noch keines dieser Produkte der »Verschwörungstheorie-Industrie« auf dem Markt war, die geniale Polizei in Dallas und das FBI den Fall aber schon »aufgeklärt« hatten –, glaubten 62 Prozent der über 1 000 befragten US-Bürger, dass mehr als ein Täter für den Mord verantwortlich ist, nur 24 Prozent hielten Oswald für den Alleinschuldigen.[27] Es waren (und sind) also nicht perfide Einflüsterer einer lukrativen Industrie, die Zweifel an der Einzeltätertheorie säen, es waren (und sind) die Umstände dieses Mords und seiner Nicht-Aufklärung selber, die den gesunden Menschenverstand an Oswald und seiner magischen Kugel zweifeln lassen. Die Zahlen haben sich denn auch, wie eine aktuelle AP-Umfrage im April 2013 zeigt, nicht groß verändert: Nach wie vor glauben über 60 Prozent der Amerikaner an eine Verschwörung, und nur ein Viertel hält Oswald für den Einzeltäter.[28] Und dies, obwohl der Warren-Report seit fünf Jahrzehnten von allen Kanzeln und Kanälen als heilige Schrift und historische Wahrheit gepredigt wird – und trotz der vom Mainstream hochgejubelten und tatsächlich lukrativen Megaseller wie *Killing Kennedy*, das Buch des ultrarechten Moderators Bill O'Reilly, von dem in den ersten fünf Monaten des Jahres 2013 in den USA ein Million Exemplare verkauft worden sind.

An dieser Diskrepanz zwischen dem mit massenmedialer Autorität verbreiteten Dogma und einer nach wie vor ungläubigen, skeptischen Bevölkerung hätte echter Journalismus anzusetzen – informierend, analysierend, erklärend. Dieses AP-Stück aber, das die sogenannte Qualitätspresse des Landes ungeniert verbreitet, tut das Gegenteil: Es erfindet Fakten wie eine »brummende Verschwörungstheorie-Industrie«, es verdreht die Realität, in der sich Antiverschwörungsbücher wie O'Reillys Machwerk millionenfach verkaufen, und es ignoriert die Tatsache, dass Regierung, CIA und FBI seit 50 Jahren keine überzeugende Erklärung für den Mord an JFK liefern können. Es deklariert damit die rational und skeptisch denkende Mehrheit der Bevölkerung zu Idioten und erklärt den irrationalen Glauben an verrückte Einzeltäter und magische Kugeln zur allein seligmachenden Wahrheit.

Da zu befürchten steht, dass wir zum Jahrestag des Kennedy-Mords mit derlei pseudojournalistischen Ergüssen regelrecht bombardiert werden, gilt es, sich gegen diesen Propagandafeldzug zu immunisieren. Ein erster Schritt kann darin bestehen, dass man der Inflation des diffamierenden Dummworts »Verschwörungstheorie« Rechnung trägt, es als Währung in der Debatte schlicht nicht mehr akzeptiert und überall dort, wo es im Zusammenhang mit den Morden an JFK, MLK und RFK auftaucht, »Staatsverbrechen gegen die Demokratie« einsetzt. Was nicht nur den Vorteil hat, dass aller spekulativer Hokuspokus von Elvis bis zu den Marsmännchen außen vor bleibt, sondern dass die Erörterung dieser ungeklärten Verbrechen auch in dem notwendigen politischen Kontext stattfindet und sich nicht in verwirrenden Mikroanalysen verliert. Denn entscheidend sind ja nicht einzelne Details – etwa die Frage, ob JFKs maßgeschneidertes Jackett beim Winken während des Autokorsos um acht Zentimeter hochgerutscht ist oder ob die Eintrittswunde im Obduktionsbericht nach oben manipuliert wurde, um auch die fünf Verletzungen Connallys mit dieser Kugel zu erklären. Entscheidend ist die schiere Masse dieser Ungereimtheiten, die als Zufall nicht mehr erklärbar sind, sowie der Kontext, in dem sie stehen.

Es gibt keinen Zweifel, dass die Vereinigten Staaten und die Welt heute anders – gerechter, demokratischer, friedlicher – aussähen, wären die drei Reformer nicht gewaltsam daran gehindert worden, ihre Ziele umzusetzen. So aber wurde mit diesen drei Morden innerhalb von fünf Jahren ein neues, ganz anderes Paradigma für die amerikanische Politik gesetzt: Wer der Agenda des militärisch-industriellen Big Business in die Quere kommt, wird gnadenlos eliminiert. Schon dass der Mord an John F. Kennedy nicht aufgeklärt wurde, war dieser Angst geschuldet; dass Zeugen dutzendweise auf unnatürliche Weise ums Leben kamen, schürte sie weiter; und wer die Politik seiner Nachfolger bis hin zu Barack Obama betrachtet, kommt um die Schlussfolgerung nicht herum, dass die Schüsse in Dallas allen Präsidenten eine Lehre war. Seitdem bilden, wie Gore Vidal es auf den Punkt brachte, Republikaner und Demokraten »ein Einparteiensystem mit zwei rechten Flügeln«.

John F. Kennedy war kein Heiliger, weder im öffentlichen noch im privaten Leben, doch er hatte den Mut, eine Entscheidung zu treffen: für den Frieden und gegen den Krieg, für eine globale Verständigung und eine ausgestreckte Hand, gegen das Schüren von Feindbildern und die militärische Faust. »Politik«, diktierte er auf einem Tonband, das als Material für seine Autobiographie dienen sollte, »ist zu einer unserer am meisten missbrauchten und vernachlässigten Professionen geworden, doch es ist dieser Beruf, es sind diese Politiker, die die großen Entscheidungen über Krieg und Frieden treffen, über Wohlstand und Rezession und die Entscheidung, ob wir in die Zukunft oder in die Vergangenheit blicken«.[29] Von diesem Blick in eine friedliche Zukunft zeugte auch eine seiner letzten Entscheidungen, das National Security Action Memorandum 271 vom 12. November 1963, in dem er die NASA anwies, eine neue Kooperation auf den Weg zu bringen: die Umsetzung »meines Vorschlags vom 20. September für eine engere Zusammenarbeit zwischen den Vereinigten Staaten und der UdSSR im Weltraum, einschließlich einer Kooperation bei den Programmen der Mondlandung«.

Nicht nur aus dem Kalten Krieg auf der Erde, auch aus dem »space race«, dem Rennen um die Vorherrschaft im Weltraum, wollte Kennedy aussteigen, doch wie sein Memorandum zum Abzug aus Vietnam war auch diese Anweisung nach dem 22. November 1963 nur noch Makulatur. Auch wenn manche Historiker heute behaupten, sein Nachfolger Ronald Reagan hätte mit seinem »Star Wars« genannten SDI-Programm zwanzig Jahre später den Zusammenbruch der Sowjetunion und das Ende des Kalten Kriegs herbei geführt, reicht ein Blick auf die vergessene Politik John F. Kennedys, dass dieses Ende viel früher und anders erreichbar gewesen wäre – ohne den Wahnsinn der Kriege in Südostasien und ohne die Abermilliarden für Reagans Rüstungsprogramme. Doch um eben diese Milliarden ging es, und um sie zu erreichen, musste die Bedrohung durch einen äußeren Feind, die »rote Gefahr«, das »Reich des Bösen« (Reagan) weiter geschürt und am Leben gehalten werden, statt sie wie Kennedy in seiner großen Rede am 10. Juni zur Vergangenheit zu erklären. Diesen neuen Weg in die Zukunft hatte er schon eingeschlagen, in seinem geheimen Briefwechsel mit dem Kremlchef Chruschtschow[30], den beide hinter dem Rücken ihrer Generäle und ihrer Rüstungsindustrie geführt und damit nicht nur eine »Raketenkrise«, sondern, wie wir heute wissen, einen desaströsen Nuklearkrieg verhinderten. Nach seiner Wiederwahl 1964 wäre Kennedy, so hatte er es Freunden schon angekündigt, nach Moskau gereist, um das Vertrauen, dass sich zwischen ihm und Chruschtschow gebildet hatte, in neuen Verträgen und Kooperationen zu besiegeln.

Nach den Schüssen von Dallas aber blieb seiner Witwe und seinem Bruder nur, einen der besten Freunde der Familie, den Künstler und früheren Journalisten William Walton, Anfang Dezember 1963 in geheimer Mission nach Moskau zu senden, mit einer Botschaft an die russische Führung, die – von den Autoren und Forschern Aleksandr Fursenko und Timothy Naftali in sowjetischen Geheimarchiven entdeckt – erst 1997 veröffentlicht wurde. Walton teilte dem Journalisten und Agenten Georgi Bolschakow, der Robert Kennedy in Washington oft getroffen und als Kurier des geheimen Briefwechsels gedient hatte, die Einstellung der Familie zu diesem Attentat mit. Durch Walton und Bolschakow ließen die Kennedys den russischen Partei- und Regierungschef wissen, dass sie »trotz Oswalds Verbindungen zur kommunistischen Welt« nicht daran glaubten, dass die Sowjets damit etwas zu tun hätten, sondern dass ihrer Überzeugung nach »eine große politische Verschwörung hinter Oswalds Gewehr steckte«. Der Präsident sei »von heimischen Gegnern getötet« und »das Opfer einer Verschwörung des rechten Flügels« geworden. Walton fügte hinzu, dass der Nachfolger Johnson »nicht in der Lage sei, Kennedys unbeendete Vorhaben zu verwirklichen«, der neue Präsident sei »zu eng verbunden mit Big Business und würde viele weitere ihrer Vertreter in seine Regierung holen«. Dass dies »zu einer Abkühlung des amerikanisch-russischen Verhältnisses« führe, müsse Chruschtschow verstehen, jedoch, so ist Waltons Konversation in den sowjetischen Archiven festgehalten, würde Johnsons Regentschaft »nicht für immer dauern« und der für den Senat kandidierende RFK würde dann in einen Wahlkampf um die Präsidentschaft einsteigen, denn nur er »könne John F. Kennedys Vision erfüllen«.[31] Als Robert Kennedy nach seinem Sieg in den kalifornischen Vorwahlen 1968 so weit war, schlugen die Mörder erneut zu.

Der Mord an John F. Kennedy war ein Staatsverbrechen gegen die Demokratie: Hochverrat – und dieser Verrat hat die amerikanische Demokratie schwer beschädigt. Was einer der größten Staatsmänner der Geschichte, Marcus Tullius Cicero, im Jahr 58 vor unserer Zeitrechnung sagte, erweist sich auch noch 2000 Jahre später als zutreffend: »Eine Nation kann ihre Dummköpfe und sogar ihre Ehrgeizigen überleben, aber nicht Verrat von innen.« Die Verräter nach fünf Jahrzehnten zur Verantwortung zu ziehen kann nicht mehr gelingen, nur wenige dürften noch am Leben sein. Dennoch gilt es, weiterhin für die Aufklärung dieser Verbrechen zu streiten, die Freigabe immer noch gesperrter Akten der Geheimdienste zu fordern und weiteres Licht in die noch immer dunklen Bereiche dieses Kapitels der Zeitgeschichte zu bringen. Denn um mit dem spanischen Philosophen George Santayana zu sprechen: »Wer sich an die Vergangenheit nicht erinnern kann, ist dazu verurteilt, sie zu wiederholen.« Doch wer sich nur an ein Trugbild der Vergangenheit erinnert, ist dazu verurteilt, sich auch weiter betrügen zu lassen.

Verdeckte Operationen unter Beteiligung staatlicher, militärischer und wirtschaftlicher Eliten haben nach den Morden an den Kennedy-Brüdern und Martin Luther King nicht aufgehört. Vielmehr ziehen sie sich nahezu durchgehend durch die folgenden Jahrzehnte: vom erfundenen Zwischenfall im Golf von Tonkin, mit dem die Massenbombardements in Vietnam legitimiert wurden, über die Watergate-Affäre, die zum Rücktritt Präsident Nixons führte, und den Iran-Contra-Skandal mit seinem aus dem Weißen Haus organisierten illegalen Großhandel von Waffen und Drogen bis hin zum 11. September 2001 und den erfundenen Massenvernichtungswaffen des Irak. In allen diesen Fällen wurde die Bevölkerung, der Souverän jeder parlamentarischen Demokratie, mit Lug und Trug am Nasenring durch die Manege geschleift, und in den wenigsten dieser Fälle wurden die Verantwortlichen in angemessener Weise für ihre kriminellen Handlungen zur Rechenschaft gezogen.

Dass dies so war (und ist), dass Staatsverbrechen gegen die Demokratie – sei es die Ermordung eines Präsidenten wie in Dallas, sei es das Schlachten von Millionen wie in Vietnam und Irak, sei es der Raub von Bürgerrechten und der Ausbau des Polizei- und Sicherheitsstaats wie mit dem Patriot Act nach 9/11 – aus Sicht der Täter so erfolgreich durchgezogen werden und sie danach ihre Hände stets in Unschuld waschen können und niemand sie vor Gericht stellt, ist nur mit einer Agonie zu erklären: einem Tiefschlaf, dem die Medien – die Wächter der Volkssouveränität, die Kontrolleure der Parlamente, Regierungen und Behörden – verfallen sind. Die Unwahrheiten, Widersprüche, Verdrehungen und Vertuschungen bei den Ermittlungen zum Mord an John F. Kennedy waren vom ersten Tag an geradezu mit Händen zu greifen, doch außer von einer Handvoll Journalisten, die in ihren Lokalzeitungen darüber schreiben konnten, und außer von Autoren wie Joachim Joesten oder Mark Lane, die umgehend als Verschwörungstheoretiker und Staatsfeinde diffamiert wurden, erfuhr die Bevölkerung nichts davon. Die sogenannte freie Presse, der Mainstream der großen Zeitungen, Radio- und TV-Sender, hatte sich die Freiheit genommen, als Stenographen, Lautsprecher und Wiederholungsschleife jener Institutionen zu dienen, deren Überwachung, Kontrolle und kritisches Hinterfragen ihr eigentlich obliegt. Und sie tut es, wie wir anhand des aktuellen AP-Features in den Leitmedien des Landes gesehen haben, bis heute.

Was die Redakteure und Reporter reitet, die solchen Un-Journalismus betreiben, lässt sich nicht allein mit Opportunismus erklären und auch nicht nur mit der Tatsache, dass viele der Leitungspositionen in den Medien mit Personen besetzt sind, die direkt oder indirekt auf der Payroll der Geheimdienste stehen. Auch die immer stärker werdende Konzentration von immer mehr Medien in immer weniger Großkonzernen, denen weniger an Wahrheitsfindung und Aufklärung als an Infotainment und Shareholdervalue gelegen ist, kann die Agonie des investigativen und kontrollierenden Journalismus nicht erklären. Dass normalerweise mit kritischem Verstand und wachem Bewusstsein ausgestattete Journalisten im Falle JFK die Prinzipien ihres Berufsstandes reihenweise über Bord warfen, ist vielmehr nur mit einem Verhalten erklärbar, das die Psychologie als »kognitive Dissonanz« bezeichnet: als eine durch die Unvereinbarkeit verschiedener Wahrnehmungen provozierte Spannung, die dadurch gelöst wird, dass die unpassenden Informationen abgewehrt und verdrängt werden. Die Wahrnehmung, dass der als Garant für Sicherheit, Ordnung und Demokratie empfundene Staat seinerseits in Handlungen gegen diese Ordnung, in Verbrechen gegen die Demokratie verwickelt ist, stellt eine solche Dissonanz her und führt zu einer unguten, unsicheren Gefühlslage. Um diese zu reduzieren, werden die widersprüchlichen Anteile dann durch selektive Wahrnehmung ausgeblendet und – wenn diese nicht gelingt, weil offensichtliche Tatsachen nur schwer völlig verdrängt werden können – ihre Träger und Exponenten einer Abwertung und Denunziation unterzogen. So erklären Kriegsverbrecher, Rassisten oder Vergewaltiger ihre Opfer dann zu »Untermenschen«, »Kanaken« oder »Schlampen«. Und Journalisten, denen dissonante Fakten vorgehalten werden, wehren diese ab, indem sie die Überbringer als unseriöse, allein pekuniären Absichten folgende »Verschwörungstheoretiker« bezeichnen. Und versuchen gleichzeitig, den Rest der Welt zu ihrem von dissonanten Fakten befreiten Glauben zu bekehren: an niemals kriminelle Staatsorgane, an ein stets akribisch ermittelndes FBI, an eine nur im Ausland mordende CIA und an das Märchen von der magischen Kugel des verrückten kommunistischen Einzeltäters Lee Harvey Oswald.

Fünfzig Jahre nach dem 22. November 1963 wird es höchste Zeit, sich diesen Dissonanzen endlich zu stellen – nicht nur für die Bürgerinnen und Bürger der USA, die die offizielle Legende vom Einzeltäter Oswald mehrheitlich noch nie für die Wahrheit gehalten haben, sondern vor allem für die Meinungsmacher,

Leitartikler, Journalisten und Historiker. Es ist auch höchste Zeit, dass diese sich von dem billigen Argument verabschieden, »dass wir die Wahrheit über den Kennedy-Mord wohl nie erfahren werden«, um sich mit dieser selbsterfüllenden Prophezeiung vor der Verantwortung zu drücken, die Lügen über diesen Mord zu entlarven. Andere Länder wie zum Beispiel Südafrika, Chile oder Argentinien haben in teilweise schmerzhaften Prozessen vorgemacht, wie eine Nation mit schrecklichen »Staatsverbrechen gegen die Demokratie« umgehen kann – und umgehen muss, um sie in Zukunft zu vermeiden.

Solange aber die Vereinigten Staaten diesen Beispielen nicht folgen, solange die verdeckte Staatsaktion zur Ermordung Kennedys nicht restlos aufgeklärt wird, solange Staatsverbrechen gegen die Demokratie ungeklärt und unbestraft begangen werden können, solange werden sie sich wiederholen. Nur, wer das will, kann den Fall John F. Kennedys für erledigt erklären und das Märchen von Oswald und der magischen Kugel in den Geschichtsbüchern stehen lassen.

Nachwort

Als John F. Kennedy ermordet wurde, war ich neun Jahre alt. Seinen Namen hatte ich wohl schon einmal gehört, und weil wir seit kurzem einen Fernseher hatten, ihn vielleicht auch schon einmal auf dem Bildschirm gesehen, aber dort interessierten mich nur *Fury*, *Lassie* und Fußball, von Politik wusste ich nichts. Und doch ist sein Tod das erste politische Ereignis, das mir in dauerhafter Erinnerung geblieben ist. Denn am Morgen danach, als ich zum Frühstück in die Küche kam und meine Haferflocken löffelte, sah ich meine Mutter, die mir gegenüber saß und in der Zeitung las, weinen. »Warum weinst du, Mama?«, fragte ich. »Präsident Kennedy ist umgebracht worden«, antwortete sie und wischte sich die Tränen aus den Augen – und setzte auf meinen fragenden Blick hinzu: »Ach, Mathias, die Welt ist schlimm.«

Wohl weil ich meine Mutter eigentlich nie hatte weinen sehen, haben sich mir dieses Ereignis und ihre Worte tief eingeprägt. Und wie meiner Mutter ging es an diesem Tag vielen Menschen: in Deutschland, in Amerika und überall auf der Welt. Ein Diplomat, der in den Tagen danach in die Sowjetunion gereist war, berichtete, »dass die Trauer hier fast noch größer ist als bei uns zu Hause«. Und wenn man von den in diesem Buch beschriebenen Abrüstungs- und Friedensanstrengungen Kennedys und Chruschtschows liest und die beeindruckende Rede, mit der der amerikanische Präsident diesen Aufbruch in eine neue Zukunft verkündete, kann man nicht nur die um Kennedy trauernden Menschen überall auf der Welt verstehen, es können einen auch noch 50 Jahre später Trauer und Wehmut überkommen: über das Ende, das diesem Aufbruch mit der Ermordung Kennedys gemacht wurde; über das Leid und die Millionen Menschenleben, die die Fortsetzung der alten Politik der Konfrontation kostete; über die mit heimtückischer Gewalt zerstörte Hoffnung auf eine friedlichere, gerechtere Welt.

Wie sehr John F. Kennedy selbst diese Hoffnung in sich trug und verkörperte und wie optimistisch und mutig er daran gegangen war, sie umzusetzen, wurde mir erst bei den Recherchen für dieses Buch klar – ebenso wie die Herausforderung, die dieser tatkräftige Optimismus für die Beharrungskräfte der alten Ordnung bedeutete. Kennedy war gewiss kein Umstürzler oder Revolutionär, doch schon seine moderaten Visionen und Reformen waren zu viel für seine allein auf die Macht des Militärs und die Maximierung der Profite setzenden Feinde. Diese saßen nicht in Moskau oder Peking oder Havanna, sondern in Washington, Dallas und New Orleans – und seit ihrem »Sieg« über John F. Kennedy und über seinen Bruder haben sie nicht aufgehört, sich die Welt mit verdeckter und offener Gewalt gefügig zu machen.

Weil Geschichte immer von den Siegern geschrieben wird, steht in den Geschichtsbüchern bis heute nichts davon, wer für diesen Mord wirklich verantwortlich war. Eines aber geht aus den mehr als 10 000 Buchseiten, Dokumenten und Protokollen, die ich bei den Recherchen für dieses Buch studiert habe, deutlich hervor: Dieser Mord war nicht die Tat eines einsamen Irren, sondern ein Staatsverbrechen.

Ich habe mich bemüht, den unzähligen und oft unsinnigen Theorien und Spekulationen über die Verschwörung zu diesem Mord keine weiteren hinzuzufügen, sondern ausschließlich Fakten zusammenzutragen, die wirklich belegbar sind. Ich habe mich auch bemüht, bei den Schlussfolgerungen, die ich anhand dieser Fakten gezogen habe, Kurzschlüsse zu vermeiden und sie als begründete Vermutung kenntlich zu machen. Nur ein Richter oder Staatsanwalt kann Zeugen vorladen und die Freigabe von Dokumenten erzwingen, nur so können die letzten Geheimnisse um diese Verbrechen ans Licht gebracht werden – wir anderen sind auf die stummen Zeugnisse aus den öffentlich zugänglichen Archiven und Bibliotheken angewiesen. Wie jeder Autor bin auch ich nur ein Zwerg auf der Schulter von Riesen, in diesem Fall jener Forscher, die sich seit Jahrzehnten mit JFK beschäftigt haben und deren Arbeiten in den Anmerkungen und im Literaturverzeichnis aufgeführt sind.

Als ich die Anfrage bekam, ein Buch über den Kennedy-Mord zu schreiben, war ich anfangs eher zurückhaltend. War da nicht seit Jahrzehnten schon längst alles gesagt, in Hunderten von Büchern, Dokumentationen, Filmen? Doch dann entdeckte ich viele neue Informationen, die erst in den letzten Jahren durch die Dokumente des ARRB und die Bücher einiger Autoren bekannt geworden sind; und ich entdeckte, dass die Hintergründe, die zum Mord an Kennedy führten, noch immer relevant sind, denn das Rollback, das sofort nach seiner Amtszeit begann und sich mit den Morden an seinem Bruder Robert und an Martin Luther King fortsetzte, beeinflusst die Politik der mittlerweile einzigen Weltmacht bis auf den heutigen Tag. Deshalb ist es nach wie vor wichtig, sich mit ihnen zu beschäftigen und weiter ihre Aufklärung zu fordern. Denn anders wird ein Aufbruch zu neuen Ufern, den »New Frontiers«, die John F. Kennedy in seiner Antrittsrede forderte, nicht zu erreichen sein. Nicht für die Vereinigten Staaten und nicht für die Welt.

Berlin, im Mai 2013

Anmerkungen

Einleitung

1 Warren-Report: Table of Contents unter http://mcadams.posc. mu.edu/russ/jfkinfo/wcrtoc.htm; HSCA Final Assassinations Report: http://www.history-matters.com/archive/contents/hsca/contents_ hsca_report.htm

2 Lane, *Rush to Judgment*; Joesten, *Die Wahrheit über den Kennedy-Mord*; Weisberg, *Whitewash*; Epstein, *Inquest*; Meagher, *Accessories After the Fact*

3 Garrison, *Wer erschoss John F. Kennedy?*, S. 27

4 The Records of the Assassination Records Review Board: http://www. archives.gov/research/jfk/review-board/

Teil 1: Wie alles begann

1 Dulles, *The Craft of Intelligence*, S. 265

2 Zit.n. Douglass, *JFK and the Unspeakable*, S. 331

3 Zit.n. Trento, *The Secret History of the CIA*, S. 478 f.

4 Vgl. Sutton, *Wall Street and the Rise of Hitler*; Yeadon/Hawkins, *The Nazi Hydra in America*

5 Trento, *The Secret History of the CIA*, S. 44

6 Ebd., S. 46

7 Eisenhowers Abschiedsrede, 17.1.1961, zu sehen unter: http://www. youtube.com/watch?v=CWiIYW_fBfY

8 Vgl. dazu Campbell, *The Luciano Project*, und Pantaleone, *The Mafia and Politics*

9 Vgl. Danton/Morris, *Las Vegas*

10 Kessler, *The Sins of the Father*, S. 36

11 Whalen, *The Founding Father*

12 Zit.n. Kessler, *The Sins of the Father*, S. 365

13 Ebd., S. 388

14 Zit.n. DiEugenio/Pease, *The Assassinations*, S. 365

15 Philipps, *Arrogant Capital*, sowie http://www.gallup.com/poll/5392/trust-government.aspx

16 Zit.n. Douglass, *JFK and the Unspeakable*, S. 5

17 Ebd., S. 7

18 Talbot, *Brothers*; Douglass, *JFK and the Unspeakable*

19 Alle Zitate n. Talbot, *Brothers*, S. 45 f.

20 Zit.n. ebd., S. 47

21 Zit.n. ebd., S. 51 f.

22 Zit.n. ebd., S. 63

23 Zit.n. DiEugenio, *Destiny Betrayed*, S. 48

24 Prouty, *The Secret Team*, S. 481

25 Zit.n. Talbot, *Brothers*, S. 65

26 Ebd., S. 103

27 DiEugenio/Pease, *The Assassinations*, S. 327 f.

28 Bamford, *NSA*, S. 89; Originaldokument: http://www.gwu.edu/~nsarchiv/news/20010430/

29 May/Zelikow, *The Kennedy Tapes*

30 Zit.n. Talbot, *Brothers*, S. 164

31 Stern, *Averting »The Final Failure«*, S. 123 f.

32 Zit.n. DiJoseph, *Noble Cause Corruption ...*, S. 21

33 Zit.n. Talbot, *Brothers*, S. 172

34 Zit.n. Douglass, *JFK and the Unspeakable*, S. 31

35 Zit.n. Talbot, *Brothers*, S. 174

36 Zit.n. DiEugenio, *Destiny Betrayed*, S.66

37 Talbot, *Brothers*, S. 224 f.

38 Douglass, *JFK and the Unspeakable*, S. 57

39 Fonzi, *The Last Investigation*

40 Zit.n. Douglass, *JFK and the Unspeakable*, S.60

41 Zit.n. ebd., S. 93

42 Zit.n. Kessler, *The Sins of the Father*, S. 381 f.

43 Zit.n. Talbot, *Brothers*, S. 196

44 Constantine, »Mockingbird«; Bernstein, »The CIA and the Media«

45 Leary, *Denn sie wussten, was sie tun*, S. 153 f.

46 Ebd., S. 154 f.

47 Janney, *Mary's Mosaic*; dazu DiEugenio/Pease, »Entering Peter Janney's World of Fantasy«

48 Veröffentlicht in der *taz* vom 13.2.1987 unter der Überschrift »Der Neuro-Mantiker«

49 Zit.n. Janney, *Mary's Mosaic*, S. 207

50 Zit.n. ebd., S. 230

51 Burleigh, *A Very Private Woman*, S. 194

52 Zit. n. Janney, *Mary's Mosaic*, S. 228

53 Prouty, *The Secret Team*, und ders., *JFK – The CIA, Vietnam and the Plot to Kill John F. Kennedy,* New York 1996

54 Janney, *Mary's Mosaic*, S. 391

55 Janney, *Mary's Mosaic*, S. 63 ff.

56 Ebd., S. 327

57 Ebd., S. 341

58 Heymann, *The Georgetown Ladies' Social Club*, S. 375

59 Morrow, *First Hand Knowledge*, S. 274 ff.

60 Ebd., S. 279

61 Zit.n. Janney, *Mary's Mosaic*, S. 315

Teil 2: Die Schüsse von Dallas

1 Zit.n. Douglass, *JFK and the Unspeakable*, S. 122

2 James K. Galbraith, »Exit Strategy. In 1963 JFK ordered a complete withdrawhal from Vietnam«, *Boston Review*, Oktober/November 2003; https://www.mtholyoke.edu/acad/intrel/vietnam/exit.htm; Newman, *JFK and Vietnam*

3 In deutscher Übersetzung vollständig nachzulesen unter: http://john-f-kennedy.de.tl/American-University.htm; als Video: http://www.jfk library.org/Asset-Viewer/BWC7I4C9QUmLG9J6I8oy8w.aspx

4 Schlesinger, *A Thousand Days*, S. 311

5 Douglass, *JFK and the Unspeakable*, S. 339

6 Ebd., S. 46

7 Zit.n. Dallek, *John F. Kennedy*, S. 561

8 Douglass, *JFK and the Unspeakable*, S. 349

9 Zit.n. ebd., S. 327

10 Dallek, *John F. Kennedy*, S. 565

11 Zit.n. Palmara, *Survivor's Guilt*, S. 135

12 Zit.n. Lane, *Last Word*, S. 157; s.a. Bolden, *The Echo from Dealey Plaza*

13 Douglass, *JFK and the Unspeakable*, S. 202 ff.

14 *Chicago Independent*, November 1975; http://www.thechicagoplot. com/

15 Newman, *Oswald and the CIA*, S. 399; auch D. Kaiser (*The Road to Dallas*, S. 284) hält Henry für eine Namensverwechslung.

16 Lane, *Last Word*, S. 25 ff.

17 http://www.youtube.com/watch?v=1AqqNKsWCGY

18 Zu der Verwirrung um den Mauser-Fund und die als Tatwaffe festgestellte Mannlicher sowie zur gesamten Ballistik des Kennedy-Mords haben Walter F. Graf und Richard R. Bartholomew 2002 mit »The gun that didn't smoke« eine ausführliche und definitive Studie vorgelegt,

die schon im Titel klarmacht, dass der Einzelschütze Oswald eine Fiktion ist.

19 Craig, *When They Kill a President*
20 Kopie des Festnahmeprotokolls: http://jfk.ci.dallas.tx.us/21/2104-001.gif
21 Vgl. zu Seal: Hopsicker, *Barry und die Boys*
22 McKnight, *Breach of Trust*, S. 301
23 Evica, *A Certain Arrogance*
24 Mellen, *Farewell to Justice*
25 Melanson, *Spy Saga*, S. 82
26 Summers, *Die Wahrheit über den Kennedy-Mord*, S. 279 f.

Teil 3: Das Cover-up

 1 Epstein, *Legend*
 2 Mohrenschildt, »I am a patsy!«
 3 Naylor, *Hot Money And The Politics of Debt*, S. 236
 4 Steinberg und Goldman gehen in »Permindex« davon aus, dass der Mord in einer konzertierten britisch/israelisch/amerikanischen Koproduktion arrangiert wurde.
 5 Ganser, *NATO-Geheimarmeen in Europa*
 6 http://www.spartacus.schoolnet.co.uk/JFKblakey.htm
 7 http://jfkfacts.org/assassination/morley-v-cia-jfk-at-issue-in-federal-court-next-week/
 8 Scott, *Deep Politics and the Death of JFK*
 9 vgl. *Newsweek*, 6.12.1992; http://www.thedailybeast.com/newsweek/1992/12/06/the-bcci-cia-connection-just-how-far-did-it-go.html; und *Newsweek*, 8.12.1991; http://ce399fascism.wordpress.com/2011/04/28/the-cia-and-bcci-newsweek-1281991/
10 *SZ-Magazin* 9/2011; http://sz-magazin.sueddeutsche.de/texte/anzeigen/35434/2/1; vgl. auch Scott, *American War Machine*
11 Valentine, *The Strength of the Wolf*, S. 373 f.
12 Ebd.
13 HSCA, *Investigation in the Assassination of President John F. Kennedy*, S. 49
14 Beschloss, *Taking Charge*, S. 22
15 Anderson/Gibson, *Peace, War, and Politics*, S. 115 f.
16 Scott, »Deep Politics III«
17 John Newman, »Oswald, the CIA and Mexico City. Fingerprints of a Conspircay«, in: DiEugenio/Pease, *The Assassinations*, S. 217 ff.
18 Morley, *Our Man in Mexico*
19 Newman, *Oswald and the CIA*

20 FBI-Memorandum vom 24.11.1963, zit.n. ebd., S. 632

21 Lane, *Last Word*, S. 12

22 http://www.history-matters.com/archive/jfk/arrb/medical_testi mony/Stringer_7-16-96/html/Stringer_0001a.htm

23 Horne, *Inside the Assassination Records Review Board*, Vol. I; http:// www.maryferrell.org/mffweb/archive/viewer/showDoc. do?docId=145509&relPageId=101

24 Janney, *Mary's Mosaic*, S. 293

25 Posner, *Case Closed*; Bugliosi, *Reclaiming History*; http://www.gallup. com/poll/1813/most-americans-believe-oswald-conspired-others-kill-jfk.aspx

26 CIA-Dokument 1035-960, September 1976; http://www.maryferrell. org/mffweb/archive/viewer/showDoc.do?docId=53510&rel PageId=2

27 DeHaven-Smith, *Conspiracy Theory in America*

28 Bernstein, »The CIA and the Media«

29 Greenwald, »Obama confidant's spine-chilling proposal«

30 Episode 8: »The Love Affair«, aufzurufen unter http://www.youtube. com/watch?v=u_qQ0FBocFw

31 Baker, *Me and Lee*

32 Haslam, *Dr. Mary's Monkey*

33 Zit.n. Waldron/Hartmann, *Ultimate Sacrifice*, S. 685

34 HSCA-Report, S. 223

35 Douglass, *JFK and the Unspeakable*, S. 271

36 Warren-Report, Vol. 6, S. 293

37 Palamara, *Survivor's Guilt*; s.a. http://vincepalamarasurvivorsguilt. blogspot.de

38 Blaine/McCubbin, *The Kennedy Detail*

39 Warren-Report, Vol. 7, S. 532 f.

40 Douglass, *JFK and the Unspeakable*, S. 267; s.a. http://www.gwu. edu/~nsarchiv/NSAEBB/NSAEBB222/family_jewels_full_ocr.pdf (25 MB)

41 Sylwester, »Mob Connections«

42 Scott, *Deep Politics and the Death of JFK*, S. 133 ff.

43 Summers, *Official and Confidential*; s.a. Summers' *Guardian*-Artikel unter http://www.guardian.co.uk/film/2012/jan/01/j-edgar-hoover secret-fbi

44 Scott, *Deep Politics and the Death of JFK*, S.179

45 Memorandum to J. Lee Rankin from Leon D. Hubert and Burt W. Grif-fin; http://www.ctka.net/pr795-ruby.html#t3

46 Baker, *Me and Lee*, S. 233 f.

47 Douglass, *JFK and the Unspeakable*, S. 360 f.

48 *HSCA-Report*, Vol. IX; https://www.maryferrell.org/mffweb/archive/viewer/showDoc.do?mode=searchResult&absPageId=75621

49 Zit.n. Morley, »Ex-flame says Jack Ruby ›had no choice‹ but to kill Oswald«

50 http://articles.latimes.com/1991-12-08/opinion/op-205_1_kennedy-assassination

51 Giancana, *Double Cross*, S. 466

52 Daggett, »Costs of Major US Wars«

53 Hurt, *Reasonable Doubt*, S. 237 f.

54 Russell, *The Man Who Knew Too Much*

55 Zit.n. Scott, *Deep Politics and the Death of JFK*, S. 168

56 Scott, »The JFK Assassination as an Engineered Provocation-Deception Plot«

57 Russell, *The Man Who Knew Too Much*, S. 553 ff.

58 Rivele, *The Men Who Killed Kennedy*

59 Hunt, *Bond of Secrecy*

60 http://www.legacyofsecrecy.com/documents.html

61 Law, *In The Eye of History*

62 Russell, *The Man Who Knew Too Much*, S. 199

63 Ebd., S. 378

64 Scott, *Deep Politics and the Death of JFK*, S. 212 ff.

65 National Archives, Record Number 180-10080-10203; http://wikispooks.com/ISGP/organisations/American_Security_Council.htm

66 Hunt, *American Spy*; s.a. http://www.maryferrell.org/wiki/index.ph/Confession_of_Howard_Hunt

67 Russell, *The Man Who Knew Too Much*, S. 3

68 Talbot, *Brothers*, S. 397 f.

69 O'Sullivan, *Who Killed Bobby?*, S. 438

70 http://www.infowars.com/articles/us/jfk_hunt_last_confessions_rolling_stone.htm

71 Lane, *Plausible Denial*, S. 322

72 http://www.marklane.com/citizen-lane.htm

73 Hier die betreffenden Titel, die Joesten in kurzer Folge veröffentlicht hat: *Oswald* (1964), *Die Wahrheit über den Kennedy-Mord* (1966), *Marina Oswald* (1967) und *The Dark Side of Lyndon Baines Johnson* (1968). Noch Vincent Bugliosi bemüht sich 2008 in *Reclaiming History*, seiner Verteidigung des Warren-Reports, die Arbeiten Joestens als Werke eines »Mitglieds der Kommunistischen Partei« kleinzureden, und beruft sich dabei fröhlich auf Gestapo-Dokumente über Joesten, die die CIA der Warren-Kommission hatte zukommen lassen. In diesem Memo von 1937 monieren die Nazis einen prophetischen Artikel des zu dieser Zeit in Kopenhagen lebenden Joesten in einer franzö-

sischen Zeitung, der vor einer militärischen Bedrohung Dänemarks durch Deutschland warnt.

74 Brown, *Texas in the Morning*, S. 166

75 Posner, *http://www.marklane.com/citizen-lane.htm*

Teil 4: Regimechange in Amerika

1 Zit.n. DiEugenio/Pease, *The Assassinations*, S. 535

2 http://www.maryferrell.org/wiki/images/6/61/Photo_rfk_Sirhan DiaryMay18_lrg.jpg

3 http://edition.cnn.com/2012/04/28/justice/california-rfk-second-gun

4 http://www.guardian.co.uk/science/2008/feb/22/kennedy.assassination

5 Melanson/Klaber, *Shadow Play*; O'Sullivan, *Who Killed Bobby?*; Melanson, *The Robert F. Kennedy Assassination*; Pease, »The Other Kennedy Conspiracy«

6 DiEugenio/Pease, *The Assassinations*, S. 571 f.

7 Ruppert, »Bobby, I didn't know!«

8 Hancock, »Incomplete Justice«

9 http://www.youtube.com/watch?v=uQhZF9xndYo

10 S. dazu Streatfeild, *Gehirnwäsche*

11 Baker, »RFK Assassination Legal Case Update«; Petitionsschriften der Anwälte Sirhans zur Wiederaufnahme des Verfahrens, März 2013: http://www.whowhatwhy.com/files/SIRHAN%20FINAL%20RES PONSE.pdf – http://www.whowhatwhy.com/files/Exhibit_A.pdf

12 Der »King-Report« von U.S. Attorney Barry Kowalski fasst die Bedenken des Justizdepartements gegenüber den Zeugenaussagen zusammen. Douglas Valentine hat die Auslassungen und Unterstellungen dieses Reports in »Deconstructing Kowalski« überzeugend dargelegt.

13 Zit.n. DiEugenio/Pease, *The Assassinations*, S. 435

14 Zit.n. ebd., S. 479 ff.

15 http://www.thekingcenter.org/civil-case-king-family-versus-jowers

16 http://www.lettersofnote.com/2012/01/king-like-all-frauds-your-end-is.html

17 http://edgar-hoover.tripod.com/

18 DeHaven-Smith, »Beyond Conspiracy Theory«, S. 53

19 Peter Dale Scott, der den Begriff »Tiefenpolitik« bevorzugt, weist in diesem Zusammenhang darauf hin, dass es sich bei einem Bankraub, bei dem ein Insider den Räubern die Tür öffnet, unzweifelhaft um eine Beraubung *der* Bank und nicht *durch* die Bank handelt (s. »9/11,

the JFK Assassination, and the Oklahoma City Bombing as a Strategy of Tension«).

20 Toynbee, *America and the World Revolution and Other Lectures*, S. 92
21 Douglass, *JFK and the Unspeakable*, S. 141
22 Vgl. Blum, *Killing Hope*
23 Scott, *Deep Politics and the Death of JFK*, S. 295
24 Belzer/Wayne, *Hit List*; Benson, *Who's Who in the JFK Assassination*; Charnin, »Executive Action«
25 Horne, *Inside the Assassination Records Review Board*
26 Wrone, *The Zapruder Film*; McKnight, *Breach of Trust*; Kurtz, *The JFK Assassination Debates*; Kaiser, *The Road to Dallas*
27 Greenberg/Parker, *The Kennedy Assassination and the American Public*
28 Breed, »Five decades after JFK's assassination, the lucrative conspiracy theory industry hums along«
29 Horne, *Inside the Assassination Records Review Board*, Vol V., S. 1773
30 http://library.thinkquest.org/11046/sitroom/letters.html
31 Zit.n. Fursenko/Naftali, *One Hell of a Gamble*, S 344 f.

Glossar

ARRB

Das Assassination Records Review Board (etwa: Ausschuss zur Sichtung der Morddokumente) wurde 1992 durch ein Gesetz des US-Kongresses – den JFK Assassination Records Collection Act – ins Leben gerufen und sichtete von 1994 bis 1998 mehrere Millionen Seiten freigegebener Dokumente und vernahm zahlreiche Zeugen.

http://www.archives.gov/research/jfk/review-board/

CIA

Die Central Intelligence Agency wurde im September 1947 durch Verabschiedung des National Sevcurity Acts gegründet und ist einer der Auslandsnachrichtendienste der USA. Vorläufer der CIA war das Office of Strategic Services (OSS), aus dem 1945 die Central Intelligence Group im Außenministerium hervorging.

https://www.cia.gov/index.html

CRC

Das Cuban Revolutionary Council wurde einige Wochen vor der Schweinebucht-Invasion im Frühjahr 1961 unter Federführung der CIA gegründet, um die Aktivitäten verschiedener Gruppen von Exilkubanern zu koordinieren und zu leiten.

DIA

Die Defense Intelligence Agency ist die Dachorganisation der Nachrichtendienste der vier US-Teilstreitkräfte: Army Intelligence (AI), Marine Corps Intelligence Activity (MCIA), Office of Naval Intelligence (ONI) und Intelligence, Surveillance and Reconnaissance (ISR).

http://www.dia.mil/

FBN

Das Federal Bureau of Narcotics war die Vorgängerorganisation der heutigen Drug Enforcement Agency (DEA), die mit der Verfolgung illegalisierter Drogen beauftragt ist.

http://www.justice.gov/dea/index.shtml

FOIA

Der 1967 in Kraft getretene Freedom of Information Act gibt jedem US-Bürger das Recht, Zugang zu Dokumenten der Regierung zu erlangen. Der Johnson-Regierung gelang es, die Gesetzesvorlage, über die seit langem diskutiert worden war, so weit zu verwässern, dass das Gesetz kaum praktische Auswirkungen hatte. Erst die Novellierung von 1974 machte das Gesetz zu einem wirksamen Instrument.

http://www.foia.gov/

HSCA

Das House of Representatives Select Committee on Assassinations wurde 1976 zur Untersuchung der Morde an John F. Kennedy und Martin Luther King ins Leben gerufen und arbeitete bis 1978.

http://www.archives.gov/research/jfk/select-committee-report/

KGB

Das Komitee für Staatssicherheit beim Ministerrat der UdSSR war der In- und Auslandsgeheimdienst des Kreml, bestand von 1954 bis 1991.

Warren-Kommission

The President's Commission on the Assassination of President Kennedy wurde von dessen Nachfolger Lyndon B. Johnson am 29. November 1963 eingesetzt und nach ihrem Leiter, dem Richter Earl Warren, inoffiziell Warren Commission genannt. Ihren Abschlussbericht legte die Kommission am 24. September 1964 vor. Später erschienen zusätzlich 26 Bände mit Zeugenaussagen und Dokumenten.

http://www.archives.gov/research/jfk/warren-commission-report/index.html

http://www.history-matters.com/archive/contents/wc/contents_wh.htm

Literatur

Anderson, Jack / Gibson, Daryl: *Peace, War, and Politics. An Eyewitness Account*, New York 1999

Baker, Judyth Vary: *Me and Lee. How I Came to Know, Love and Lose Lee Harvey Oswald*, Walterville 2008

Baker, Russ: »RFK Assassination Legal Case Update,« April 2013; http://whowhatwhy.com/2013/04/05/rfk-assassination-legal-case-update

Bamford, James: *NSA. Die Anatomie des mächtigsten Geheimdienstes der Welt*, München 2001

Belzer, Richard / Wayne, David: *Hit List. An In-Depth Investigation into the Mysterious Deaths of Witnesses to the JFK Assassination*, New York 2013

Benson, Michael: *Who's Who in the JFK Assassination. An A to Z Encyclopedia*, New York 1993

Bernstein, Carl: »The CIA and the Media«, *Rolling Stone*, Oktober 1977; http://carlbernstein.com/magazine_cia_and_media.php

Beschloss, Michael R.: *Taking Charge. The Johnson White House Tapes 1963–1964*, New York 1998

Blaine, Gerald / McCubbin, Lisa: *The Kennedy Detail. JFK's Secret Service Agents Break Their Silence*, New York 2010

Blakey, George R. / Billings, Richard N.: *The Plot to Kill the President*, New York 1981

Blum, William: *Killing Hope. U.S. Military and CIA Interventions since World War II*, Monroe 2003

Bolden, Abraham: *The Echo from Dealey Plaza. The True Story of the First African American on the White House Secret Service Detail and His Quest for Justice After the Assassination of JFK*, New York 2008

Breed, Allen G., »Five decades after JFK's assassination, the lucrative conspiracy theory industry hums along«, *AP*, Mai 2013; http://ap-gfkpoll.com/featured/five-decades-after-jfks-assassination-the-lucrative-conspiracy-theory-industry-hums-along

Bröckers, Mathias / Liggenstorfer, Roger (Hg.): *Albert Hofmann und die Entdeckung des LSD. Auf dem Weg nach Eleusis,* Aarau 2006

Brown, Madeleine D.: *Texas in the Morning. My Secret Life With L.B.J.,* Baltimore 1994

Bugliosi, Vincent: *Reclaiming History. The Assassination of President John F. Kennedy,* New York 2007

Burleigh, Nina: *A Very Private Woman. The Life and Unsolved Murder of Presidential Mistress Mary Meyer,* New York 1998

Campbell, Rodney: *The Luciano Project. The Secret Wartime Collaboration of the Mafia and the US Navy,* New York 1977

Charnin, Richard: »Executive Action. JFK Witness Deaths and the *London Times* Actuary«, *Lew Rockwell,* April 2013; http://lewrockwell.com/orig14/charnin1.1.1.html

Constantine, Alexander: »Mockingbird. The Subversion of the Free Press by the CIA«, *What really happened;* http://whatreallyhappened.com/RANCHO/POLITICS/MOCK/mockingbird.php

Craig, Roger D.: *When They Kill a President,* 1971; vergriffen, aber abrufbar unter http://www.ratical.org/ratville/JFK/WTKaP.html

Daggett, Stephen: »Costs of Major U.S. Wars«, *Congressional Research Service,* Juni 2009; http://www.fas.org/sgp/crs/natsec/RS22926.pdf

Dallek, Robert: *John F. Kennedy. Ein unvollendetes Leben,* München 2003

Danton, Sally / Morris, Roger: *Las Vegas. Geld, Macht, Politik,* Frankfurt 2005

DeHaven-Smith, Lance: »Beyond Conspiracy Theory. Patterns of High Crime in American Government«, *American Behavioral Scientist,* 2010; http://911.lege.net/ABS53N62010/Beyond_Conspiracy_Theory-Patterns_of_High_Crime_in_American_Government.pdf

—: *Conspiracy Theory in America,* Austin 2013

DiEugenio, James: *Destiny Betrayed. JFK, Cuba, and the Garrison Case,* New York 2012

—: Pease, Lisa: *The Assassinations. Probe Magazine on JFK, MLK, RFK and Malcolm X,* Port Townsend 2003

—: »Entering Peter Janney's World of Fantasy (Mary's Mosaic, Part 2)», *Citizens for truth about the Kennedy Assassination,* Juli 2012; http://www.ctka.net/reviews/DiEugenio_Janney_Mary%27s_Mosaic.html

DiJoseph, John: *Noble Cause Corruption, the Banality of Evil, and the Threat to American Democracy, 1950-2008,* Lanham 2010

Douglass, James W.: *JFK and the Unspeakable. Why He Dies and Why It Matters,* New York 2010

Dulles, Allen: *The Craft of Intelligence*, New York 1963

Epstein, Edward J.: *Inquest. The Warren Commission and the Establishment of Truth*, New York 1966
—: *Legend. The Secret World of Lee Harvey Oswald*, New York 1978
Evica, George M.: *A Certain Arrogance. The Sacrificing of Lee Harvey Oswald and the Wartime Manipulation of Religious Groups by US Intelligence*, Walterville 2011

Fonzi, Gaeton: *The Last Investigation*, Ipswich 2008
Fursenko, Aleksandre / Naftali, Timothy: *One Hell of a Gamble. Khrushchev, Castro, and Kennedy*, 1958–1964, New York 1998

Ganser, Daniele: *NATO's Secret Armies. Operation GLADIO and Terrorism in Western Europe*, London 2004 (dt. Ausg.: *NATO-Geheimarmeen in Europa. Inszenierter Terror und verdeckte Kriegsführung*, Zürich 2009)
Garrison, Jim: *Wer erschoss John F. Kennedy? Auf der Spur der Mörder von Dallas*, Bergisch Gladbach 1992. http://www.nachtstrom.fetznetz.it/ Garrison_JFK.pdf
Giancana, Sam & Chuck: *Double Cross. The Explosive, Inside Story of the Mobster Who Controlled America*, New York 1992
Graf, Walter F. / Bartholomew, Richard R.: »The gun that didn't smoke«, *Assassination Research*, 2002; http://www.assassinationresearch. com/v1n2/gtds.html
Greenberg, Bradley S. / Parker, Edwin: *The Kennedy Assassination and the American Public. Social Communication in Crisis*, Stanford 1965
Greenwald, Glenn: »Obama confidant's spine-chilling proposal«, *Salon*, Januar 2010; http://www.salon.com/2010/01/15/sunstein_2/

Hancock, Larry: »Incomplete Justice«, Juni 2008; http://www.maryfer rell.org/wiki/index.php/Essay_-_Incomplete_Justice_-_No_there_ were_no_other_guns
Haslam, Edward T.: *Dr. Mary's Monkey. How the Unsolved Murder of a Doctor, a Secret Laboratory in New Orleans and Cancer-causing Monkey Viruses are Linked to Lee Harvey Oswald, the JFK Assassination and Emerging Global Epidemics*, Walterville 2007
Hersh, Seymour M.: *The Dark Side of Camelot*, Auckland 1998 (dt. Ausg. *Kennedy. Das Ende einer Legende*, Hamburg 1998)
Heymann, C. David: *The Georgetown Ladies' Social Club. Power, Passion, and Politics in the Nation's Capital*, New York 2003
Holland, Max: »The Lie That Linked CIA to the Kennedy Assassination«, CIA-Studie; https://www.cia.gov/library/center-for-the-study-of-in-

telligence/csi-publications/csi-studies/studies/fall_winter_2001/ar
ticle02.html

Hopsicker, Daniel: *Barry und die Boys. Barry Seal, eine Schlüsselfigur der amerikanischen Geheimgeschichte*, Frankfurt 2005

Horne, Douglas (Hg.): *Inside the Assassination Records Review Board*, Vol. I–V, Washington 2009

HSCA (United States House of Representatives Select Committee on Assassinations): *The Investigation of the Assassination of President John F. Kennedy. Performance of the Intelligence Agencies*, Final Report, Book V, April 1976; http://www.intelligence.senate.gov/pdfs94th/94755_V.pdf

Hunt, E. Howard: *American Spy. My Secret History in the CIA, Watergate & Beyond*, Hobooken 2007

Hunt, Saint John: *Bonds of Secrecy. The True Story of CIA Spy and Watergate Conspirator E. Howard Hunt*, Walterville 2012

Hurt, Henry: *Reasonable Doubt. An Investigation into the Assassination of John F. Kennedy*, Boston 1986

Janney, Peter: *Mary's Mosaic. The CIA Conspiracy to Murder John F. Kennedy, Mary Pinchot Meyer, and Their Vision for World Peace*, New York 2012

Joesten, Joachim: *Oswald. Assassin or Fall Guy?*, New York 1964

—: *Die Wahrheit über den Kennedy-Mord. Wie und warum der Warren-Report lügt*, Zürich 1966

—: *Marina Oswald*, Berkeley 1967

—: *The Dark Side of Lyndon Baines Johnson*, Berkeley 1968

Kaiser, David: *The Road to Dallas. The Assassination of John F. Kennedy*, Cambridge 2008

Kessler, Ronald: *The Sins of the Father. Joseph P. Kennedy and the Dynasty He Founded*, New York 1996

Kowalski, Barry: »United States Department of Justice Investigation of Recent Allegations Regarding the Assassination of Dr. Martin Luther King, Jr. (King-Report)«, Juni 2000; http://www.justice.gov/crt/about/crm/mlk/part1.php

Kurtz, Michael: *The JFK Assassination Debates. Lone Gunman Versus Conspiracy*, Lawrence 2006

Lane, Mark: *Rush to Judgment. A Critique of the Warren Commission's Inquiry into the Mujrders of President John F. Kennedy, Officer J.D. Tippit and Lee Harvey Oswald*, New York 1966

—: *Plausible Denial. Was the CIA Involved in the Assassination of JFK?*, New York 1992

—: *Last Word. The Indictment of the CIA in the Murder of JFK*, New York 2012

Law, William M.: *In The Eye of History. Disclosures in the JFK Assassination Medical Evidence*, Southlake 2004

Leary, Timothy: *Denn sie wussten, was sie tun. Eine Rückblende*, Basel 1986 (Originaltitel: *Flashbacks. An Autobiography*, 1983)

»Letters Between Khrushchev and Kennedy«; http://library.thinkquest.org/11046/sitroom/letters.html

May, Ernest R./Zelikow, Philip: *The Kennedy Tapes. Inside the White House During the Cuban Missile Crisis*, New York 2002

McClellan, Barr: *Blood, Money & Power. How L.B.J. Killed J.F.K.*, New York 2003

McCoy, Alfred: *Die CIA und das Heroin. Weltpolitik und Drogenhandel*, Frankfurt 2003

McKnight, Gerald: *Breach of Trust. How the Warren Commission Failed the Nation and Why*, Lawrence 2005

McMillan, Priscilla Johnson: *Marina and Lee*, New York 1977

Meagher, Sylvia: *Accessories After the Fact. The Warren Commission, the Authorities, and the Report*, Ipswich 1967

Melanson, Philip H.: *Spy Saga. Lee Harvey Oswald and the US-Intelligence*, New York 1990

—: *The Robert F. Kennedy Assassination. New Revelations on the Conspiracy and Cover-Up, 1969-1991*, New York 1991

—/Klaber, William: *Shadow Play. The Murder of Robert F. Kennedy, the Trial of Sirhan Sirhan, and the Failure of American Justice*, New York 1997

Mellen, Joan: *A Farewell to Justice. Jim Garrison, JFK's Assassination, and the Case That Should Have Changed History*, Washington 2007

Mohrenschildt, George de: »I am a patsy! I am a patsy!«, Manuskript, 1977; abrufbar unter http://jfkassassination.net/russ/jfkinfo4/jfk12/hscapatsy.htm

Morley, Jefferson: *Our Man in Mexico. Winston Scott and the Hidden History of the CIA*, Lawrence 2008

—: »Ex-flame says Jack Ruby ›had no choice‹ but to kill Oswald«, *JFK Facts*, März 2013; http://jfkfacts.org/assassination/experts/ex flame-says-jack-ruby-had-no-choice-but-to-kill-oswald/#more-3504

Morrow, Robert D.: *First Hand Knowledge. How I Participated in the CIA-Mafia Murder of President Kennedy*, New York 1992

Naylor, R.T.: *Hot Money and the Politics of Debt*, Montreal 2004

Newman, John: *JFK and Vietnam. Deception, Intrigue, and the Struggle for Power*, New York 1992

—: *Oswald and the CIA. The Documented Truth About the Unknown Relationship Between the U.S. Government and the Alleged Killer of JFK*, New York 2008

O'Reilly, Bill/Dugard, Martin: *Killing Kennedy. The End of Camelot*, New York 2012
O'Sullivan, Shane: *Who Killed Bobby? The Unsolved Murder of Robert F. Kennedy*, New York 2008

Palamara, Vincent M.: *Survivor's Guilt. The Secret Service and the Failure to Protect President Kennedy*, Walterville 2005
Pantaleone, Michele: *The Mafia and Politics*, London 1966
Pease, Lisa: »The Other Kennedy Conspiracy«, *Salon*, November 2011; http://www.salon.com/2011/11/21/the_other_kennedy_conspiracy
Piper, Michael C.: *The Final Judgment. The Missing Link in den JFK Assassination Conspiracy*, Washington D.C.1969
Posner, Gerald: *Case Closed. Lee Harvey Oswald and the Assassination of JFK*, New York 1993
—: *Killing the Dream. James Earl Ray and the Assassination of Martin Luther King, Jr.*, New York 1998
Prouty, L. Flechter: *The Secret Team. The CIA and Its Allies in Control of the United States and the World*, New York (1973) 2008
—: *JFK. The CIA, Vietnam, and the Plot to Assassinate John F. Kennedy*, New York (1996) 2011

Report of the President's Commission on the Assassination of President Kennedy (Warren-Report); http://www.archives.gov/research/jfk/warren-commission-report/
Report of the Select Committee on Assassinations of the U.S. House of Representatives (HSCA-Report); http://www.archives.gov/research/jfk/select-committee-report/
Rivele, Stephen: *The Men Who Killed Kennedy* (TV-Dokumentation), 1988
Ruppert, Michael C.: »Bobby, I didn't know!«, *From the Wilderness*; http://www.fromthewilderness.com/free/pandora/rfk.html
Russell, Dick: *The Man Who Knew Too Much. Hired to Kill Oswald and Prevent the Assassination of JFK*, New York (1992) 2003

Schlesinger, Arthur M.: *A Thousand Days. John F. Kennedy in the White House*, New York 1965
Scott, Peter Dale: *Deep Politics and the Death of JFK*, Berkeley 1993
—: »Deep Politics III. Overview: The CIA, the Drug Traffic, and Oswald in

Mexico«, Dezember 2000; http://www.history-matters.com/pds/
DP3_Overview.htm#_ftnref37

—: »9/11, the JFK Assassination, and the Oklahoma City Bombing as a
Strategy of Tension«, *Voltaire Network*, 2010; http://www.voltaire
net.org/article178312.html#nb60

—: *American War Machine. Deep Politics, the CIA Global Drug Connection,
and the Road to Afghanistan*, Lanham 2010

—: »The JFK Assassination as an Engineered Provocation-Deception Plot.
A Study in the Sociodynamics of Invasion Pretexts«, *JFK Counter-
group*, November 2010; http://jfkcountercoup.blogspot.de/2010/11/
peter-dale-scott-dallas-copa-2010.html

Steinberg, Jeff / Goldman, David: »Permindex: Britain's International Assassination Bureau. The Killers of JFK Target Reagan and the Pope«,
Executive Intelligence Review (EIR), November 1981; http://wlym.
com/archive/oakland/brutish/EIRPermandex.pdf

Stern, Sheldon: *Averting »The Final Failure«. John F. Kennedy and the Secret Cuban Missile Crisis Meetings*, Stanford 2003

Stone, Oliver: *JFK* (Kinofilm), 1991

Streatfeild, Dominic: *Gehirnwäsche. Die geheime Geschichte der Gedanken-
kontrolle*, Frankfurt 2008

Summers, Anthony: *Die Wahrheit über den Kennedy-Mord*, München 1983

—: *Official and Confidential. The Secret Life of J. Edgar Hoover*, London 2012

Sutton, Antony C.: *Wall Street and the Rise of Hitler. A Astonishing True
Story of the American Financiers Who Bankrolled the Nazis*, London
1989 (dt. Ausg.: *Wall Street und der Aufstieg Hitlers*, Basel 2008)

Sylwester, Mike: »Mob Connections. Jack Ruby, Smuggling With and
Spying on Communists, 1938–1958«, *JFK Lancer*, o.J.; http://www.
jfklancer.com/mobconnections.html

Talbot, David: *Brothers. The Hidden History of the Kennedy Years*, New
York 2008

The Kennedy Assassination Records Review Board (ARRB); http://www.
archives.gov/research/jfk/review-board/report/

Toynbee, Arnold: *America and the World Revolution and Other Lectures*,
New York 1962

Trento, Joseph J.: *The Secret History of the CIA*, Roseville 2001

Valentine, Douglas: »Deconstructing Kowalski«, *Citizens for truth about
the Kennedy assassination*, August 2000; http://www.ctka.net/2012/
mlk_decon_kowalski.html#KingReport

—: *The Strength of the Wolf. The Secret History of America's War on Drugs*,
New York 2004

Waldron, Lamar/Hartmann, Thom: *Ultimate Sacrifice. John and Robert Kennedy, the Plan for a Coup in Cuba, and the Murder of JFK*, New York 2005

Weisberg, Harold: *Whitewash. The Report on the Warren Report* (1965), Ipswich 2006

Whalen, Richard J.: *The Founding Father. The Story of Joseph P. Kennedy: A Study in Power, Wealth and Family Ambition*, Washington 1964

Wrone, David: *The Zapruder Film. Reframing JFK's Assassination*, Lawrence 2003

Yeadon, Glen/Hawkins, John: *The Nazi Hydra in America. Supressed History of a Century: Wall Street and the Rise of the Fourth Reich*, Joshua Tree 2008

Register

Ace Guard Security 230 f.
Adonis, Joe »Joey A« (Giuseppe Antonio Doto) 36
Air America 150
Allen, George 102
Alpert, Richard 83
Alpha 66 73
Angleton, Cicely 94
Angleton, James Jesus 17, 89, 93–97, 134, 143 f., 152 f., 157 f., 199, 206, 216, 240
Anson, Robert 43
Anti-Castro-Aktivisten 74, , 117 f., 134, 138 f., 149, 158, 198, 203
Applin, George 197
Arbusto Energy 151
Armstrong, Leslie 218
Arnold, Carolyn 120
Arnold, Gordon L. 122, 188 f.
ASC (American Security Council) 214
Attwood, William H. 72, 88

Baker, Gladys Pearl (geb. Monroe) 42
Baker, Judyth Vary 175–181, 196
Baker, Marion L. 120, 121
Baker, Robert Barney 198
Bamford, James 61
Banister, William Guy 138 ff., 143, 145, 147 f., 174, 176, 214

Barth, James A. 151
Bartlett, Charles 89
Batista y Zaldívar, Fulgencio 30 ff., 52, 213
BCCI (Bank of Credit and Commerce International) 151
BCI (Banque de Credit International) 146 f., 151 f.
Belin, David W. 161
Belzer, Richard 247
Ben-Gurion, David 200
Bernstein, Carl 82, 170
Beschloss, Michael 153
Billings, Richard 148
Bin Laden (Familie) 151
Bin Laden, Osama 171
Bissell, Richard M. 51 f., 54
Black Panthers 241
Black, Edwin 115 ff.
Blaine, Gerald 186
Blakey, G. Robert 148 f., 202 f.
Bloomfield, Sir Louis M. 146
Bolden, Abraham »Abe« 113–117, 187
Bolschakow, Georgi 253
Bonanno, Giuseppe (alias Joe Bananas) 36
Boone, Eugene 123
Bradlee, Benjamin Crowninshield »Ben« 40, 81, 93 ff.
Breed, Allen 249

Ho Chi Minh 48
Hoffa, James »Jimmy« 193 f., 198, 201 f.
Hollingshead, Michael 84
Hoover, J. (John) Edgar 33, 60, 130, 145, 153, 155 f., 158 f., 192 f., 204, 215, 220 f., 238, 240 f.
Horne, Douglas P. 163, 166, 211
Howard, Lisa 71 f.
HSCA (House Select Committee on Assassination) 7, 11, 73, 115 f., 130, 139 f., 143, 148 f., 157, 168, 184, 191, 194, 198, 202 f., 214, 217, 236
Hubert, Leon D. 195
Huismann, Wilfried 199
Hunt, E. Howard 210, 216 ff., 247
Hunt, Haroldson Lafayette »H. L.« 137, 207, 213, 220, 238, 242

INCA (Information Council of the Americas) 138, 175, 179
International Trade Mart 145 f., 158, 178
IOS (Investors Overseas Services) 147, 151

Jackson, Jesse 241
Jaggers-Chiles-Stovall 136
James, William 86
Janney, Peter 86, 89 f., 93–96
Janney, Wistar 96
Jelisavcic, Michael 134
Jennings, Peter 43
Joannides, George 149, 203
Jobs, Steven »Steve« 87
Joesten, Joachim 219, 220 f., 255
Johannes XXIII. 109
John Birch Society 74, 113, 115, 211
Johnson, Lyndon B. 70, 102, 153, 158, 204, 206, 216, 218, 220 f., 234, 253
Jowers, Loyd 236–239, 241

Kaiser, David 248
Kant, Immanuel 105
Kantor, Seth 197
Kennedy jr., Joseph »Joe« 38, 45, 79
Kennedy, Edward Moore »Ted« 40
Kennedy, Jacqueline »Jackie« (Onassis) 44, 45, 79 ff., 88, 137, 162, 186, 194
Kennedy, Joseph P. (Patrick) »Joe« 33 f., 37–40, 43, 46, 50, 79, 215
Kennedy, Patrick Joseph »P. J.« 34
Kennedy, Rose 35, 79, 80
Kessler, Ronald 36
KGB 143, 155 ff., 199, 214, 217, 232
Kohly, Mario 97
Kosher Nostra 23, 37, 147, 193
Kostikov, Valery 155 f.
Kubrick, Stanley 58
Ku-Klux-Klan 113, 204
Kurtz, Michael 248

Landsdale, Edward »Ed« 58 f.
Lane, Mark 161, 218, 221, 249, 255
Lansky, Meyer (Mejer Suchowljan-ski) 24 f., 27, 31 f., 36 f., 147, 152, 192 f., 198, 240
Lardner, George 143
Law, William M. 211
Lawson (Secret-Service-Agent) 185
Leary, Timothy 83–86
Lechuga, Carlos 72
LeMay, Curtis E. 63–67, 211, 214 f.
Lemnitzer, Lyman L. 53, 57, 61 f., 214